KB159051

조선 백성 실록

조선 백성실록

우리 역사의 맨얼굴을 만나다 · 정명섭 지음

북로드

조선백성실록

초판 1쇄 발행 2013년 8월 7일
초판 3쇄 발행 2015년 4월 10일

지은이 정명섭 | **펴낸이** 신경렬 | **펴낸곳** (주)더난콘텐츠그룹

기획편집부 남은영 · 허승 · 이성빈 · 이서하 | **디자인** 김희연 · 박현정
마케팅 홍영기 · 서영호 | **디지털콘텐츠** 민기범 | **관리** 김태희 · 김이슬 | **제작** 유수경 | **물류** 박진철 · 윤기남
책임편집 민기범

출판등록 2011년 6월 2일 제25100-2011-158호 | **주소** 121-840 서울특별시 마포구 양화로 12길 16
전화 (02)325-2525 | **팩스** (02)325-9007
이메일 book@ibookroad.com | **홈페이지** http://www.ibookroad.com

ISBN 979-11-85051-10-9 03900

· 이 책 내용의 전부 또는 일부를 재사용하려면 반드시 저작권자와 (주)더난콘텐츠그룹 양측의 서면에 의한 동의를 받아야 합니다.
· 잘못 만들어진 책은 구입하신 서점에서 교환해 드립니다.

들어가며

　현종 4년 1663년 9월 11일 자 《실록》의 첫 번째 기사에는 왕과 사헌부 집의 남구만 사이의 팽팽한 기싸움이 고스란히 기록되어 있다. 남구만이 대답을 듣기 전까지는 물러나지 않겠다고 하자 분노한 왕이 '나의 뜻을 알아서 무엇 하려느냐'고 거칠게 물었다. 남구만 역시 뜻을 굽히지 않았다. 몇 시간 동안 말다툼을 하다가 남구만이 물러나자 왕은 사관을 쳐다보며 험악하게 오간 말을 기록하지 말라고 지시했다. 그러나 사관은 왕이 이 일을 기록하지 말라고 말한 것까지 '기록'했다. 최고 권력자인 왕의 분노 앞에서 한 치도 물러서지 않는 신하, 그 숨 막히는 순간을 놓치지 않기 위해 붓을 움직인 사관, 그리고 그 일을 기록하지 말라고 얘기하는 왕까지 마치 흑백사진을 찍어놓은 것처럼 완벽하게 역사 속에 남겨 놨으니, 이것이 바로 《조선왕조실록》이하《실록》이 우리에게 남겨준 위대한 선물이다.

'역사가 누구의 것이냐'는 물음에 교과서적 답변을 한다면 위의 사례에서 볼 수 있듯이 '지배층'이 될 것이다. 우리는 모두 초등학교 때부터 그런 식으로 배워왔다. 하지만 이렇게 왕이나 양반들의 전유물일 것 같은 《실록》을 찬찬히 읽다 보면 뜻밖의 역사적 사실과 마주치게 된다.

세종 5년, 1423년 3월 13일의 기사에는 함길도 화주의 백성들이 굶주림을 못 이겨 흙으로 떡과 죽을 만들어 먹었다는 이야기가 나온다. 메밀 맛이 난다고 친절한 설명까지 덧붙여 있다. 만약 《실록》이 왕과 양반들만의 것이었다면 이런 기록이 남아 있을 리 없다.

《실록》에는 우리의 선입견과 달리 민초들의 삶과 애환은 물론 지금으로 치면 신문 사회면의 '세상에 이런 일이' 같은 코너에 실릴 만한 흥미롭고 때로는 엉뚱하기까지 한 기사도 많이 기록되어 있다. 〈선데이 서울〉이 아직 발간되고 있다면 기자들이 틀림없이 군침을 흘렸을 만한 이야기도 적지 않다. 〈추적 60분〉이나 〈시사IN〉 같은 언론매체가 심층보도로 다룰 만한 사건도 보인다.

이렇듯 《실록》에는 생생하고 박진감 넘치는 백성들의 삶의 현장이 고스란히 실려 있다. 이런 관점으로 우리 역사를 가까이 들여다보고 나서 역사가 누구의 것이냐는 질문을 받는다면 '그 시대를 살았던 모든 사람들'이라고 자신 있게 대답할 수 있을 것이다. 역사가 소수의 권력자에 의해 독점되지 않았으며, 또한 이름 없는 민초들의 흔적 역시 역사를 이루는 중요한 구성 요소라는 점을 우리는 역사를 바라볼 때 잊지 말아야 한다.

역사의 주인이 누구인지는 아무도 확실히 말할 수 없으나, 분명한 것은 지금 내가 글을 쓰는 이 순간, 글이 책으로 만들어지는 과정, 그리고 독자가 종이나 화면에서 이 글을 읽는 시간 모두 역사가 된다는 점이다. 우리가 학교에서 역사를 배울 때, 흔히 '과거에서 현재를 배운다' 또는 '과거를 통해 미래를 준비한다'라는 거창한 구호가 따라붙었다. 하지만 우리 대부분에게 역사는 학교에서 배우는 한 과목에 지나지 않고, 졸업과 함께 멀어지는 존재에 불과하다.

내가 역사에 관심을 가진 건 과거와 현재가 어떻게 연결되어 있고, 그것이 내 삶에 어떤 영향을 미쳤는지에 대한 호기심 때문이다. 현재 우리의 음식, 언어습관, 몸에 배인 관습과 선입견들의 뿌리는 대부분 유구한 전통 속에서 차곡차곡 쌓여온 역사의 결과물이다. 단번에 만들어진 것도 없고, 단숨에 사라진 것도 없다. 내가 역사를 바라보면서 배운 것은 현재나 미래에 대한 대비책이 아니라 오랜 세월 이어져온 결과물이 바로 '현재'라는 사실이다.

지금은 조선시대에 비해 훨씬 살기 좋아졌다. 하지만 학생들의 장래희망이 공무원이고, 취업준비생의 꿈이 정규직이 된 세상이기도 하다. 사람들은 필사적으로 성공을 갈망하고 안정을 찾는다. 그러기 위해서 편법은 물론 반칙도 용인된다. 아니 권장된다.

그러나 삶은 그러한 것들 사이에 있는 것이 아니라 장엄함 속에 있어야만 한다. 인간이 인간답게 사는 전제조건이 대기업에 다닌다는 자부심이나 정규직이라는 안도감이 전부일 리는 없다. 역사가 현재를 어떻게 사는지에 대한 해답이 될 수는 없지만 적어도 어떤 삶이 나에게 맞는지에 대한 갈증을 안겨줄 수는 있을 것이다. 인생은 물음표로 시작해서 물음표로 끝나야만 하기 때문이다. 역사는 특별하지 않은 사람과 평범한 순간들이 어우러져서 만들어낸 장엄한 시간의 흔적이다.《실록》에 나와 있는 이름 없는 백성들의 삶처럼 말이다.

책 한 권이 나오기까지 저자뿐 아니라 많은 사람들의 땀과 노력이 들어간다. 바쁜 와중에도 기꺼이 책에 들어갈 사진촬영을 도와준 동생 라미 그리고 글과 디자인을 잘 다듬어준 출판사 편집자와 디자이너가 없었다면 이 책은 세상에 나오지 못했을 것이다. 더불어 나에게 배상열과 최혁곤이라는 위대한 두 스승이 있다는 점을 자랑스럽게 여긴다. 세상이라는 파도에 맞서 가족을 지켜주는 울타리 역할을 해줬던 어머니가 없었다면 나는 작가의 꿈을 이룰 수 없었을 것이다. 지난해 여름, 동생 부부의 첫 딸이 태어났다. 30년 전에 돌아가신 아버지가 가장 기뻐하시리라 믿는다. 동생 부부와 조카 모두 건강하고 행복하길 바란다. 누나와 매형 John M. Elliott, 그리고 사랑하는 두 조카, Kylen Keejoon Elliott과 Yena Breanne Elliott이 행복하게 지냈으면 하는 마음이다. 장인 장모님에게도 감사의 마음을 남긴다. 한결같이 내 곁을 지켜주는 동생 효승과 상호에게 특별한 감사의 마음을 남긴다. 대한민국 스키점프 팀을 이끌었으며 이제는 새로운 길을 개척하는 동생 흥수가 꿈을 이룰 수 있기를 바란다. 이 책의 시작은 PGR21이라는 게임 사이트에 짤막한 글을 올렸던 것이다. 그곳에서 만난 분들의 응원과 격려가 아니었다면 이 책은 태어나지 못했을 것이다. 마지막으로 내 인생의 공동저자이자 위대한 조언자인 아내 박지선에게 사랑한다는 말을 남긴다.

2013년 8월
정명섭

차례

2부

살인은 가볍고 불경은 무겁습니다

역사에 기록된 범죄와 형벌

3부

가혹한 정치는 호랑이보다 무섭다

순응하거나 반항하거나

4부

차라리 어우동처럼 죽더라도 이렇게는 못살겠다
남녀칠세부동석이 전부가 아니다

5부

고향을 그리워하는 마음은 귀천이 없다
조선을 찾아온 낯선 사람들

인심에 순종하는 것이 하늘에 순종하는 것이니,

하늘의 보는 것이 우리 백성들의 보는 것에서 시작되고,

하늘의 듣는 것도 우리 백성들의 듣는 데서 시작된다.

_세종 3년(1421년) 9월 7일 네 번째 기사

1부

이런들 어떠하고 저런들 어떠하리

백성들의 고단한 일상생활

현대인의 일상은 비교적 일정하다. 해가 뜨면 일어나 일터로 나가고 저녁 무렵이면 집으로 돌아와 가족과 함께 텔레비전을 보거나 집안일을 하면서 시간을 보내다가 잠자리에 드는 생활을 반복한다. 이렇다 할 일이라고는 대부분이 소소한 것일 뿐 모두 판에 박힌 인생을 살아간다.

불과 100년 전만 해도 지금과는 전혀 달랐다. 조선시대에는 출퇴근하는 회사가 없었고, 아침을 알리는 자명종 시계도 없었다. 하지만 조선의 백성들도 닭 우는 소리에 눈을 뜨고 농기구를 챙겨 논과 밭으로 나가 일하다가 해가 지면 집으로 돌아왔다.

오늘날 우리의 눈으로 보면 이런 평범한 일상에서 역사에 기록될 만한 특별한 일이 벌어졌을 것 같지 않다. 그렇지만 조선에도 사람이 살고 있었다. 그들이 만들어낸 온갖 사건 사고가 있었으며, 때로는 기쁘고 행복한 날도 때로는 말로 표현하기 힘든 슬프고 고통스러운 날도 있었다. 《실록》은 그것들을 사진처럼 포착해냈다.

1
—

5월 5일은
돌 던지는 날

5월 5일은 무슨 날일까? 한국인라면 모두 '어린이날'이라고 대답할 것이다. 90여 년 전 소파 방정환 선생의 노력으로 제정된 이 날을 어린 시절 손꼽아 기다려보지 않은 한국인은 아마 한 사람도 없을 것이다.

양력이 아닌 음력이긴 해도 조선시대에도 5월 5일은 아주 특별한 날이었다. 우리 조상들은 음력 5월 5일을 1년 중 양기가 가장 왕성한 날이라 여겨 큰 명절로 여겼다. 이날 단오에는 전국적으로 여러 가지 행사가 치러졌는데 그중 하나가 '돌 던지기 놀이돌싸움, 석전'였다. 다시 말해, 조선의 백성들에게 5월 5일은 돌이 날아다니는 무서운 날이기도 했다.

원래 편을 나누어 돌을 던지는 놀이는 매년 정초에 대동강에서 고구려의 왕이 관람하는 가운데 행하던 풍습에서 유래한다. 고려시대에는 정초가 아닌 5월 단오에 이뤄졌고, 이후 조선으로 자연스럽게 이어져 내려왔다.

조선시대에 이 놀이를 가장 열성적으로 장려했던 왕은 태종이었다. 태종은 매년 5월 5일이 되면 한양 백성들의 돌 던지기 놀이를 구경했는데, 때로는 명나라 사신과 함께 관람하기도 했다. 세종에게 왕위를 물려주고 상왕으로 물러난 1421년에는 병조참판 이명덕에게 이 놀이에 참가할 사람들을 모집하도록 시키고 단오에 종루鐘樓에서 세종과 함께 관람했다. 종루는 성문을 여닫는 시간을 알리는 종을 걸어둔 곳으로, 현재 보신각종이 있는 곳이 아니라 다른 장소에 이층으로 만들어졌다고 한다.

이명덕이 명을 받들어 모집한 백성들은 좌군과 우군으로 편을 나누어 좌군은 백색 깃발을, 우군은 청색 깃발을 들었다. 태종이 상대방의 깃발을 뺏는 쪽이 이긴다고 선언함과 동시에 놀이는 시작된다. 싸움이 시작되고 좌군이 번번이 이기자 태종은 휘하의 무사들을 우군에 가담시켰다. 그러자 말을 탄 무사들 덕분에 좌군이 처음으로 무너지고 깃발을 빼앗겼다. 태종이 좌군의 우두머리인 방복생을 불러서 격려하자 이번에는 좌군이 크게 이겼다.

돌 던지기 놀이를 구경하던 태종은 종루 아래에서 잔치를 베풀어 신하들과 종친들을 대접했다. 이 놀이에 참석한 백성들에게는 베와 저화楮貨, 닥나무 껍질로 만든 종이돈으로 조선 초기에 유통시키려고 했지만 실패했다를 상으로 내렸다.

왕이 직접 관람하고 깃발을 하사하면서 돌 던지기 놀이는 조선의 대표 스포츠가 되었다. 지금으로 치면 후원을 받는 프로팀이 만들어진 셈이다. 이렇게 인기를 구가하던 중 1429년 6월 3일 판부사 허조가 세종에게 건의함으로써 브레이크가 걸렸다. 나라에 아무런 이득이 없을 뿐만 아니라 죽거나 다치는 사람들이 많이 나오니 돌 던지기 놀이를 금지시키자고 주장했던 것이다.

이렇게 해서 돌 던지기 놀이는 금지되었지만, 나라에서 금한다고 오랫동안 이어온 풍습이 한순간에 없어질 리는 만무했다. 백성들은 높으신 분들이 뭐라고 하거나 말거나 단오가 되면 편을 나누어 돌 던지기 놀이를 즐겼다. 1438년에는 양녕대군을 비롯한 종친들이 사람들을 모아 반송정에서 돌 던지기 놀이를 벌이게 하고는 구경했다. 그러다가 아예 말을 타고 참가해서 독려했는데 분위기가 너무 달아올라 많은 사람이 다치고 사망자도 나오면서 사헌부에서 조사에 나섰다. 예종 때도 이 놀이를 하다가 죽거나 다친 사람이 발생하자 조사를 명하기도 했다.

지배층의 눈에는 이 놀이가 쓸데없는 짓으로 보였을 것이다. 더군다나 돌에 맞아서 죽거나 다치는 일이 빈번했으니 금지시키는 명분도 충분했다. 하지만 갑갑한 일상에 짓눌려 살아가는 백성들에게 이 놀이는 일상의 고단함을 잊게 해주는 것이었다. 특별한 오락거리도 없을 뿐더러 굶주림과 전염병에 언제 시달릴지 모르는 백성들이 돌을 던지면서 잠시 시름을 잊고 싶었던 것은 아닐까?

돌 던지기 놀이는 나라의 거듭된 금지령에도 아랑곳하지 않고 조선시대 내내 행해졌다. 가장 유명한 것이 만리재 고개 석전 놀이다. 해마다 정월 보름이 되면 만리재 고개에 사는 백성들과 아현 쪽에 사는 백성들이 패를 나눠서 돌을 던졌다. 만리재 쪽 백성들이 이기면 그해에 경기도에 풍년이 들고 아현 쪽 백성들이 이기면 전국에 풍년이 든다는 속설이 있었다. 그래서 사람들이 모두 아현 쪽 백성들이 이기기를 응원했다고 한다. 1903년 정월 보름에는 무려 9,000명이 참가하고 수만 명이 관람할 정도로 엄청난 규모였다고 한다. 하지만 돌 던지기 놀이는 일제 강점기를 거치고 광복 이후에는 차츰 줄어들었다가 지금은 완전히 사라지고 말았다. 그래도 1960년대까지는 시골에 가면 볼 수 있었다고 하는데 이제는 어디에서도 구경할 수가 없으니 조금은 아쉬운 마음이 든다. 놀이라고 말할 수는 없지만 가장 최근에 행해진 돌 던지기라면 1980, 90년대 민주화운동에서 흔하게 목격된 시위현장쯤이 아닐까 싶다.

만일 지금까지 이 놀이가 남아 있다면 어떤 모습일까? 비싸고 성능 좋은 온갖 장비로 무장한 사람들이 힘껏 돌을 던지면서 쌓이고 쌓인 스트레스를 날려버리고 있지는 않을까? 어쩌면 일요일 오전에 텔레비전에서 생방송 중계를 해줄지도 모르는 일이다.

2
—

왜구
킬러

      긴 칼을 휘두르며 덤벼드는 왜구는 조선군에게 악몽 그 자체였다. 칼의 나라, 사무라이의 나라답게 왜구는 검술이 뛰어났다. 특히 근접전에서 최강의 무기였던 일본도를 양손에 들고 가벼운 몸놀림으로 순식간에 달려드는 왜구 앞에 조선군은 두려움에 떨 수밖에 없었다. 세종에게 왕위를 물려주고 상왕이 된 태종이 야심차게 추진한 대마도 정벌에서도 조선군은 왜구와 육박전을 벌이다 큰 피해를 입었다. 조선 수군이 커다란 판옥선을 만들고 화포무기를 도입한 것도 사실은 왜구와의 백병전을 피하기 위해서였다. 하지만 왜구도 무서워서 피하고 싶은 존재가 있었으니 그들은 바로 조선의 포작간鮑作干이었다.

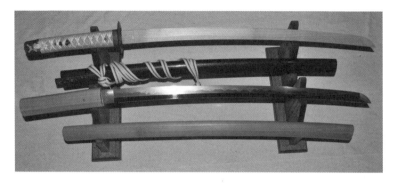

일본도
16~17세기에 일본 사무라이들이 사용하던 일본도 가타나.

1485년 4월 12일, 포작간을 직접 만나본 홍응이라는 관리가 성종에게 설명한 바에 따르면 이들은 조개나 미역, 전복 같은 해산물을 채취하거나 물고기를 잡아다가 말려서 나라의 제사에 쓰이는 어포를 만들어서 진상하는 어민들이었다. 어부를 연상케 하지만 이들은 어부가 아니었다. 물고기를 잡아서 진상하는 생선간生鮮干은 따로 있었다. 그들에게는 일정한 거처가 있는 반면 포작간은 해변에 장막을 치고 잠을 잤으며 일정한 거처 없이 포작선이라는 작고 빠른 배를 타고 다녔다. 억세고 강인한 탓에 왜구는 이들을 만나면 오히려 피했다.

이들은 포작선에 큰 돌을 싣고 다녔다. 왜선을 만나면 돌을 던져 배를 부수기 위해서였다. 하지만 간혹 장사배를 약탈한 뒤 왜인이 신는 신발을 던져놔서 범행을 숨기기도 한다고 홍응은 덧붙였다. 성종은 이들이 딴마음을 먹지 않도록 잘 돌봐주라고 지시했다. 한편,

화포
근접전에서 유달리 강했던 왜구를 상대로 조선군에게 화포는 매우 중요한 무기였다.

조정에서는 포작간들을 수군으로 동원해서 왜구나 수적과 맞서 싸우게 하는 방안을 고려했다. 임진왜란 때는 판옥선의 노를 젓는 격군으로 동원하기도 했다.

그렇다면 실제로 이들은 왜구도 무서워할 정도로 용감무쌍했을까?《중종실록》을 보면 포작간들이 오히려 왜구에게 습격당해서 옷과 식량을 빼앗기고, 칼에 맞아 목숨을 잃기도 했으며, 포작선이 불에 타기도 했다. 또 관리의 수탈을 못 이겨 왜인에게 투항하기도 했다. 그렇다면 포작간이 왜구보다 용감하다는 것은 왕과 신하들이 만들어낸 상상에 가까운 것이 아니었을까? 이들이 거칠고 험해진 것은 천대받는다는 설움과 힘든 일 때문이었다. 조정에서도 왜구와 맞먹는 이들의 용맹함에만 관심이 있을 뿐이었다. 이들이 어떤 대접을 받았는지는 왜구의 약탈에 대한 대책을 논의하던 신하들의 대화를 통해 확인할 수 있다.

"왜적들이 포작간이나 약탈하지 않고 섬에 근거지를 만들어서……."

"평소 포작선을 노략질하는 것이라면 모르겠지만……."

왜적이 포작간을 약탈하는 것은 별 문제가 안 된다는 뉘앙스가 분명히 느껴진다. 이들의 희생쯤은 크게 신경 쓸 문제가 아니라는 의미다. 사실 왜구와 잘 싸웠던 건 포작간이 아니라 소금을 만드는 염간鹽干이었다.

1408년, 김나금과 갈금 등 염간 스무 명은 암태도를 침입한 왜적을 습격해서 세 명을 죽이고 포로로 잡힌 백성 두 명을 구출했다. 군인도 아닌 염간들이 제대로 무장했을 리는 없고, 기껏해야 몽둥이에 돌멩이, 거기다 소금을 만들 때 쓰는 도구들이 고작이었을 것이다. 그런데도 사나운 왜구와 싸워서 세 명이나 때려죽이자 나라에서는 기특하다며 포상을 했다. 그 밖에도 서여서도와 갈이도, 모초도 등지에서도 염간들은 왜구와 싸워서 공을 세웠다. 조정은 포작간처럼 염간들을 수군으로 동원하거나 망을 서게 하는 등 왜구를 막는 데 동원했다.

염간 역시 포작간처럼 밑바닥 인생을 살았던 사람들이다. 이름도, 사는 지역도 제대로 알려지지 않은, 미천한 신분을 숙명으로 알고 살다간 민중이었다. 그나마 왜구와 싸워서 공을 세웠을 때만 잠시 반짝하고 역사에 자신의 흔적을 남길 수 있을 뿐이었다. 그 작은 흔적들 가운데는 백정도 있을 테고 기생, 노비, 무당, 저잣거리 장사치도 있을 것이다. 역사라는 거대한 수레바퀴를 왕과 장수, 권력과 학식 있는 양반뿐 아니라 그 작고 미약한 자들도 함께 굴려왔다는 사실을 오늘 우리는 잊지 말아야 한다. 우리 또한 그들과 마찬가지로 지금 이 순간을 역사로 만들어가는 주체이기 때문이다.

3
—

무기를
팝니다

❝ 　대한민국 성인 남성이라면 대부분 국방의 의무를 갖는다. '국방부 시계는 멈추지 않는다'라고 하지만 한창 혈기왕성한 청춘들에게 그 속도는 너무 느리게 느껴진다. 그렇게 2년 남짓한 기간 동안 군복무를 하며 강인한 정신과 육체가 되어 전역한 그들 앞에 이제는 예비군이라는 새로운 의무가 주어진다.

　예비군 훈련장 입구에 가면 장사꾼들이 몰려 있는 것을 볼 수 있다. 이들이 파는 것은 군복과 모자, 군화, 허리띠, 고무링 같이 훈련에 반드시 필요한 것들이다. 소총이나 수류탄을 팔기도 한다, 라고 하면 아무도 믿지 않을 것이다. 그렇다. 대한민국에서는 군에서 사용하는 무기를 팔지 않는다. 무기는 예비군 훈련장 안에서 나눠주기 때문이다.

조선시대에도 오늘날의 예비군 훈련 같은 군기점고軍器點考가 있었다. 지금으로 치면 전투할 준비가 되어 있는지 상관이 와서 확인하는 전투검열과 비슷한 것이다. 그런데 문제는 모든 장비를 군기점고를 받는 개인이 직접 구해야 한다는 것이었다. 물론 조선시대 현역병에 해당되는 정군正軍에게는 경제적으로 지원해주는 보인保人을 붙여줬다. 보통 정군으로 뽑혀서 군대에 가면 보인들은 한 달에 포목 두 필을 남은 가족들에게 주어서 생계를 유지하게 하는 방식이었다.

조선 초기에는 보인을 봉족奉足이라고 불렀는데 보통 정군 한 명당 봉족이나 보인을 둘이나 셋을 붙여줬다. 대개 같은 마을에 사는 일가친척이나 이웃사람을 붙여줬다. 그러나 정병으로 뽑혀서 몇 달 동안 외지에 나가는 것은 큰 고역이었고, 갑옷과 무기에다가 식량까지 챙겨서 가야 하니 번거롭기 그지없었다.

1450년 12월 13일, 평안우도 도절제사 이승평이 문종에게 몽골이 요동을 공격하고 나아가 조선까지 친다는 소문이 있다고 보고한다. 전년도에 명나라 황제 정통제가 몽골을 토벌하기 위해 출정했다가 오히려 포로가 되는 토목보 사건이 일어났기 때문에 이 소식에 조정은 발칵 뒤집혔다. 문종은 김종서를 평안도 도체찰사로 삼고, 북쪽 국경의 경계를 강화할 것을 지시했다. 그런데 갑작스런 출정으로 인해 치솟는 말 값 때문에 결국 소를 타고 나가는 상황이 벌어지기도 했다. 문종은 이런 비상상황을 대비해 관리를 보내 정군들이 무기를 제대로 갖추고 있는지를 파악하고 이를 어길 때에는 큰 벌을 줬다.

하지만 갑작스러운 군기점고도 큰 혼란을 낳았다. 1438년 11월 25일, 병조에서는 저잣거리에서 벌어지는 괴상한 일을 세종에게 보고한다. 조정에서 지방의 군기를 점고하자 대장장이를 비롯한 장인들이 환도칼와 편전길이가 짧은 화살을 만들어서 백성들에게 팔고 있다는 것이다. 제대로 만든 게 아닌 불량품을 비싼 값에 파는데 백성들이 아무것도 모르고 사고 있으니 앞으로 시장에서 무기 매매를 금할 것을 요청한다. 결국 세종이 형조의 건의를 받아들여 도성 한복판에서 무기를 사고파는 일은 금지되었다.

조선의 일반 백성들에게 군대란 위험하기만 하고 별다른 소득이 없는 귀찮고 힘든 의무였다. 따라서 직접 군역을 치르는 대신 사람을 사서 대체복무를 시키는 일이 점차 빈번해졌다. 금지령과 처벌에도 불구하고 이런 상황이 지속되자 결국 나라에서 직접 군역 대상자에게 비용을 받아서 군인을 고용하는 체제로 변했다. 조정에서는 백성들이 군역 의무를 다할 것만을 기대하고 그에 걸맞은 보상은 해주지는 않았다. 따라서 백성들은 수단방법을 가리지 않고 군역을 피하려고 애썼다.

국가를 유지하기 위해서는 구성원들이 부여받은 의무를 잘 수행해야 한다. 그렇다고 국가가 의무를 일방적으로 강요할 경우 구성원들에게 그것은 결국 억압과 다를 바 없는 것이 된다.

본래 조선시대의 군역 의무는 천인을 제외한 자 모두를 대상으로 삼았다. 그러나 지배층이라고 할 수 있는 양반은 이런저런 편법으로 군역 대상자에서 빠져나갔다. 군기점고를 받기 위해 불량품 무기를 제 돈으로 사야 했던 백성들의 뇌리에는 편법으로 빠져나간 사대부들에 대한 증오심이 깃들었을 것이다. 그들에게만 유리했던 법은 결국 조선 전체의 비극으로 이어졌다. 군역의 붕괴는 군사력이 약화되는 결과로 이어졌고, 결국 임진왜란과 병자호란이라는 참혹한 전쟁을 불러왔던 것이다.

4
—

최고령
군인

　　1429년 9월 18일, 수전패受田牌의 군기점고를 하던 병조참판 조종생이 세종에게 희한한 보고를 올렸다. 경기도 양성에서 82세 노인이 점고點考, 명단에 점을 찍어가면서 확인하는 것에 참가했다는 것이다. 조종생은 세종에게 서 있기도 힘들었을 이 노인을 점고에서 빼는 것이 좋겠다고 건의했다. 세종은 흔쾌히 승낙하고는, 앞으로 70세 이상의 노인은 점고에서 뺄 것을 지시했다.

　수전패는 고려시대 공양왕 때 처음 만들어진 군대로 과전을 지급받고 그 대가로 군역을 치르는 중앙군이다. 그런데 오늘날 우리가 조선시대의 제도들 중에서 가장 헷갈려하는 부분이 바로 군대다. 《경국대전》에 나온 조선의 군역은 간단하다. 양인, 그러니까 양반을 비롯한 일반 백성들이 징집 대상이다. 기한은 16세부터 60세까지였다. 양반이니까 당연히 군역에서 면제되는 것은 아니고, 관직에 있거나 성균관이나 향교 같은 곳에서 공부하는 학생들만 면제를 받았다.

조선의 군대는 복무 방식도 현대의 군대와 많이 달랐다. 현대의 군대는 징집영장을 받으면 머리를 짧게 자르고 훈련소에 입소하면 끝이다. 혹독한 훈련이 있지만 군대에서 쓰는 무기와 군복, 생활에 필요한 물품과 잠자리는 고민하지 않아도 된다. 하지만 조선의 군대에서는 갑옷을 비롯한 무기를 각자 알아서 챙겨야 했다. 그리고 2년이나 3년 동안 군대 막사에서 동료들과 함께 지내는 게 아니라 1년에 몇 개월씩 한양이나 지방 군영에서 복무하다가 집으로 돌아가는 방식이다. 물론 이때 자신이 먹을 식량과 의복도 알아서 준비해야 했다. 그러다가 전쟁터에 나가서 갑자기 죽거나 다쳐도 별다른 보상이 없었다.

지금도 일부 특권층이 이런저런 편법을 써서 군복무를 이행하지 않아 사회적으로 물의를 일으키는 경우가 종종 있는데, 조선시대 사람들도 별다른 보상 없이 1년에 몇 개월씩 낯선 곳에 가서 생활하는 일은 피하고 싶어 했다. 그래서 징집 대상자들은 본인이 가는 대신 돈을 주고 다른 사람을 사서 복무시키는 방법을 쓰기도 했다. 그러다 조선 후기에 들어서는 아예 나라에서 돈을 걷어 군인을 고용하는 방식으로 변경되었다. 수전패는 주로 관직이 없는 양반가 자제들이 주류를 이뤘으며 10결에서 5결 정도의 토지를 받는 대가로 번갈아 가면서 한양에 올라가서 번상을 했다. 《실록》을 보면 수전패들은 한양에 올라와서 궁궐을 지키거나 명나라 사신이 오면 호위하는 임무를 맡은 것으로 보인다.

몸도 제대로 가누지 못할 82세 노인이 점고에 나선 이유는 아마 지급받은 토지 때문이었을 것이다. 그러다 점고를 하던 병조판서의 눈에 띄었을 것이다. 그리고 조종생과 세종 덕분에 노인은 죽을 때가 가까워서야 비로소 편안하게 집에서 남은 생을 보냈을 것이다.

조선시대 군역의 혹독함을 보여주는 이야기로서 역사책에 한 줄 나올까 말까한 한 편의 에피소드지만, 다른 시각에서 보면 특권층이라고 할 수 있던 양반들도 나름의 방식으로 군역을 이행하고 원칙을 지키려고 노력했다는 사실을 알 수 있다. 가진 자들의 도덕적 책무라고 하는 '노블리스 오블리주'가 조선 초기에는 비교적 잘 지켜졌다는 것을 의미한다. 개인이 품은 사회적 불만 가운데 상당 부분은 아마도 부당함 때문일 것이다. 다른 사람, 특히 권력과 재력을 가진 사람들이 이런저런 방식으로 세금을 덜 내고 군대도 가지 않으면서 출세하는 모습을 보면 무언가 억울하다는 생각이 드는 것이다. 그런 면에서 보자면 82세 노인이 점고에 나선 것은 불행한 일이면서도 조선이라는 국가의 시스템이 잘 돌아갔다는 증거이기도 하다. 조선 전기가 후기에 비해서 비교적 활기차고 역동적인 모습을 보여준 것은 신분제가 확고하게 정착되지 않은 이유도 있지만 이렇게 양반들도 나름의 방식으로 의무를 다했기 때문이다.

수전패의 소멸은 조선의 통치 시스템 붕괴와 더불어 노블리스 오블리주의 부재를 의미한다. 82세 노인이 점고를 받은 1429년 즈음에는 이미 수전패에 속한 사람들이 한양에 올라가서 번상하는 것을 기피하는 일이 빈번해진 시대였다. 그러다 1466년 현직 관료에게만 수조권을 주는 직전법이 시행되면서 자연스럽게 소멸되었다.

5
—

아이의
복수

❝ 몹시도 추운 어느 겨울날, 종로의 한 떡 가게에서 어머니와 함께 앉아 있던 어린아이가 갑자기 일어나 어디론가 뒤뚱뒤뚱 걸어 갔다. 아이의 갑작스런 행동에 놀란 어머니가 뒤따라가 보니 아이가 어느 여인의 치맛자락을 붙잡고 있는 것이 아닌가. 성종 4년인 1473년 1월 28일 자《실록》의 기사에 실린 사건이다.

진실은 가혹했다. 아이와 함께 있던 사람은 여종 수정, 아이가 쫓아가서 붙잡은 사람은 다름 아닌 아이의 생모인 눌덕이었다. 아이가 두살 무렵 길거리에 버려진 것을 나라에서 거둬 수정에게 기르라고 맡겼는데 몇 년 뒤 아이가 길거리에서 목격한 어머니를 쫓아간 것이다.

이 사실을 알게 된 한성부는 성종에게 보고하면서 눌덕에게 아이를 버린 죄를 물어야 한다고 고했다. 그리고 성종이 승낙함으로써 눌덕은 감옥에 갇히는 처벌을 받게 되었다. 이 사건에 대한 기록은 이게 끝이다. 보고를 한 한성부 관리들이나 어떻게 처리할지를 결정했던 성종에게는 오래 고민할 문제가 아니었을 테니 어쩌면 당연한 일이다. 눌덕을 처벌한 형조의 관리들 또한 분명 하찮은 일로 받아들였을 것이다.

조선시대에 부모를 잃은 아이는 어떻게 되었을까? 만약 그 아이가 한양에 있다면 상당히 운이 좋은 편이다. 동활인원과 서활인원 두 개를 통합시킨 활인서로 가게 될 가능성이 높기 때문이다. 아이는 갈 곳이 없거나 버려진 환자들을 돌보던 활인서에서 몇 달 혹은 몇 년간 지낸 뒤 다른 사람에게 입양되었다. 그렇다고 지금처럼 양부모의 따뜻한 보살핌 같은 건 기대할 수 없는 일이었다. 버려진 아이를 떠맡는 건 주로 부모 잃은 아이들을 데려다가 노비나 일꾼으로 삼으려는 사람들이 대부분이었기 때문이다.

수정이 거둬들인 아이도 아마 그런 경우였을 것이다. 조정에서는 아이를 버리는 부모에 대해서 인륜을 저버렸다며 엄하게 처벌했지만, 굶주림을 못 이겨 부모가 아이를 길바닥에 버리는 일이 빈번했다. 특히 흉년이 든 이듬해에는 이런 일이 너무 심해서 이를 금지하는 방을 여러 차례 붙였지만 배고픔은 부모자식 간의 인륜으로도 해결할 수 없는 문제였기에 별 소용이 없었다.

한편, 아이는 어떻게 불과 두 살 무렵에 헤어진 어머니의 얼굴을 기억할 수 있었을까? 아이는 어머니인 눌덕을 따라가 무슨 말을 하고 싶었던 것일까? 《실록》은 이에 대해서는 적어놓지 않았다. 단지 우연히 길거리에서 어머니를 알아본 한 고아의 슬픈 사연만을 남겨 놓았을 뿐이다.

이 사실을 기록한 사관이나 처벌을 명령한 성종은 아이를 버린 눌덕을 인간이길 포기한 짐승으로 여겼을 테고, 그녀를 처벌함으로써 정의를 실현했다고 믿었을 것이다. 하지만 정말 아이의 장래를 생각했다면 처벌 대신 다시 데려다 기를 생각이 있는지 확인하고 대책을 논의했어야 하지 않았을까? 아이가 알아본 덕분에 눌덕은 멀리 지방으로 쫓겨났을 것인데, 그렇다면 분명 아이는 수정의 자식으로 노비의 신분을 이어받았을 것이다. 세상에서 가장 소중한 인연이었어야 할 부모자식의 관계가 비극으로 끝맺은 것이다.

조선시대와는 비교할 수 없을 정도로 먹고살기 편해지고 인권 의식이 발달한 오늘 우리 사회에도 심심찮게 영아 유기와 아동 학대 사건이 발생하고 있다. 나의 권리는 소중하지만 타인의 권리나 아이와 같은 약자의 권리에는 관심을 기울이지 않는 사람들의 몰지각함 때문이다. 아무리 세상이 좋아졌다고 한들, 아이를 하나의 인격체가 아닌 자신의 소유물로 여기는 어른들이 남아 있는 한 아이들의 지옥은 언제든지 재현될 것이다.

6
—

쌀 대신
흙을 먹다

인간이 살아가기 위해서는 집이나 옷 이상으로 먹을 것이 반드시 필요하다. 21세기의 대한민국에서는 먹을 것이 없어서 굶주리거나 굶어죽는 일이 매우 드물지만 조선시대에는 상당히 빈번한 일이었다.

특히 조선 초기에는 곡식 수확량이 적어 기아로 고통 받는 백성들이 많았다. 벼를 못자리에서 따로 키워 논에 옮겨 심는 이앙법이 아니라 논이나 밭에 볍씨를 직접 뿌려서 재배하는 직파법으로 농사를 지었기 때문인데, '부종법'이라고도 부르는 직파법은 이앙법보다 수확량이 적고 노동력이 많이 들지만 가뭄이 들었을 때 피해가 적었다. 따라서 나라에서는 정책적으로 이앙법을 금지시키고 직파법으로 농사를 짓게 했다.

조선시대에 곡물의 수확량은 백성의 목숨은 물론 국가 운명까지도 좌우할 만한 중요한 것이었다. 조선 초기의 《실록》에 유독 가뭄과 기우제에 관한 기사가 많이 나오는 것도 이 때문이다. 지금처럼 언제 비가 내린다고 알려주는 일기예보도 없고 곡물의 유통과 보관을 책임지고 관장하는 농협 같은 기관도 없던 시대였으니 농사를 망치면 온 나라가 굶주림이라는 공포에 직면해야 했다.

1423년 3월 13일 자 《실록》을 보자. 굶주린 백성들이 메밀 맛이 나는 흙을 파내 떡과 죽을 만들어 먹었다는 기사가 짧게 나와 있다. 중남미의 섬나라 아이티 사람들이 먹을 것이 없어 진흙에 밀가루와 버터를 섞어서 만든 진흙쿠키를 먹는 것과 비슷한 상황이다. 중국에서도 관음토라는 흙을 먹고 굶주림을 면했다고 한다.

이런 참혹한 일들이 벌어졌을 당시의 왕은 다름 아닌 조선의 왕들 중에서도 성군聖君으로 이름난 세종이었다. 백성들의 안타까운 사정을 보고받은 왕과 신하들이 어떤 반응을 보였는지는 기록으로 남아 있지 않다. 다만 다음 날 도성과 인근에 사는 굶주린 백성들에게 곡식을 나눠주라고 명했다는 기록만 나와 있을 뿐이다.

백성들이 배고픔을 못 이겨 흙을 먹는 일은 일시적인 일도 특정 지역만의 일도 아니었다. 20여 년 후인 1444년 4월 24일자 《실록》에 따르면 세종이 황해도의 백성들이 흙을 먹고 있다는 보고를 받고 관리를 보내 알아보게 했다. 조사를 하고 온 관리는 황해도 해주 백성 중 30여 명이 흙을 먹었고, 심지어 장연현이라는 곳에서는 흙을 파다가 두 명이 매몰되어 사망한 일도 있었다고 보고한다. 그러고는 덧붙여 하는 말이 그리 대단한 기근은 아니라는 것이다. 조선시대 중에서도 그나마 살 만한 시대였을 것이라고 생각되는 세종 때 이런 일이 벌어졌다면 다른 시대의 백성들이 겪었던 굶주림이 어느 정도였을지 짐작하기 어렵지 않다.

물론 세종을 비롯한 지배층이 이러한 현실을 손 놓고 바라보고만 있지는 않았다. 세종은 재위 기간 내내 관리들이 직접 수확량을 확인해서 세금으로 부과하는 답험손실법踏驗損實法 대신 좀 더 공정하고 관리들의 부정이 개입하지 않는 공법貢法을 시행하기 위해 노력했다. 답험손실법은 관리가 직접 현장에서 수확량을 확인하고 세금 징수량을 결정하는 방식이다. 직접 눈으로 보고 결정한다는 측면에서는 매우 공정해 보인다. 하지만 관리의 판단에 따라 내야 할 세금의 양이 바뀌기 때문에 뇌물을 받는 일이 빈번했다. 국가의 입장에서 보면 걷어야 할 세금이 중간에서 사라지는 것이나 다름없었다. 세종은 이런 시스템에 일대 수술을 단행할 계획을 세웠다. 관리가 직접 살펴보는 방식 대신 토지의 비옥도나 객관적인 수확량을 가지고 징수량을 책정하는 공법으로 바꾸려고 한 것이다.

세종은 시행착오를 줄이기 위해 신하들과 논의를 거듭했다. 또한 농민들을 대상으로 여론조사를 실시하는 등 고통 받는 당사자들의 목소리에 귀를 기울였다. 하지만 공법 시행은 백성에게 혜택을 주기보다 국가 재정을 확보하는 측면이 강했다. 실제로 시행 과정에서 농민들이 상경 시위를 벌이기도 했다.

굶주린 백성을 위해 왕이 내놓은 대책 중에는 소나무 껍질을 벗겨서 먹는 것을 허락한다는 내용도 들어 있다. 이렇듯 왕을 비롯한 지배층은 백성의 굶주림이 사회적 혼란과 심해질 경우 반란으로 이어질 수 있다는 점을 충분히 인식하고 있었지만 내놓는 대책들은 한시적이거나 임시방편적인 것이었다. 조정에서는 재정이 고갈된다는 이유로 반대하는 목소리가 컸고, 임금 역시 적당한 선에서 구호 대책을 실시했다가 거둬들이기를 반복했다. 지배층은 농민을 완전히 방치하거나 버리지는 않았지만 국가 체제를 떠받드는 관료제를 유지하는 데에 더 큰 관심을 두었던 것이다. 그러한 이유로 조선시대 내내 백성들은 국가 정책이 만들어내고 방조한 굶주림이라는 공포에 직면하게 되었다.

굶주림에 대한 공포는 일제 강점기를 거쳐 한국전쟁으로 이어지는 현대사에도 끈질기게 따라붙었다. 지금의 40대 이상의 세대라면 1980년대까지도 일주일에 한 번씩은 무조건 밀가루 음식을 먹어야 했던 일을 기억할 것이다. 정부는 방송이나 관공서와 길거리 담벼락의 포스터를 통해 쌀밥만 먹으면 얼마나 몸에 안 좋은지 지속적으로 보도했고, 혼분식을 장려하는 노래까지 만들었다. 학교에서는 선생님이 쌀밥인지 보리밥인지 학생들의 도시락을 검사하는 것이 일상적인 풍경이었다. 그때를 기점으로 우리 사회에서 굶주림은 점차 사라졌다. 먹을 것이 없어 죽는 사람이 있다면 당장 뉴스에 보도될 정도로 물질적으로 넉넉한 세상이 된 것이다. 불과 수십 년 전까지만 해도 일주일에 한 번 먹을까 말까한 생선이나 고기를 매일 반찬으로 먹고, 과자며 음료수며 아침부터 저녁까지 온갖 먹을 것이 입에서 떠나지 않는다. 굳이 수백 년 전 조상들이 굶주림에 고통 받았다는 사실을 끄집어낼 필요조차 없는 세상이 되었다. 과연 지금의 풍족한 세상이 오기까지 얼마나 많은 노력들이 있었는지 새삼 생각해볼 일이다.

7
—

조선의 통일벼
'오십일 벼'

　　우리 사회에 굶주림의 공포는 1970년대까지 이어졌다. 1971년에 개발되어 다음해부터 보급된 통일벼는 그 공포가 만들어 낸 산물이었다. 통일벼는 다른 품종보다 수확량이 30퍼센트나 많고 병충해에 강해서 대한민국의 오랜 숙원이었던 쌀의 자급자족을 이룩해낸 일등공신이 되었다. 그러나 장점만큼이나 큰 단점도 있었다. 다른 품종에 비해 맛이 없는 것이었다. 배가 부르니 맛을 찾게 된 것일까? 매일 주식으로 먹는 밥이 맛이 없자 통일벼는 점차 외면을 받아 지금은 거의 자취를 찾아볼 수 없다. 하지만 통일벼의 탄생은 식량의 자급자족을 향한 집념과 도전의 결실이라고 할 수 있다.

　　농업이 국가의 근간이었던 조선에도 수확량을 늘릴 수 있는 방법은 왕과 백성 모두의 최대 관심거리였다. 세종이 승하하고 아들인 문종이 재위에 오른 다음해인 1451년, 중추원사中樞院使, 조선 초기 중추원의 종2품 벼슬 또는 그 벼슬아치 이징석이 신기한 벼가 있다는 사실을 보고했다. 이징석은 김종서의 측근으로 북방의 수비를 책임졌다가 수양대군에게 반기를 들었던 이징옥의 형이다. 법대로라면 이징옥의 형인 이징석 역시 처형당해야 했지만 수양대군의 측근인 덕분에 살아남아 부귀영화를 누렸다.

이징석의 보고에 의하면, 벼 중에 50일이면 수확할 수 있는 '오십일 벼'라는 품종이 있다는 것이었다. 가뭄이나 천재지변 때문에 봄에 파종하지 못해도 5월에 이 벼를 심으면 가을에 수확할 수 있다는 내용이다. 제대로 된 수리시설이 없고, 이앙법도 아직 보급되지 않아 봄에 가뭄이 심해지면 파종을 할 수 없던 당시 상황에서 그야말로 귀가 솔깃해질 만한 소식이었다. 이징석은 백성들이 잘 쓰지 않아서 종자가 별로 없으니 나라에서 오십일 벼의 보급에 적극 나설 것을 주장했고, 문종은 그의 얘기를 따랐다.

이렇듯 빨리 수확할 수 있거나 불리한 여건 속에서도 잘 자라는 벼 종자를 찾는 일은 조선 전기 내내 계속되었다. 굶주림을 면하기 위한 참으로 눈물겨운 노력이 아닐 수 없다. 1463년 1월 28일, 사역원에서 한학, 즉 중국어를 배우던 관원인 노삼이 세조에게 명나라에서 가져온 당도종이라는 벼 종자를 바쳤다. 세조는 바닷가 근처 염분이 많은 땅에서도 재배할 수 있는 이 품종을 바닷가에 가까운 땅에 심어 재배하고 가을에 수확량을 보고하라고 경기도 관찰사에게 지시를 내렸다.

　오늘날처럼 과학적이지는 않지만 조선시대에도 나름의 방식으로 수확량을 늘리거나 재배가 힘든 지역에서 자라는 벼 품종을 찾는 노력을 게을리하지 않았다. 물론 통일벼처럼 조선의 오십일 벼나 당도종이 제 역할을 했는지는 의문이다. 둘 다 후속 기사가 없는 것으로 봐서 널리 보급되지 못했던 것으로 보인다. 오십일 벼의 경우 이징석의 말대로 농민들이 그 존재를 알고 있었지만 잘 쓰지 않아 종자가 거의 사라졌다고 한 걸 보면 빨리 자라는 장점 외에 결정적인 문제가 있었던 것으로 보인다. 덕분에 이런 시도들은《실록》에 한 토막 기사로만 남아 있다.

　우리가 알고 있는 조선시대의 농사 풍경은 흰 옷을 입은 농민들이 소를 끌고 힙겹게 쟁기질을 하거나 바닥이 쩍쩍 갈라지는 논바닥을 보면서 하늘을 원망하는 것이 전부다. 하지만 미신에 의지하거나 체념하기 일쑤였을 것 같은 그 시대 사람들도 문제를 해결하기 위해 나름대로 고민했다. 오십일 벼와 당도종을 제대로 보급되지 않은 것은 당시 여건을 감안하면 당연한 일이었는지도 모른다. 하지만 역사에서 어떤 의미를 찾을 때는 그것이 남긴 발자취의 크기도 중요하지만 언제 어느 곳에 찍혔는지도 봐야 한다.

　조선시대와 현대 사이에는 시간적인 거리만큼이나 과학기술, 인권의식, 정치체제 등 여러 가지 면에서 어마어마한 차이가 존재한다. 하지만 인간으로서의 기본적인 감정은 크게 다르지 않다. 특히 굶지 않겠다는 원초적인 절박함은 불과 얼마 전까지도 우리 사회의 문제였다. 또한 지금도 전 세계 인구의 절반이 굶주림에 시달리고 있다. 사실 20세기 이전에 지구상에 존재했던 국가들 중에서 민중의 굶주림을 해결한 나라는 거의 없었다. 조선 역시 마찬가지였다. 굶주림에 대한 백성들의 공포는 결국 조선 후기의 민란과 반란으로 이어졌고, 끝내 나라를 송두리째 빼앗겨버리고 마는 참담한 결과에 큰 영향을 끼쳤다. 만약 오십일 벼와 당도종이 널리 보급되어 백성의 굶주림이 해결되었다면 조선은 어떻게 되었을까? 그리고 오늘의 대한민국은 또 어떤 다른 나라가 되었을까? 무심코 만난 《실록》의 작은 기록 앞에서 잠깐 생각에 잠겼다.

8
—

영의정의
고리사채

    조선시대의 양반이라고 하면 어떤 모습이 떠오르는가? 대략 두 가지 모습이지 않을까 싶다. 당파 싸움에 몰두하느라 핏대를 세우는 모습이거나 청렴함을 지키고자 가족의 굶주림을 외면하는 모습 말이다. 양반은 비가 와도 뛰어가지 않은 법이라고 했다. 그만큼 양반은 체면과 위신을 중요시했던 계층이었다. 돈을 더럽게 여겨 손으로 직접 만지지 않고 젓가락으로 집었다는 얘기는 양반들의 경제관념에 대해서 얘기할 때 양념처럼 따라붙는 에피소드다. 이렇듯 고고하거나 혹은 고리타분할 것이라 여겨지는 양반이지만 들여다보면 의외로 재미있는 모습이 숨어 있다.

    1424년 1월 29일, 판부사를 지낸 정역이라는 사람이 자기 사위인

효령대군 태종의 둘째아들 을 찾아가 하소연을 한다. 자기 집 종이 영의
정 유정현에게 봄에 돈이나 곡식을 빌려 가을에 이자를 쳐서 갚는
장리長利를 쓴 게 문제의 발단이었다. 종이 기한이 지나도 갚지 못하
자 유정현이 사람을 보내 밥을 해먹는 가마솥을 가져가 꼼짝없이 굶
어죽게 생겼다는 것이다. 얘기를 들은 효령대군은 유정현의 아들 유
장을 불러 따끔하게 혼을 냈다.

"네 아비는 지위가 영의정에 이르러 받는 녹이 적지 않고, 또한 백
성들을 보살펴야 하거늘 어찌 가난한 종의 가마솥을 빼앗느냐? 가
마솥을 돌려주지 않으면 내 임금께 고할 것이니 어서 가서 아비에게
얘기하여라."

그러자 유장은 아버지는 자기 말을 안 들어서 소용이 없으니 다른
사람을 통해 얘기하는 것이 좋겠다며 한발 뺀다.

유정현은 영의정의 자리에 있으면서도 탐욕스럽게 돈을 긁어모았
고, 남에게 조금도 베풀지 않았다. 어느 정도였느냐면 정원의 나무에
서 떨어진 과일을 모아 시장에 내다팔고, 부리는 사람 중에서 빚을
잘 받아오는 이에게는 상을 내려주기도 했다. 그렇게 해서 쌓아놓은
곡식이 7만 석이나 되었다. 전년도인 1423년, 호조에서 의창義倉. 흉년
이 들어서 굶주리는 농민들을 구제하기 위해 지방에 설치한 창고의 운영에 관해서
세종에게 보고할 때 전라도 백성 1만 6,000여 명이 빌려간 의창의
곡식이 8만 7,000석이라고 했으니 그가 긁어모은 재산이 어느 정도
규모인지 대충 짐작이 간다.

빌려준 재물을 돌려받으면서 얼마나 혹독하게 굴었는지 백성들이

굶어죽는 한이 있어도 영의정에게 장리를 꾸지 않겠다고 할 정도였다고 한다. 지금으로 치면 정부의 고위급 정치인이 사채업을 하는데 이자가 조금이라도 밀리면 공권력을 동원해서라도 기어코 받아냈다는 얘기가 된다.

이 문제로 백성들에게 욕을 먹기는 했지만 유정현의 관직생활에 큰 문제가 있지는 않았다. 이 얘기는 다시 말해, 정도의 차이만 있을 뿐 조선시대에는 양반들이 이런저런 방법으로 재물을 축적하는 것이 일반적이었다는 것을 의미한다. 재물을 모으는 것이 외척이나 간신들만의 전매특허가 아니었던 것이다.

유정현은 고려 말부터 관직생활을 했던 관료로 태종 때 이미 영의정을 역임했던 권세가다. 관리로서의 능력도 평균 이상이어서 중외구임법中外久任法, 내직과 외직에서 오랫동안 일하는 법으로 관리의 전문성을 높이는 데 큰 역할을 했다의 시행을 적극 주장했고, 1419년의 대마도 정벌에서는 삼군도통사로 활약하는 등 문무에서 고루 능력을 발휘했다. 태종은 물론 세종의 신임을 받아서 오랫동안 정계의 핵심인물로 활약했다. 덕분에 1426년 5월 15일 자 〈졸기卒記〉《실록》에 적혀 있는 관리들의 간략한 평전에도 상반된 평가가 기록되어 있다. 즉, 관료로서의 능력은 탁월해서 태종과 세종의 총애를 받았지만 재물을 늘리면서도 베푸는 데는 인색해서 자식들에게도 나눠주지 않았다는 것이다. 그래서 사람들은 그를 한무제 때 재물을 밝혔던 관리, 상홍양에 비유했다고 적어놓은 것이다.

제어할 수 없는 탐욕이라는 본성이 사대부의 체면을 벗어던지게 했던 것일까? 오늘날에도 긁어모으기만 할 뿐 베풀 줄 모르는 졸부들을 볼 수 있다. 그들의 모습 뒤로 백성의 피눈물로 재물을 쌓아올린 사대부의 모습이 어렴풋하게 보인다.

9
—

스님의
역습

    ❝   숭유억불崇儒抑佛이 국가 정책이었던 조선시대에 승려들은 그야말로 '찬밥' 신세였다. 유학자들은 절을 탈세와 타락의 도가니로 묘사했고, 절과 승려, 그리고 불교도들을 '악의 축'으로 몰아세웠다. 이런저런 탄압 중에서 가장 큰 영향을 미친 것은 바로 도읍인 한양에 사찰을 두지 못하게 하고, 승려들의 도성 내 출입을 금지시킨 것이다. 조선 전기에 한양에는 백정과 무당, 거지는 살 수 있었지만 승려는 들어올 수 없었다는 얘기다.

  하지만 모든 원칙에는 예외와 편법이 존재한다. 각 종파의 원찰은 한양에 두는 것을 허락했고, 활인서도성의 병자들을 구제하고 치료하는 업무를 관장했던 기관에 속해서 한증소를 관리하거나 시신을 묻어주는 매골

승 같은 경우는 출입과 거주가 가능했다. 귀찮거나 손이 많이 가는 일에 한해서는 눈을 감아준 것이다. 고려시대와 비교하여 사회적 지위가 바닥까지 추락한 승려들은 관에서 요구하는 물품들을 만들어 바치는 일을 해야 했다. 뿐만 아니라 대규모 공사에 빈번하게 동원되기도 했다.

이런 공적인 제재나 탄압보다 승려들을 더 괴롭힌 것은 사대부와 양반들의 사적인 착취와 괴롭힘이었다. 산천을 유람하는 양반들의 가마를 짊어지는 것은 물론, 혈기 왕성한 유생이나 젊은 학생들이 떼로 몰려와서 행패를 부리는 일이 빈번했다. 하지만 달도 차면 기울고, 지렁이도 밟으면 꿈틀하는 법. 괴롭힘을 당하던 승려들이 반격에 나선 일이 《실록》에 남아 있다.

성종이 왕위에 오른 지 15년째인 1484년 2월 8일, 예조에서 왕에게 연굴사演窟寺의 승려들이 중학中學에 난입하여 유생 예승무 등을 두들겨 패는 일이 벌어졌으니 이들을 잡아다가 국문할 것을 청했다. 이 사건이 기록된 1484년 2월 8일 자《실록》의 세 번째 기사에는 인굴사寅窟寺라고 나와 있는데 연굴사演窟寺를 잘못 적은 것 같다. 사관이 글씨를 적을 때 졸았거나 실수한 것으로 보이는데 어쩌면 승려가 유생을 두들겨 팼다는 사실에 흥분해서 잘못 쓴 것일지도……

'중학'이라고도 불리는 중부학당은 조선시대 사립학교에 해당하는 곳으로 세종 때 지금의 중구 중학동에 설립되었다. 사립학교에 해당된다고는 하지만 교육과 훈육을 책임지는 교수와 훈도는 성균관에서 파견되었다. 연굴사의 정확한 위치는 현재 알 수 없지만 연산군 때 궁궐을 내려다보고 있다는 이유로 복세암과 함께 철거된 것을 봐서는 한양 북쪽의 인왕산 쪽에 있었던 것으로 보인다.

보고를 받은 성종은 한쪽의 의견만 듣고 판단할 수 없으니 의금부가 공정하게 조사하라고 지시를 내렸다. 유학의 나라인 조선에서 감히 승려 따위가 떼를 지어서 신성한 학당 안으로 쳐들어와 유생들을 두들겨 팼으니 분위기가 어땠을지는 짐작이 가고도 남는다. 한 달여가 지난 3월 6일, 의금부에서 중학 난입 사건의 주동자인 승려 학탄과 해운, 그리고 숭연을 장형에 처하고 환속시킬 것을 고하였다. 하지만 성종은 주동자인 학탄을 변방의 군졸로 충원시키고, 해운은 나이가 많으니 환속시키지 말고 장형 대신 속전을 바치게 했다. 나름의 합리적인 판결이었지만 신하들은 유생들이 절에 올라가면 장형 100대에 처하는 것과는 달리 중이 학사에 난입한 것 치고는 너무 가볍다면서 항의했다.

이 와중에 끝내 왜 승려들이 떼를 지어서 중학에 난입해 유생들을 구타하고 결박했는지에 대해서는 누구도 언급하지 않았다. 사실 왜 그랬는지는 왕도 알고 있었고, 신하들도 대충 짐작했다. 연산군 시절인 1500년 4월 19일 자《실록》의 기사 덕분에 우리 역시 어렵지 않게 알 수 있다.

연산군은 내시 전헌 등을 형조에 보내 이열이라는 이름을 가진 유생을 비롯하여 여섯 명의 죄인들이 매를 맞는 것을 확인하게 했다. 이들의 죄목은 연굴사에 가서 불상을 끄집어내서 내동댕이쳤다는 것이다.《실록》에 나와 있는 기록은 이것 하나뿐이지만 이 정도일 리는 없다. 그렇다면 성종 때의 중학 난입 사건은 중학에서 공부하는 유생들이 수시로 연굴사에 쳐들어가서 행패를 부리고 불상을 훼손한 것에 격분한 승려들이 단체행동에 나선 것이 아닌가 싶다. 만약 유생들이 절에 가는 것에 대한 처벌만 제대로 이뤄졌다면 감히 절에 들어가서 불상을 내동댕이치는 짓은 못했을 것이다. 공부를 해야 하는 유생들이 이런 짓을 했다는 점이 한심스럽기도 하지만 은연중에 이런 행동을 부추겼을 당시의 분위기를 생각해보면 숨이 탁 막힌다. 오늘날의 '왕따'와 다를 게 무엇이겠는가?

인간의 이성을 잃게 만드는 것들 중 하나가 종교다. 믿음이라는 것 자체가 계량화되지 않기 때문에 이성이 개입할 여지가 없다. 해외토픽을 장식하는 이슬람과 그리스도교 간의 충돌은 물론 국내에서도 종종 벌어지는 불교와 그리스도교 간의 갈등 역시 이런 맥락으로 봐야 할 것이다. 유명한 인터넷 속담 중에 "'빠'가 '까'를 만든다"라는 말이 있다. 열정이 지나치면 광란이 되고, 주변에 민폐를 끼치게 된다. 더 나아가 자신이 숭배하고 존경하는 것까지 싸잡아서 비난을 받게 만든다. 오늘날 우리 사회의 종교인들이 되돌아보고 깨달아야 할 역사의 교훈이 아닐까 싶다.

10
—

굶주림을
면하는 방법

❝ 근래에 복지 문제가 정치권은 물론이고 국민 모두에게 관심을 불러일으키고 있지만, 사실 국민의 기본 의식주를 국가가 책임져야 한다는 개념이 도입되고 보편화된 것은 20세기에 들어서부터다. 그 이전까지는 국가가 국민에게 의무를 다하기만을 요구할 뿐 개개인의 굶주림을 어떻게 해결해야 하는지에 대해서는 그것이 폭동으로 이어지지 않는 한 큰 관심을 두지 않았다. 그렇다면 조선의 왕들은 이 문제를 어떻게 생각했고 또 대처했을까?

정답 아닌 정답이라면 '재주껏' 정도가 되겠다. 연산군처럼 다른 이들의 고통에 관심이 없는 임금은 사냥을 가는 길에 열흘 넘게 굶은 백성을 보고도 죄가 있을 것 같으니 조사하라고 명령하는 냉혹함을 보여줬다. 반면 자신의 행차가 백성들을 불편하게 한다는 사실을 잘 알아 최대한 피해가 가지 않도록 노력했을 정도로 백성을 사랑했던 세종은 이 문제로 상당히 고심을 했던 것 같다.

이를 테면 1436년 8월 25일의 《실록》에는 처음이자 마지막으로 《경험진제방經驗賑濟方》이라는 책이 언급되면서 세종이 '도라지 가루 한 숟갈과 채소 한 줌에 장과 소금을 넣고 달여 먹으면 허기를 면할 수 있으니 백성들에게 널리 알리라'고 지시하는 내용이 나온다. 《경험진제방》이 어떤 책이고 무슨 내용을 담고 있는지 우리는 알 수 없다. 독서광인 세종이 책을 읽다가 찾아본 것이 아닐까 싶은데, 이 대목만 봐도 세종의 백성 사랑이 느껴진다.

조선시대 내내 가뭄과 흉년으로 인한 문제가 이어지고는 있지만 1436년은 특히 심했던 것 같다. 기아와 구제에 관한 기록이 《실록》에 여러 차례 등장하고 있기 때문이다. 이 해 윤6월 28일, 세종은 구황救荒, 굶주림에 빠진 백성들을 도와주는 일에는 무가 적격이니 백성에게 널리 알리고 권장하도록 지시한다. 조선시대의 대표적인 구황작물로는 감자와 고구마가 알려져 있다. 《경국대전》이나 《구황촬요》 같은 책에는 상수리나무 열매부터 소나무 잎과 껍질, 둥굴레와 도토리 같은 것들이 적혀 있는 것은 물론 한술 더 떠서 요리법까지 자세하게 나와 있다. 같은 해 12월 22일에는 일본어 통역관인 윤인보와 윤인소가 세종에게 일본에서는 칡뿌리를 캐서 먹는다고 하자, 이들을 지방으로 보내서 백성들에게 캐는 기술을 전수시켰다.

세종이 굶주림의 문제를 해결하는 데 얼마가 관심이 컸는지를 보

산나물을 캐는 도구와 바구니
농민들은 곡식이 떨어지면 산에 올라가 산나물이나 소나무껍질, 도토리를 캐서 굶주림을
모면했다.

여주는 이 기사들을 뒤집어 생각해보면 이 시기 내내 굶주림이 반복
되었다는 것을 알 수 있다. 백성을 사랑하는 데는 누구에게도 뒤지
지 않았던 세종대왕조차 무 같은 구황작물을 심도록 독려하고, 칡뿌
리 캐 먹는 법을 널리 알리는 것이 할 수 있는 최대치였을 정도로 먹
을 것이 부족했던 것이다.

더군다나 세종이 통치하던 시절은 크고 작은 전쟁과 축성공사, 강
제이주 정책이 시행되던 시기였다. 세종이 통치하던 시절을 태평성
대라고만 생각하는 현대인의 선입견과는 달리 당시 상왕으로 물러

난 태종이 지휘하긴 했지만 대마도 정벌이 있었고, 북쪽에서는 적극적인 영토 확장 정책으로 인해 여진족의 무수한 침입과 충돌이 벌어졌다. 이는 결국 두 차례의 대규모 원정으로 이어졌고, 새로 넓힌 땅으로 백성을 이주시키는 정책과 그 땅을 지키기 위한 축성공사도 지속적으로 추진되었다.

조선이라는 나라의 체제를 유지하기 위해서는 불가피한 일이었지만 이름 없는 백성들에게는 분명 괴로운 일이었을 것이다. 그러나 다행인 것은 세종이 국가 체제를 군건하게 하기 위해 무엇을 해야 하는지를 명확하게 알고 있으면서도 그 와중에 고통 받는 백성 또한 잊지 않았다는 사실이다. 조선 후기에 접어들면서 민란이 들불처럼 일어났던 것은 어쩌면 당시의 지배세력이 세종의 이런 노력과 고뇌를 잊어버렸기 때문은 아니었을까?

11
—

조선의
사고사 1위

❝ 의학이 발달하면서 예전에는 손도 못 대던 질병들을 치료할 수 있게 되었고, 사람들의 영양상태가 좋아지면서 평균수명도 크게 늘어났다. 대신 예전에는 없던 자동차나 열차 같은 교통수단에 의한 사망자가 늘어났다. 특히 자동차 사고로 인한 사망자 수는 여타 사고로 인한 사망자보다 압도적으로 많다.

그렇다면 조선시대 사고사 1위는 무엇이었을까? 소가 끄는 수레가 과속할 일은 없었을 것이고, 사람이 매고 가는 가마가 앞지르기를 시도하다가 충돌하는 일도 드물었을 것이다. 추락하거나 충돌할 비행기나 열차도 없었고, 무너질 대형 건물도 없었다. 그렇다면 조선시대 백성들이 가장 많이 당했던 사고는 무엇일까?

《실록》에서 가장 빈번하게 나오는 사고사는 다름 아닌 벼락에 맞아 죽은 것이었다. 《실록》에서 '벼락'으로 검색해서 나오는 1,253건의 기사 중 상당수는 벼락에 맞아서 죽거나 다친 사람들에 관한 것이다.

이성계가 조선을 세운 지 4년 만인 1395년 7월 22일, 서원군 사람 거두가 벼락에 맞은 것을 시작으로 남녀 일곱 명이 한꺼번에 벼락에 맞는 일도 있었고, 벼락이 궁궐에 떨어지자 해괴제解怪祭, 글자 그대로 해괴한 일이 벌어졌을 때 나라에서 직접 지낸 제사를 지낸 기사도 보인다.

세종 26년인 1444년 7월 10일에는 궁궐의 연생전에 벼락이 떨어져 궁녀가 죽는 일이 벌어졌다. 보고를 받은 세종은 신하들을 불러 자신의 덕이 부족해서 궁궐 안에 벼락이 떨어졌다면서 대책을 논의하게 했다. 《실록》에 벼락에 관한 기사가 자주 나온 것은 자연현상이 곧 왕의 통치에 대한 하늘의 평가라고들 생각했기 때문이다. 비가 안 오거나 벼락이 치고 우박이 쏟아지는 것은 임금의 덕이 부족하거나 백성에게 고통을 줬기 때문에 하늘이 노한 것으로 해석한 것이다. 물론 연산군처럼 벼락 따위에는 관심조차 없는 임금도 있었지만 대체적으로는 이런 해석을 따랐다.

현대인은 인터넷이나 텔레비전에서 기상예보를 보고들을 수 있다. 그리고 벼락이 왜 생기고 어떻게 하면 그것을 피할 수 있는지도 알고 있다. 벼락은 주로 높은 건물과 나무, 그리고 사람이 지니고 있는 시계나 벨트, 우산 같은 금속류에 떨어진다. 그러니까 초등학생만 해도 가까운 곳에서 벼락이 치면 우산이나 시계 같은 것을 몸에서 멀리 떨어뜨리고 가급적 자세를 낮추는 한편 높은 나무 옆을 피해야 한다는 것쯤은 알고 있다.

하지만 조선시대 일기예보라고 하는 것은 비가 오기 직전에 유난히 쑤시는 노인의 관절이 고작이었다. 따라서 갑작스런 빗줄기 사이로 떨어지는 벼락은 두렵고 끔찍한 것이었다. 하물며 그 벼락에 맞아서 사람이 죽는다는 것은 기괴한 일이었다. 그 때문에 이렇게 재수 없게 죽는 사람들에 대한 기록이 빠짐없이 조정에 보고되었고 《실록》에 고스란히 남게 되었던 것이다.

그렇다면 왜 높은 건물도 없고 시계나 벨트 같은 금속으로 된 물체를 몸에 지니지 않던 조선시대 백성들에게 벼락이 떨어졌을까? 첫번째로 의심해볼 수 있는 것은 갑자기 내린 비를 피해 큰 나무 밑에 있다가 거기에 떨어지는 벼락을 맞는 것이다. 언제 비가 올지 모를 뿐만 아니라 우산 같이 비를 피할 도구가 별로 없던 때였으니 밖에 있다가 비가 오면 자연스럽게 큰 나무 밑에서 비를 피했다가 참변을 당한 것이다.

두 번째는 벼락에 관한 기사에 유독 사람과 소가 함께 맞았다는 사례가 많이 나오는 것으로 봐서 비가 오는데도 논밭에 일하러 나갔다가 쟁기나 괭이 같은 금속류에 떨어지는 벼락을 맞았을 가능성이다. 벼락이 주로 어디에 내리는지 모르는 농부들이 비가 오든 벼락이 치든 상관없이 일하러 나갔다가 참변을 당했을 것이다.

사람들은 복권 당첨을 벼락 맞아 죽는 것만큼이나 희박한 일에 비유하곤 한다. 그만큼 복권 당첨이 어렵다는 것을 말하기 위해서인데, 두 가지 모두 일생에 한 번 있을까 말까한 드문 일이기에 우리는 내심 운으로 설명하려고 한다. 둘의 차이라면 하나는 엄청나게 좋은 것이고 다른 하나는 억세게 운이 없는 일이라고 할 수 있겠다. 조금 지난 기사지만 1978년 7월 11일 자《경향신문》칼럼은 비오는 날 채소밭에서 놀다가 벼락을 맞아서 죽거나 다친 아이들의 사례를 들면서 운수와 연관을 지었다. 이걸 보면 첨단과학기술 시대를 살아가고는 있지만 여전히 우리의 잠재의식 속에 불운에 대한 무속신앙이 남아 있는 듯하다. 수백 년 전 조선시대 사람들이 가졌던 두려움처럼 말이다.

12
—

몸으로 대신
때워줍니다

❝ 《흥부전》을 보면 가난한 흥부가 식구들 먹일 밥을 얻을 생각으로 형인 놀부 집에 찾아가 구걸하다가 못된 형수에게 주걱으로 얻어맞는 장면이 나온다. 고통이나 체면은 잊은 채 볼에 붙은 밥풀을 떼어먹는 흥부의 모습이 우습기도 하고 딱하기도 하다. 그런 흥부가 이번에는 관아에 가서 곡식을 빌리려 한다. 그런데 그의 사정을 들은 호방戶房, 관아의 아전들 중 하나로 세금과 토지 문제를 담당했다이 귀가 솔깃한 제안을 한다. 죄를 짓고 매를 맞아야 하는 향청의 좌수 대신 매를 맞으면 돈을 준다는 것이다. 고민하던 흥부는 굶주린 가족들을 위해 매를 맞기로 결심한다.

조선시대에 실제로 가능한 일이었을까? 조선시대의 형법이라고 할 수 있는 '대명률'에는 오늘날의 보석제도와 유사한 제도가 있다. 돈이나 베를 바치고 죄를 면하는 것인데 이것을 속전贖錢이라고 부른다. 그런데 현대의 보석제도는 돈을 낼 능력만 있다면 누구나 보석을 신청할 수 있지만 조선시대에는 설령 돈이 있다고 해도 아무나 속전을 바치고 죄를 면할 수는 없었다. 주로 양반이 속전의 대상이었다. 물론 백성들도 돈을 내면 불가능하지는 않았지만 양반보다 더 많이 내야 했고, 보석이 받아들여질 가능성도 적었다. 오늘날 우리는 이해하기 어렵지만 사형에도 사약을 먹고 신체를 온전히 유지하는 것과 망나니의 칼에 목이 떨어져나가는 것이 하늘과 땅만큼이나 큰 차이가 났던 조선시대에는 특이하거나 낯설지 않은 일이었다. 이렇듯 이런저런 이유로 양반들이 매를 맞아야 할 경우《흥부전》의 한 대목처럼 돈을 주고 매를 대신 맞을 사람을 구했다.

좀 더 생각해보면 의문점이 생긴다. 양반이 속전을 낼 수 있는데 굳이 번거롭게 매품팔이를 살 이유가 있었을까? 관청에서 죄인에게 형벌을 가하는데 당사자인지 확인도 안 하고 집행할 수 있었을까? 속전은 나랏돈이고, 대명률에 엄격하게 상한선과 적용 대상이 정해져 있다. 반면 매품팔이는 당연히 비공식적이었고, 명확한 금액이 정해져 있지 않기 때문에 아전이나 수령의 짤짤한 부수입이 될 수 있었다. 매품팔이가 존재했다고 얘기하는 학자들은 이런 일이 벌어진 것이 대략 조선 후기, 그러니까 양반제도가 흔들리던 시점으로 보고 있다. 하지만 조선 전기에도 이런 일이 존재했다.

1414년 8월 1일 자《실록》에는 태종이 형조에서 죄수들에 대한 판결이 늦어진 이유를 살펴보라고 사헌부에 지시하는 과정에서 차지次知, 본래는 종친들의 궁방을 비롯한 관청의 잡일을 하는 사람을 지칭한다의 존재를 언급한다. 죄를 지은 관리가 다시 조정에 나오려면 '차지'를 대신 감옥에 가두게 했는데 이는 고려시대부터 이어온 나쁜 전례라는 것이다. 하지만 이런 나쁜 전례는 조선시대에는 아예 법적으로 보장받는다.

다음해인 1415년 8월 13일에는《원육전元六典》조선 최초의 공적인 법전으로《경제육전》이라고도 부른다에 몇 가지 사항들을 추가되는데 차지에 대한 조항도 들어간다. 이후에도 죄를 지은 관리나 종친들을 대신해서 차지를 가두거나 벌을 주는 일에 대해서 언급된다.

성종 4년인 1473년 9월 21일, 호조戶曹에서 흥미로운 보고를 올린다. 관리가 나랏일을 피하거나 잘못하면 그 집 가동들을 가두게 되어 있는데, 죄를 지은 관리들이 자기 집 노비 대신 일하는 관청에 속한 노비들을 가두는 일이 빈번하다는 지적이었다. 덕분에 나랏일을 해야 할 관청 노비들이 일을 못하는 것은 물론 돈을 주고 대신 사람을 사는 일이 벌어져서 기강이 문란해졌다는 것이다. 그러니 앞으로는 관청 노비를 대신 가두는 일을 금지하고, 이를 어기는 관리는 물론이고 확인하지 않고 가둔 관리까지 함께 처벌할 것을 고했다. 이일을 사헌부가 엄하게 감찰할 것을 요청한 것을 보면 문제가 제법 심각했던 모양이다. 성종 때라면 조선 전기의 황금기로 체제가 안정된 시기로 평가받는다. 그런데 이때조차 이 같은 불법과 편법이 판쳤다는 사실은 지배층의 한계를 명백하게 느끼는 대목이다.

보고를 받은 성종은 호조의 의견을 따랐지만 관행은 근절되지 않는다. 오히려 1495년 11월 18일 자《실록》의 기사에 나온 사간 이의무의 상소를 보면 지방관들이 예외조항을 이용해서 부정을 저지르는 일을 막아야 한다는 내용이 보인다. 관리가 죄를 지으면 하인들을 대신 가두고 벌주던 관행은 조선 후기로 넘어오면서 매를 대신 맞는 매품팔이가 등장하는 계기가 된 것으로 보인다.

그렇다면 오늘날에는 매품팔이가 사라졌을까? 물론 태형이 사라졌으니 매품팔이는 분명 없을 것이다. 인권과 평등에 대한 인식이 바뀌었기 때문이다. 대신 오락실이나 안마시술소 같은 업소에 사장으로 명의를 빌려주는 대가로 돈을 받는 이른바 '바지사장'이 등장했다. 인터넷 포털사이트의 카페에 바지사장을 구하는 글을 어렵지 않게 찾아볼 수 있다. 예나 지금이나 돈과 권력을 이용해서 처벌을 피하려고 하는 일이 근절되지 않은 것이다.

13

원각사의
기적

❝ 성종 11년인 1480년 5월 25일, 왕에게 신하가 유학의 경서를 강론하던 경연經筵이 끝나자마자 사헌부 장령감찰 담당 이인석과 정언간쟁 담당 윤석보가 세간에 떠도는 기이한 소문에 대해서 보고했다. 어제 원각사의 나무불상이 스스로 돌아섰다는 것이다. 그래서 이 소식을 들은 백성들이 몰려들어 시주를 하는데 심지어 성종의 형인 월산대군까지 다녀갔다고 분개했다. 그러고는 나무불상이 혼자서 돌아섰다는 헛소문을 퍼트린 자를 잡아다가 처벌해야 한다고 목소리를 높였다.

성종은 더운 날에 옥사를 벌이면 자칫 사람들이 다칠 수 있다며 거절했다. 하지만 두 사람은 소문을 듣고 시주할 재물을 가지고 원각사로 몰려온 백성들 때문에 들어가지도 못할 지경이라며 원각사의 주지를 국문해야 한다고 거듭 목소리를 높였다. 이번에도 왕은 두 사람의 뜻을 거절했다. 그러나 이것은 시작에 불과했다.

같은 날 사헌부 대사헌 정괄을 시작으로 관리들의 상소가 빗발쳤다. 심지어 성균관 유생들까지 나서서 처벌을 하지 않는 성종을 비난했다. 성종은 자신이 고심 끝에 내린 결론에 모두가 하나같이 달려들어 반대하는 모습을 보고 대단히 불쾌했을 것 같다. 결국 격분한 성종은 성균관 유생들의 상소문 중 한 구절을 트집 잡아서 이들을 모두 처벌하는 강경책을 쓴다. 하지만 신하들이 벌떼처럼 나서자 결국 성종은 5월 29일 나무불상이 돌아앉았다고 맨 처음 얘기한 원각사의 승려 지일을 의금부에서 심문하라고 지시한다. 그리고 심문 과정에서 지일은 5월 24일 새벽 대광명전에 있던 나한상 중 하나가 돌아서 있는 것을 직접 봤다고 털어놓는다.

성종과 신하들의 갈등은 5월 30일, 인수대비가 이 모든 일이 불교를 숭상하는 자기 탓이라는 내용의 언문서찰을 승지에게 건네주면서 일주일 만에 수습된다. 왕실의 제일 큰 어른인 그녀가 나서면서 불상을 둘러싼 갈등은 진정국면에 접어드는 것처럼 보였다. 공정해야 하는 임금과 기득권을 지켜야 하는 양반들의 대립은 조선시대 내내 이어졌지만 성종 때 유독 심한 듯하다. 세조가 한양 한복판에 원각사를 지을 때는 나서서 반대하는 사람들이 많지 않았다는 점을 보면, 착하고 만만한 성종에게 신하들과 양반들이 특별히 목소리를 높였다는 의심을 지울 수 없다.

인수대비의 언문서찰이 건네진 날 성종은 승려와 유생들을 모두 풀어주라고 지시한다. 하지만 다음 날 시독관 왕에게 경서를 강연한 경연청 관리 이세광이 승려를 풀어주지 말 것을 요청하자, 너무나 편파적인 태도에 성종이 화를 낸다. 그러자 이세광은 유생들은 가볍게 여기고 승려는 무겁게 여기는 이유가 무엇이냐며 따진다. 옳고 그름을 가리는 기준을 우리 편이 피해를 입었느냐 아니냐로 정해놓고 물어본 것이다. 양반들의 입장에서는 유생들은 당연히 풀어줘야 하지만 사악한 승려들은 감옥에 가두고 처벌해야만 했다. 그것이 그들에게는 정의이자 올바른 판결이었던 셈이다. 마무리가 되었다고 생각했다가 한방 맞은 성종은 자신이 만약 승려를 무겁게 여겼다면 성균관을 허물고 사찰을 지었을 것이라는 극언까지 한다.

이후에도 6월 중순까지 헛소문을 퍼트린 원각사의 승려를 처벌하라는 상소문이 올라오지만 성종은 인수대비의 뜻을 따랐으니 어쩔 수 없다며 계속 무시한다. 만약 거짓말을 했다는 이유로 승려들을 처벌한다면 기적이 일어났다고 믿고 구름처럼 몰려온 백성들에게 등을 돌리게 되는 셈이기 때문이다.

탑골공원 자리에 있던 원각사는 본래 흥복사라는 이름으로 고려시대부터 전해 내려오는 절로서 조선시대에 들어서면서 잠시 없어졌다가 세조가 다시 중건하면서 명맥을 이어갔다. 도성 한복판, 그것도 궁궐 코앞에 커다란 절이 있다는 사실은 유학자들로서는 견디기 힘든 노릇이었을 것이다. 게다가 왕이 은근히 감싸는 것은 물론이고 백성들이 몰려드는 모습까지 보면서 일종의 위기의식까지 느

원각사 10층 석탑
원각사가 있던 파고다 공원은 본래 고려시대 흥복사라는 유명한 절이 있는 곳이었다. 조선시대 들어와 없어졌다가 세조가 사찰을 다시 세웠다. 하지만 연산군이 없애버렸다. 현재는 공원으로 이용되고 있으며 원각사 10층 석탑과 원각사비가 남아 있다.

껐을 것이다. 불교를 눈엣가시처럼 여기는 신하들과 유생들이 임금과 대비와 한판승부를 겨루는 와중에도 백성들은 스스로 돌아선 나무불상을 보고 재물을 바치기 위해 원각사로 몰려들었다. 대체 무엇이 백성들로 하여금 원각사로 오게 만든 것일까?

시대를 불문하고 종교는 마음의 위안을 얻고자 하는 사람들에게 막대한 영향력을 발휘했다. 앞날에 대한 불안감이 오늘날보다 더 심했을 조선시대 사람들에게 종교는 마음의 안식처와 같았다. 유학자들은 왕에게 올리는 상소문에서 원각사에 몰려든 백성들을 어리석고 미욱한 자들이라고 얘기하며 나무불상이 절대로 저절로 돌아설 수 없으니 승려들이 거짓말한 것이라고 확신했을 것이다. 그렇다면 유학자들은 합리적이었기 때문에 나무불상이 저절로 돌아앉았다는 사실을 안 믿었고, 백성들은 어리석고 단순했기 때문에 믿었던 것일까?

합리와 이성은 우리의 삶과 함께한다. 당장 내일 먹을 양식이 없고, 오늘 병을 앓고 있는 가족에게 약 한 첩 쓰지 못하는 사람에게 합리적 판단으로 앞날을 설계하라는 말은 모욕이나 다름없다. 유학자들이 그렇게 없애려고 애썼지만 불교가 끝내 살아남은 것은 백성들이 마음을 기댔기 때문이 아니었을까? 요즘에도 국난이 있기 직전 땀을 흘린다는 표충사의 비석에 관한 뉴스가 종종 나온다. 나아가 사이비 종교까지 판치고 있으니, 조선시대 백성들이 그저 어리석었다고만은 얘기할 수 없을 것이다.

14

조선시대의
여론조사와 시위

❝ 세종은 재위 기간 내내 공법貢法과 씨름했다. 중국 하나라 때 시행된 것으로 알려진 공법은 농민에게 일정량의 토지를 지급하고 수확량의 10분의 1을 세금으로 받는 방식이었다.

조선은 고려의 세금징수 방법을 이어받았는데 전국의 토지를 3등급으로 나누고, 징수할 곡식의 양을 미리 정한 후에 관리가 직접 수확량을 확인해서 최종 결정하는 방식이었다. 답험손실법踏驗損實法이라고 불리는 이 방식은 세종이 보기에는 관리와 지방 유지들의 결탁으로 인한 부정의 소지가 많아 보였다. 실제로 농민들은 관리에게 뇌물을 바치고 수확량을 줄여서 세금을 덜 내는 방식을 선호했다. 요즘으로 치면 세무공무원이 재량권을 이용해 부정을 저지르고, 장사하는 사람들이 현금 수입을 줄여서 신고하는 것과 유사하다. 세종은 이런 폐단을 없애고, 농민들에 대한 국가의 장악력을 높이기 위한 수단으로 공법을 도입하고자 했다.

하지만 오늘날도 그렇듯이 법을 바꾸는 것이 그렇게 쉬운 일은 아니다. 세종이 답험손실법을 폐지하고 공법을 시행하고자 한 의지를 보였음에도 지주들은 결사반대했다. 공법으로 인한 혜택이 직접 돌아갈 당사자인 농민들 또한 원래 해오던 방식이 낫지 않을까 생각하며 변화에 대해 막연한 두려움을 가졌다. 이런저런 핑계로 공법을 시행해서는 안 된다거나 뒤로 미루자는 반대 상소가 빗발쳤다. 그러나 세종은 포기하지 않고 신하들을 설득하는 한편 전무후무한 여론조사를 벌이기도 했다.

1430년 3월 5일부터 시작된 이 여론조사는 조정 신하들은 물론이고 양반과 농민에 이르기까지 다양한 계층의 수많은 사람들이 참여했다. 5개월에 걸쳐 8월 10일에 끝난 여론조사의 결과는 찬성이 9만 8,657명, 반대가 7만 4,149명이었다. 찬성이 2만 명 이상이나 많으므로 결국 공법을 시행하는 쪽으로 흘러가는 듯했지만 이후에도 반대하는 목소리가 끊이지 않았다. 반대하는 쪽은 주로 토지를 소유한 지주들과 이들과 이해관계가 비슷한 관료들이었다. 고정세로 바뀌면 딴 주머니를 찰 수 있는 여지가 줄어들 뿐만 아니라 농민들에게 큰소리를 치기 어렵기 때문이었다.

농민들의 저항도 만만치 않았다. 1440년 9월 3일, 경상도 백성 1,000여 명이 등문고登聞鼓를 치며 공법의 중지와 답험손실법의 회복을 요구했다. 신문고의 전신인 등문고는 보통 한두 명이 치는 것으로 알려져 있는데 그렇게 많은 백성이 몰려왔다면 지켜보던 사람들이나 보고를 받은 세종 모두 긴장했을 것이다. 교통이 불편하고 숙박시설도 많지 않던 조선시대에 수많은 사람들이 상경해서 시위를 벌였다는 것은 공법에 대한 백성의 반대여론이 생각보다 심했다는 것을 의미한다.

이 같은 난감한 상황에서 세종은 어떻게 대처했을까? 세종은 그들의 뜻을 받아들이지 않았지만 상경시위를 막지 않았다. 누가 처벌받았다는 기록도 보이지 않는다. 자신의 고집을 꺾지 않았지만 그렇다고 반대의 뜻을 드러낸 백성의 시위를 막거나 주동자를 처벌하지도 않은 것이다.

공법은 1427년 세종이 관리들이 치르는 시험문제에 처음으로 언급된 이래 시범실시와 폐지, 재시행과 중단, 보완을 거듭하면서 1489년 함경도에서 시행되는 것으로 조선에 완전히 뿌리를 내렸다. 무려 60년간에 걸친 오랜 기간 동안 무수히 많은 논쟁과 토론, 여론조사와 시위가 있었다. 당사자인 백성들도 여론조사에 참여하고 시위를 벌이는 등 자신들만의 목소리를 높였다. 이런 일련의 과정 덕분에 공법은 조선의 정책들 중 드물게 백성들에게 피해를 줄 수 있는 문제들을 꼼꼼하게 따져보고 충분한 준비를 거치게 되었다. 물론 세종이 원래 의도했던 것과는 다르게 변질된 측면이 존재한다. 거센 반대를 무마하느라 농사의 작황에 따라서 부과되는 세금의 양을 변동시키는 방안이 추가되면서 완벽한 공법의 시행은 무산되고 말았던 것이다. 이것은 기득권층의 저항이 얼마나 끈질긴지 보여주는 사례라고 할 수 있다. 우리 사회에서 구성원들의 목소리를 애써 부정하고 싶은 사람들은 고요한 세상을 꿈꿀 것이다. 하지만 왕이 곧 법이며 백성의 생사여탈권을 쥐고 있던 조선시대에도 정책의 시행을 둘러싼 시끄러운 논쟁과 토론, 시위를 막지 않았다. 인권이나 민주주의 같은 개념은 없었지만 민심은 곧 천심이라는 뜻이 확고하게 자리잡았던 덕분이다.

15
—

인육을
먹다

❝ 사람이 사람을 먹는 행위, 즉 식인食人이라고 하면 현대 사회에서는 모두가 혐오스럽게 생각하지만 사실 인류의 오래되고 보편적인 풍습 가운데 하나였다. 전 세계가 전반적으로 문명화되면서 이제는 드문 일이 되었지만 지구상에서 완전히 사라지지 않았다는 사실을 때때로 뉴스 보도를 통해 확인할 수 있다. 근래에는 범죄와 관련하여 인육에 대한 기사를 접하기도 했다. 그런데 조선시대에도 이와 유사한 사건이 벌어진 적이 있었다고 하면 믿을 수 있을까?

세종이 통치한 지 29년째인 1447년 11월 15일, 대사헌을 지내다가 황해도 관찰사로 임명된 이계린이 황해도 백성들이 굶주림을 못이기고 사람고기를 먹었다는 보고를 한다. 충격을 받은 왕은 그 애기를 누구에게 들었는지 물었다. 이계린은 동생이자 동부승지 벼슬에 있던 이계전을 통해 사헌부의 관리에게 들었다고 대답하지만 그 관리가 정확하게 누구인지는 지목하지 못했다. 그러자 세종은 도승지를 통해 관련자들을 몽땅 한자리에 모아 진위 여부를 조사한다. 그 자리에 모인 관리들은 모두 그런 얘기를 한 적이 없다고 발뺌하고, 이계린은 헛소문을 입에 올렸다는 죄목으로 형조에 감금된다.

그런데 감옥에 갇힌 이계린이 갑자기 기억이 돌아왔는지 외삼촌 이백강의 집에서 일하는 김한《실록》에는 김한의 이름 앞에 화자火者, 즉 생식기가 없는 고자라고 나와 있다에게 들었다고 털어놓는다. 붙잡혀온 김한은 외종질外從姪, 외사촌의 아들인 조수명이 올봄에 황해도 해주로 장사를 치르러 갔다가 상검단리에 있는 박장명의 집 근처에서 눈이 먼 여자가 죽은 아이의 시신을 먹고 있는 것을 봤다는 얘기를 했다고 자백한다. 하지만 조수명은 병들어 죽어가는 아버지로부터 황해도에서 굶어죽어 길가에 버려진 시신들이 많은데 자기는 그나마 장례를 치를 수 있어서 다행이라는 말을 들은 것이 전부라고 대답한다. 양쪽의 증언이 엇갈리면서 결국 대질심문이 이뤄졌다. 두 사람은 서로 자신의 말이 맞다고 옥신각신하다가 조수명이 결국 자신이 그런 말을 했다고 털어놓았다.

보고를 받은 세종은 이계린이 처음 발설한 사람을 지켜주기 위해 애꿎은 관리들을 끌어들였다며 화를 냈다. 보통의 임금이라면 여기서 처벌을 하고 끝냈겠지만 세종은 소문의 진위를 확인하는 것이 우선이라며 최초 발설자인 조수명과 수승문원사守承文院事, 조선 초기 외교

문서 작성을 담당한 관청 강맹경을 황해도로 파견했다.

그사이, 황해도 지역에서 인육을 먹었다는 보고가 또 올라온다. 김의정이라는 하급관리가 고한 내용으로, 가뭄이 극에 달했던 4월에 황해도 서흥군 북쪽 백곡리에서 나무를 하던 아이들이 산속에서 인육을 구워먹은 흔적을 발견했다는 것이다. 김의정은 평소 무덤을 도굴해서 먹고 살았던 이우라는 사람의 집을 수색하다가 숨겨둔 사람고기를 발견하여 관아에 고했는데 흐지부지 처리되었고 보고한다. 세종은 이 보고에 대해서도 즉시 진위 여부를 조사할 것을 지시했다.

조사 결과, 조수명과 김의정 모두 거짓말을 한 것으로 드러났다. 조수명이 눈 먼 여자가 어린아이의 시신을 먹은 것을 직접 본 것이 아니라, 복덕이라는 여자가 죽은 어린아이의 시신 일부가 눈 먼 여자의 집 울타리 밑에 버려져 있다고 김한에게 얘기한 것이 전부였다. 그리고 이 얘기를 들은 김한이 이계린의 아들 이숙에게 굶주린 해주 사람이 시신을 먹었다라고 옮기면서 문제가 발생한 것이었다. 김의정 역시 잘못 보거나 부풀린 소식을 듣고 얘기한 것으로 보인다. 소문은 사람들을 거치면서 점점 부풀려지고 자극적으로 변했던 것이다.

세종은 두 사람을 가두고 헛소문을 보고한 이계린을 파면시켰다. 가뜩이나 흉년 때문에 골치를 아팠던 세종으로서는 헛소문을 사실처럼 얘기한 이들이 미웠을 것이다. 인육을 먹었다는 헛소문을 퍼트린 당사자인 김한은 사형판결을 받았고, 최초 발설자인 복덕은 장

80대, 조수명은 장 70대라는 판결이 내려졌지만 세종은 형벌을 낮추라고 지시했다. 김의정 역시 사형판결을 받았지만 가족들과 함께 변방으로 쫓겨났다.

이 과정에서 이계린의 동생 이계전의 얘기가 주목할 만하다. 이계전은 내시를 통해 인육을 먹었다는 소문을 퍼트린 자들이 악의가 있어서 그랬던 것이 아니며, 이 사실을 왕에게 고한 형의 잘못도 크지만 소문을 옮긴 것 역시 죄를 물을 만한 일은 아니라고 주장했다. 이런 식으로 엄한 처벌을 내리면 앞으로 진짜로 사람고기를 먹는 일이 벌어져도 아무도 그 사실을 왕에게 고하지 않을 것이라고 설득한 것이다. 얘기를 들은 세종은 이계전의 말에 수긍하면서 이 문제를 논의할 때 참고하겠다고 대답한다.

조선시대의 인육 괴담들은 오늘날의 트위터나 페이스북 같은 소셜 네트워크처럼 순식간에 전파되는 정도는 아니더라도 입에서 입을 통해 널리 퍼졌을 것이다. 그리고 이러한 괴소문이 통치자의 입장에서는 불쾌할 뿐만 아니라 국가의 기강을 해치는 위협적인 행위로 보였을 것이다. 하지만 세종은 소문을 퍼뜨린 자들을 무작정 처벌하지 않고 최초의 진원지가 어디인지 면밀하게 살폈다. 매사에 신중하고 세심한 세종의 통치 스타일을 보여주는 대목이다.

백성의 입에서 나오는 얘기가 많다는 것은 지배층에 대한 불신과 증오가 크고 깊다는 뜻이다. 이에 대해 정치적 기득권을 가진 자들은 대개 핵심을 외면한 채 괴담 또는 선동이라는 자극적인 단어와 강력한 처벌로 백성의 입을 막으려고 시도해왔다. 그러나 그러한 시도는 결국 실패로 끝났다. 조선시대의 인육 괴담과 그에 얽힌 이야기는 어쩌면 하나의 에피소드쯤으로 여길 수 있는 먼 과거의 일이지만 민중의 목소리에 귀를 기울이는 통치가 무엇인지를 잘 보여주는 사례 가운데 하나라고 할 수 있다.

16
—

찜질방의
조상

❝ 찜질방에 가면 양머리 모양 수건을 뒤집어 쓴 채 맥반석 계
란을 까먹으면서 가족이나 친구들과 땀을 빼며 즐기는 사람들의 모
습을 흔하게 볼 수 있다. 그런데 조선시대에도 찜질방이 있었다고
하면 과연 어떤 모습일지 궁금하지 않은가?

조선시대에 한증소汗蒸所라고 불린 찜질방은 일반 백성들의 병을
치료하는 곳이었다. 《실록》에서 한증소에 관해 첫 기록으로 남아 있
는 것은 세종 때다. 1422년 8월 25일, 세종이 예조에 명을 내려 땀
을 배출시켜 치료 중인 환자들 가운데 사망자가 발생하는 일이 있다
며 이 한증소를 폐지할지 말지에 대해서 조사해 보고하라고 지시했
다는 기사다. 첫 기록이 한증소를 설치하라거나 널리 이용하라고 한

것이 아니라 그 부작용에 대해 조사하라고 한 것을 보면 상당히 오래전부터 이용되어온 듯하다.

명을 받들어 10월 2일 예조가 보고를 올린다. 한증소를 관리하는 승려들이 병자의 증상을 살펴보지도 않고 함부로 땀을 내게 해서 사망자가 발생했으니 이들을 처벌할 것을 건의하는 내용이었다. 더불어 한증소를 한양 안과 밖에 하나씩 두고 의원들을 파견해서 체계적으로 관리할 것을 요청했다. 운영상의 미숙함이 드러나긴 했지만 한증소의 필요성에 대해서는 아무도 반대하지 않았다.

당시 한증소는 승려들이 운영하고 있었다. 승려들은 원칙상 한양 출입이 금지되었지만 활인서의 일을 도와 한증소를 운영하거나 병들어 죽은 시신을 묻는 일을 하는 경우에는 예외로 두었다.

1427년 4월 24일의 기사에서는 한증소를 운영하는 천우와 을유라는 승려가 세종에게 쌀 50섬과 베 50필을 내려주시면 그걸로 보寶를 운영해서 병자들을 치료하는 데 쓰겠다고 건의하는 내용이 보인다. 지금으로 치면 기금을 운영해서 그 수익금으로 치료비를 충당하겠다는 것이다. 사실 이들이 처음 제안한 것이 아니라 몇 년 전에 죽은 명호라는 승려가 건의했던 내용이었다. 세종은 이들의 요청을 받아들였다.

한증소의 치료 효과는 나름 괜찮았던 듯하다. 환자들이 계속 몰려들었으니 말이다. 1429년에는 혜일이라는 승려가 한증소를 세 곳으로 늘리는 데 필요한 비용을 하사해달라고 요청했다. 그래서 결국세 개가 된 한증소 중 두 곳은 남자들이 사용하는데 일반 백성과 천민으로 나눴고, 나머지 한 곳은 여성들이 사용했다. 새로 만든 한증소 안에는 오늘날의 목욕탕과 비슷한 석탕자石湯子가 설치됐다. 같은 해 겨울에는 아예 한양에 공중목욕탕을 설치해서 돈을 받고 이용하게 하자는 주장이 제기되기도 했다. 세종은 이후에도 한증소에서 쓰는 땔나무를 공급해주거나 햇곡식을 우선적으로 주는 등 신경을 썼다. 신하들도 한증소를 운영하는 승려들의 편의를 봐줬다.

문종 1년인 1451년에는 경기도 교하와 개성 일대에 유행병이 퍼졌는데 약과 침으로도 효과를 보지 못했다. 그러자 문종은 개성의 활민원을 수리해서 환자들에게 목욕증위沐浴蒸熨를 시킬 것을 지시했다.

그렇다면 조선의 한증소는 어떻게 생겼을까? 물론 지금의 찜질방처럼 온갖 편의시설을 갖춘 대중적인 휴식공간은 아니었다. 자료를 보면 돌로 만든 밀폐된 공간에 소나무를 비롯한 땔감을 태워서 환자들의 땀을 배출시킨 것으로 보인다. 오늘날에도 가벼운 몸살이나 감기기운이 있을 때 사우나로 땀을 빼면 증세가 호전되는 경우가 많은데, 이런 효과 때문에 조선시대에도 많이 이용된 것으로 보인다.

조선시대에는 오늘날과 같이 의료보험이 없었다. 그 대신 한양에 살고 있는 사람이라면 혜민서나 활인서 같은 곳에서 공짜로 치료를 받거나 약을 받을 수 있었다. 한증소도 이런 의료서비스 중 하나였다. 오늘날처럼 가족이나 친구끼리 모여서 도란도란 얘기를 나누면서 먹을 것을 나눠먹는 훈훈한 풍경은 아니었지만, 아픈 몸을 누일 수 있는 공간이 있다는 것만으로도 환자들에게 큰 위안이 되었을 것이다.

17
—

조선판
종말론

    갑갑하고 고단한 일상에 시달리다 보면 때로는 엉뚱한 이야기에 귀를 기울이게 된다. 말도 안 되는 이야기라고 무시해버릴 것 같지만 불안하고 심약해진 상태에서는 자신도 모르게 마음이 기운다. 시대를 막론하고 잊을 만하면 어디선가 들려오는 종말론에 대한 이야기다.

    1470년 8월 3일, 전라도 관찰사가 올린 보고서를 바탕으로 의금부가 왕에게 고한 한 사건이 조선시대 종말론의 단면을 보여준다.

    사건의 주인공은 전라도 구례현에 사는 박석로라는 사람이다. 백정인 그는 사람들에게 보성군의 어느 부잣집에 하늘에서 내려온 키가 3미터가 넘는《실록》에는 한 길이 넘는다長丈餘고 나와 있다 사람 모양의 귀신이 살고 있다고 얘기했다. 그런데 그 집에서 귀신에게 쌀 한 말로 밥을 지어 바치자 귀신이 내 동생도 곧 하늘에서 내려오는데 그때가 되면 큰 풍년이 든다는 말을 했다는 것이다. 당시에도 귀신 씨나락 까먹는 소리로 들렸겠지만 이 얘기를 곧이곧대로 믿은 백성도 제법 있었던 것 같다. 추종자들도 점차 늘어났는데 그들 대부분이 과부와 무당, 역과 관청에서 일하는 노비나 백정같이 신분이 천한 백성이었다.

추종자가 늘어나면서 이야기의 규모도 걷잡을 수 없이 커졌다. 명나라 운남의 원광사라는 절에 도술에 능통한 149세의 노인이 1467년 6월 10일에 죽었는데 혼이 하늘로 가지 않고 사람들에게 다음과 같이 말했다고 한다.

> "올해 3월부터 강한 비와 바람에 나쁜 사람들이 모두 죽을 것이다. 그리고 전쟁과 전염병으로 내년까지 지금 살고 있는 사람들의 80퍼센트가 죽고, 남은 사람들도 굶주림에 크게 고통 받을 것이다. 이 얘기를 믿지 않는 자는 눈이 멀지만 이 내용이 담긴 글을 한 통 가지고 있으면 재앙을 면하고, 두 통을 가지고 있으면 가족들이 재앙을 면할 것이며, 세 통을 가지고 있으면 크게 평안함을 얻을 것이다. 이 글은 요동에서 온 신강화상이라는 분이 쓴 글인데 재앙을 면하고 싶으면 베껴서 주변에 돌려라."

그야말로 사이비 종말론의 전형을 보여주는 이 이야기가 조정에 알려지면서 주동자인 박석로에 대한 체포령이 떨어졌다. 결국 박석로는 담양에 있는 어머니의 집으로 도망갔다가 붙잡혀 왔는데 엉뚱한 사람들을 끌어들여 죄를 면하려고 했다. 이로 인해 박석로는 가중처벌까지 받아 매를 맞고 멀리 변방으로 쫓겨났으며, 관련자들도 모두 신분과 가담 정도에 따라 처벌을 받았다. 박석로는 1475년까지 의주에서 유배생활을 하다가 풀려났다.

종말론은 아니지만 세종 때에도 비슷한 일이 벌어졌다. 처형당한 장수와 재상의 이름을 종이에 쓴 뒤 장대에 걸고 '두박신'이라고 부른 신흥종교가 나타나 민생을 어지럽혔던 것이다. 무당이 종이를 붙인 장대를 가지고 마을마다 돌아다니면 백성들이 다투어 재물을 내놓고 소원을 빌었다. 이 소식을 들은 세종은 즉시 금지령을 내리고 두박신을 최초로 유포한 자들을 체포하라고 지시했다. 1436년 5월 10일, 경기도 안성에 있는 양성까지 내려간 관리들이 두박신을 처음 만든 강유두를 비롯한 최초 유포자들을 체포했다. 같은 날, 세종은 한양에 있는 요망한 무당들에 대한 일제소탕령을 내렸는데 역시 두박신 소동 때문에 벌어진 일이었다. 유포자들 중 주모자인 강유두는 사형판결을 받았지만, 세종은 두박신 자체는 오래전부터 존재했으니 죄를 감하라고 지시했다. 사형을 면한 강유두의 운명은 알려져 있지 않다.

사이비 종교와 종말론은 현실에 대한 불만족과 미래에 대한 불안감을 먹고 자란다. 끊임없는 흉년과 수탈로 인해 죽지 못해 연명하는 조선의 백성들에게 현실은 그저 지상의 지옥일 뿐이었다. 그런 탓에 그들의 심약함과 불안한 삶에 허황되기 그지없는 이야기가 독버섯처럼 자랄 수 있었던 것이다. 키가 3미터가 넘는 하늘에서 내려온 귀신이나 149살 먹은 신통한 노인의 말을 맹신하고, 억울하게 죽은 재상과 장군에게 빌면 복을 받을 것이라고 믿은 백성들에 대해 오늘의 우리가 그들의 무지함만을 탓할 수는 없을 것이다. 오늘날 최고의 학벌과 엄청난 지식을 가진 사람들 중에서도 사이비 교주에게 푹 빠져 모든 재산을 날려버린 일도 심심치 않게 전해져 들려오고 있으니 말이다.

18
—

그 남자가
부자가 된 방법

    1465년 4월 19일, 역모죄로 처형당한 세 사람의 머리가 길거리에 매달렸다. 이를 구경하려고 백성들이 몰려들었는데, 이상한 것은 많은 사람들이 그 중 한 명의 머리만을 마구 때리는 것이었다. 이 자는 왜 죽어서까지 뭇사람들로부터 매를 맞는 걸까? 수많은 사람에게 원망을 살 정도로 악행을 많이 저질렀던 걸까? 《실록》은 이에 대해 상세하게 기록했다.

    구타당한 머리의 주인은 1453년 10월 10일, 내금위 소속으로 궁궐을 지키다가 수양대군이 일으킨 쿠데타 계유정난에 가담하면서 역사의 전면에 등장했다. 세종의 뒤를 이은 문종이 갑작스럽게 사망하면서 어린 단종이 왕위에 올랐는데, 야심 많은 수양대군은 어린 단종의 왕위를 찬탈할 것을 꿈꾼다. 그러기 위해서는 김종서와 황보인 같은 대신들을 제거해야 했다. 수양대군은 장사패들을 모아서 전격적으로 이들을 제거하고 정권을 장악한다. 효수된 머리의 주인은 수양대군을 도운 공으로 정난공신 2등에 책봉되면서 권신으로서의 삶을 누린다.

1461년, 상호군 조선시대 오위伍衛에 두었던 정3품正三品 무관직을 거쳐 전라도 처치사에 임명된 그는 휘하의 수군 30명을 동원해 목장의 빈 땅에 목화를 심고 데려간 노비들을 시켜 김을 매게 했다. 이렇게 얻은 목화를 배에 실어서 집으로 보내 팔아 자기 주머니를 채웠다. 또한 권세를 이용해서 백성들의 땅을 억지로 빼앗고, 수군에게 그 땅을 경작하도록 시켰다. 이 일이 발각되고 사헌부와 사간원이 탐관오리인 그를 처벌하라고 줄기차게 상소했지만 세조는 파직시키는 정도로 무마했다. 이런 와중에도 그는 수단방법을 가리지 않고 재산을 모은다. 그야말로 세상에 무서울 것 없는 자였다.

다음해, 그는 강성군으로 봉해지고 왕이 군대를 사열할 때 사대장射隊將으로 임명되기까지 했다. 권력만큼이나 그의 악행도 계속된다. 1464년에는 자신이 부리는 계집종의 남편 김말생의 배를 빼앗아서 반인伴人, 고위관리의 수행원 박근에게 주었다. 김말생이 자기 이름을 팔아서 지방 관청의 곡식을 사사롭게 사용했다는 죄목을 대고 말이다. 김말생은 그 배를 도로 훔쳐서 주을포라는 곳에 옮겨놓자 이번에는 참판을 지내고 죽은 이연손의 아내 윤씨가 종들을 시켜서 배를 용산 강에다 끌어다 놓았다. 박근을 통해 이 사실을 알게 된 그는 또 다른 반인을 윤씨의 집으로 보내 배를 끌어간 종들을 구타했다. 그리고 그 배 안에 소금 40석과 목재가 있었는데 없어졌으니 그것까지 보상하라는 억지를 부렸다.

이 사실을 안 세조는 따끔하게 혼을 낼 뿐 그를 처벌하라는 대신들의 요구를 묵살했다. 몇 달이 지나고, 용서를 받은 그는 다시 세조의 곁을 지키게 되었다. 그사이 그는 놀랄 만큼 큰 부자가 되었다. 물론 백성들을 쥐어짜서 얻어낸 재물로 말이다. 예를 들어, 봄에 침 한 개를 사람들에게 억지로 나눠주고, 가을에 닭으로 돌려받았다. 침 한 개를 받은 백성들은 황당했지만 세조의 측근인 그는 당당했다. 또 그는 직접 돌아다니면서 닭을 내놓으라고 윽박지르고 말을 듣지 않으면 반인들을 시켜서 몽둥이질을 하기도 했다. 이렇게 받아낸 닭을 곡식으로 바꿨는데, 바꾼 곡식이 무려 천 석이 이르렀다.

동서활인원에 속한 오작인들수령이 시체를 임검할 때에 시체를 수습하는 일을 하던 하인에게 술과 안주를 대접하고는 죽은 자의 옷을 받아다가 깨끗하게 손질을 해서 도로 팔기도 했다. 강원도 적성현에 목재가 떠내려왔다는 얘기를 들은 그는 몰래 사람을 보내서 나무 끝에 못을 박아두게 해놓고는 자기 것이라는 증거라고 주장했다.

이렇게 권력을 이용해서 백성의 재물을 빼앗으면서 그는 큰 부자가 되었다. 그리고 모은 재산이 상당했지만 남한테 결코 돈이나 물건을 빌려주지 않았으며, 처자식들에게까지 인색하게 굴었다.

그를 원망하는 백성들의 마음을 하늘이 알아서였을까? 뜻밖의 최후가 그에게 찾아왔다.

1465년 4월 12일, 그는 김처의와 최윤이 역모를 꾸미고 있다고 고발한다. 하지만 조사결과, 고발을 한 그도 역모에 가담했음이 밝혀진다. 계유정난에 가담한 공으로 출세를 거듭하던 이 세 사람은 부정부패와 탐욕으로 인해 여러 차례 파직당하고, 세조에게 비난을 받자 불만을 품은 것으로 보인다. 단순히 불평을 늘어놓은 것인지 아니면 정말 군사들을 동원해서 행동에 옮기려고 했는지는 알 수 없지만 세조는 자신에 대한 도전을 죽음으로 응징했다. 결국 일주일 후 그는 처형당했다. 그는 죽기 직전까지 백성들의 피눈물을 짜내며 긁어모은 재산이 다른 사람 손에 넘어가는 것을 아쉬워했다.

백성들은 잘려서 길에 내걸린 그의 머리를 때리면서 분풀이를 했다. 세조는 이제야 그가 생전에 백성들에게 억지로 빼앗은 재산을 돌려주라는 명령을 내렸다. 그리고 남은 재산을 빼앗아 다른 신하들에게 나눠줬다. 그 남자의 이름은 봉석주였다.

세조는 자신이 쿠데타를 일으킨 이유가 왕권이 약해지고, 신하들의 권력이 강해지는 것을 막기 위해서였다고 말했다. 하지만 수양대군의 쿠데타는 세종이 이룩해놓은 조선 전기의 정치체제를 완전히 무너뜨렸다. 불법적인 쿠데타로 집권한 세조는 측근들의 부정부패와 횡포를 모른 척하면서 법치주의를 무너뜨렸다. 또한 공신들에게 무분별하게 나눠주느라 토지 제도까지 무너뜨렸다. 오히려 그의 쿠데타로 인해 조선이라는 국가의 통치체제가 흔들린 것이다. 봉석주역시 이런 세조의 비호 아래 백성들을 괴롭혔다가 반역죄로 처벌받으면서 그나마 죗값을 치르게 되었다.

19
—

고아원을
세우다

❝ 조선을 건국한 태조가 집권 3년째에 새로운 수도로 삼은 이래 한양은 날로 번창하면서 인구 또한 늘어났다. 사람이 늘어나면 사건사고도 많아지는 법이 아니겠는가. 그중 하나는 아이를 잃어버리거나 버리는 경우였다.

조정에서는 길을 잃거나 버려진 아이들을 빈민구제기관인 제생원濟生院에서 보호하라는 지시를 내렸다. 그 명을 받아 제생원에서는 아이들을 관청 노비의 손에 맡겼지만 노비들 또한 가난한 처지라 친자식도 제대로 돌보지 못하는 경우가 대부분이었다. 결국 아이들이 노비들에게 제대로 보살핌을 받지 못하자 제생원에서는 예조를 통해 세종에게 고아원을 세울 것을 건의한다. 그리고 1405년에 이미

의지할 곳 없는 백성들을 제생원에 모아서 돌보라는 지시를 내린 적이 있던 세종은 이 요청을 흔쾌히 승낙한다. 그렇게 해서 1435년 6월 22일, 조선 최초의 고아원이 한양의 제생원 옆에 세워지게 되었다.

구체적인 모습을 살펴보자. 제생원 옆에 세 칸짜리 집을 지어 한 칸은 따뜻하게 온돌을 깔고 다른 한 칸은 난방시설을 하지 않았다. 그리고 나머지 한 칸은 부엌으로 만들었다. 제생원에 속한 남종과 여종 한 명씩을 소속시켜서 아이들을 돌보게 하고, 백성들 중에서도 아이들을 돌볼 수 있는 자원봉사자를 뽑아서 돕도록 했다. 아울러 고아들에게 의복과 이불을 주고, 추위와 배고픔에 시달리지 않는지 상급기관에서 감찰하도록 했다.

물론 기존의 방식대로 관청 노비들에게 맡겨 기르는 것이 좋다는 주장이 없진 않았지만 세종은 가난한 노비들이 기르는 것보다 나라에서 직접 기르는 게 효율적이라고 판단했던 모양이다. 또한 아이들을 한군데 모아놓으면 나중에 부모가 찾으러 오기 쉬울 것이라고 생각했던 것 같다.

최초의 국립 고아원이 세종이 바란 대로 잘 운영되었는지, 그리고 언제까지 이어졌는지는 확인하기 어렵다. 이 고아원만으로 한양의 모든 고아들을 구제할 수 있었는지도 의문이다. 하지만 굶주리고 버려진 백성들을 마지막 한 명까지도 돌보겠다는 세종의 의지는 높이 평가받아야 마땅하다. 이런 전통은 세종 이후에도 이어져 중종은 길 잃은 아이들을 우선적으로 돌보고, 함부로 데려다가 종으로 부리면 처벌할 것을 지시했다.

제생원 터
태조 때 설립된 제생원은 빈민 구호와 치료, 그리고 고아들을 돌보는 일을 했으며 세조 때 혜민서에 흡수되었다. 현재 종로구 계동 현대사옥 화단에 표지석이 남아 있다.

　1783년, 정조는 굶어죽는 고아들이 많아지자 이들을 구호하는 아홉 가지 방안을 담은 '자휼전칙字恤典則'이라는 법을 만들어, 네 살 이상의 아이들은 진휼청에서 옷을 주고 병을 고쳐주며 일정량의 식량을 지급하게 하였다. 아직 네 살이 안 된 아이들은 수양부모를 지정하고, 이들에게 곡식을 지급했다. 길 잃은 아이들을 데려가서 기르고 싶은 사람들은 진휼청의 심사를 받아 입양을 할 수 있었다. 정조는 이런 내용을 담은 자휼전칙을 한문과 한글로 써서 한양을 비롯한 전국에 방을 붙였다.

　조선에 근대적인 고아원이 처음 들어선 것은 1888년 명동에 세워진 천주교 고아원이다. 하지만 배고프고 불쌍한 아이들을 돌보는 전통은 조선시대 내내 이어져 내려왔다. 오늘날 복지와 관련된 논쟁의 핵심은 국가가 과연 어려운 사람들을 어디까지 돌봐줘야 하느냐다.

국가에서 도와줘봐야 별 도움이 안 되고 비용만 늘어난다는 것이 복지의 확대를 반대하는 쪽의 입장이다. 하지만 한 사람이 온전히 자라나고, 제 역할을 하는 것이 사회에 얼마나 큰 도움이 되는지를 생각해보면 결코 낭비라고 볼 수 없다. 누구의 도움도 받지 못하고 소외되고 고통 받는 이웃들이 늘어난다면 그 때문에 사회적으로 치러야 할 비용은 더 늘어날 것이다.

조선시대에 이런 일이!

조선시대에는 흉년이 들면 반복적으로 금주령을 내렸다. 쌀이 낭비되지 않기 위한 조치였다. 1970, 80년대 분식 장려 운동과 유사한 조치다. 금주령에 관한 이야기는 잘 알려져 있지만, 성종 때는 한술 더 떠서 떡을 만드는 일까지 금하는 문제가 논의되었다.

성종 12년인 1481년 8월 26일, 경연을 마치고 신하들과 이런저런 얘기를 나누던 중 좌부승지 이세좌가 이런 말을 했다.

"술을 금하는 것은 쌀을 소비하기 때문인데, 떡시루를 가지고 다니는 자는 금하지 아니하니, 떡에 곡식이 허비되는 것이 술보다 더합니다. 청컨대 아울러 금하소서."

그 얘기를 들은 성종이 옳다고 생각해 금주령을 뛰어넘는 금떡령을 내렸다. 다음 달인 9월 25일, 성종이 사헌부에 제사나 혼례를 치를 때 같은 몇 가지 예외적인 경우에는 술과 떡을 파는 것을 금지하지 말라는 지시를 내린다. 사실 금주령이 엄격하게 시행될 때도 술을 집에 가져가서 마시는 일은 단속대상이 아니었던 점을 감안하면 금떡령 역시 제대로 시행되었을 가능성

이 극히 희박했다. 인간의 욕망은 나라의 금지령 따위
는 가볍게 뛰어넘는 법이니까 말이다.

생활이 열악했던 조선시대에는 60세를 넘기기가 어
려웠다. 하지만 어디나 예외는 있는 법, 조선시대 최고
령 노인은 기록상으로는 무려 108세. 세종 때 충청
도 남포현에 사는 108세의 숙인淑人, 정3품과 종3품 관리의
부인에게 나라에서 내리는 작호 김씨에게 매달 술과 고기를
내려주었다는 기록이 보인다.

영조 때에도 108세 노인에게 옷감과 고기를 하사했
다. 농경국가이자 유교국가인 조선은 노인을 위한 나
라이기도 했다. 이에 비해 노인을 귀찮은 짐짝 정도로
취급하는 우리의 현실을 보면 여러모로 씁쓸하다.

조선시대에는 노인뿐 아니라 죽은 사람들도 우대했
다. 그것은 죽은 자를 잘 돌봐주면 복을 받을 수 있을
것이라고 생각했기 때문이다. 그래서 나라에서 관을
만들어서 직접 판매했다. 그 관청의 이름은 듣기에도
무시무시한 귀후소歸厚所다. 관을 파는 것뿐만 아니라
장례물품들을 공급하는 역할을 하기도 했다. 요즘 기
준으로는 이런 것까지 나라에서 할 필요가 있을까 하
는 생각이 들지만, 지금처럼 상조회사가 없던 조선시
대에는 제법 쓸 만하지 않았나 싶다.

2부

살인은 가볍고 불경은 무겁습니다

역사에 기록된 범죄와 형벌

조선시대의 백성들을 떠올리면 우선 착하고 순박했을 것이라는 생각이 먼저 들면서 그런 백성들을 잡아다가 매질을 하고 호통을 치는 못된 사또와 그에게 살랑거리며 아부하는 아전의 이미지가 머릿속에 굳게 박혀 있다. 하지만 조선의 백성들은 유달리 착하거나 순박하지 않았고, 관리들 역시 백성을 무조건 잡아다가 호통을 치는 식으로 처벌하지도 않았다.

조선은 왕이 통치하는 왕정국가였으며 《경국대전》이라는 헌법과 유사한 법전을 토대로 통치하는 법치국가였다. 물론 일반 백성들이 신분제의 한계를 벗어나지 못했고, 권세를 가진 자와 못 가진 자의 처벌이 달라지기도 했다. 조선의 백성들이 저지른 범죄와 형벌에는 어떤 것이 있었는지 살펴보자.

1
—

조선판
'도가니'

　　세종 18년인 1436년 8월, 한 무리의 사람들이 한창 기승을 부리는 불볕더위 속에서 서산으로 내려가고 있었다. 지서산군사로 임명받은 박아생과 이번에 그와 혼인한 임수산의 딸 복비가 함께 임지로 가는 길이었다. 복비의 숙부인 임덕산도 동행했다.

　서산에 거의 도달할 무렵 복비는 박아생에게 몸이 많이 아파서 친정으로 돌아가서 치료하고 싶다는 뜻을 전했다. 박아생은 승낙했지만 함께 온 그녀의 숙부 임덕산은 이상하게도 그럴 필요가 없다며 고집을 부렸다. 그리고 그날 밤, 복비가 사라져버렸다. 혼례를 치른 신부가 관리인 남편의 임지로 가던 중에 사라졌으니 신랑과 일행은 물론이고 이 소식이 전해진 조정까지 발칵 뒤집혔다. 그런데 이후에 밝혀진 진실은 다소 황당하고 어이가 없었다.

현감을 지낸 아버지 임수산을 일찍 여읜 복비는 아버지의 첩 소근과 함께 살았다. 정확하게는 얹혀살면서 눈칫밥을 먹은 것 같다. 소근에게는 임수산과의 사이에서 태어난 어연이라는 아들이 있었는데, 어연이 복비에게 마음을 두었는지 자꾸 집적거렸다. 소근은 한술 더 떠서 두 사람을 함께 지내게 했다.

괴로워하던 복비는 숙부인 임덕산에게 이 사실을 알리고 도움을 요청했다. 하지만 임덕산은 네 아버지가 자식을 못 가르친 탓이니 내가 어찌하겠느냐며 시큰둥한 반응만 보였다.

결국 어연이 어머니와 함께 짜고 복비에게 술을 잔뜩 먹이고는 강제로 잠자리를 함께했다. 결국 복비는 이 일로 뱃속에 아이를 갖게 되었는데, 숙부인 임덕산은 그사이 복비를 박아생에게 시집보내기로 약속을 잡았다. 복비는 아이를 낳은 후에 시집을 가려고 아버지의 상이 끝나고 가기로 했지만 임덕산은 그 얘기를 무시하고 혼례를 강행했다.

결국 복비는 혼례를 치르고 남편인 박아생의 임지인 서산으로 내려가야 했다. 그런데 점점 커가는 뱃속의 아기는 어떻게 한단 말인가. 배가 불러오자 복비는 병이 났다고 둘러대고 친정에 가서 낳으려고 했다. 이렇듯 박아생은 그녀의 부탁을 듣고 임덕산에게 같이 돌아가서 병을 치료하라고 얘기하지만 임덕산은 그럴 필요가 없다고 거절한 것이 사건의 전말이었다.

꼼짝없이 서산에 가서 아이를 낳아야 할 처지에 몰린 복비는 몰래 빠져나와서 어연과 함께 도망쳐버렸다. 그러나 사랑의 도피는 얼마 안 가 두 사람이 붙잡히면서 끝나고 말았다. 복비는 간통을 하고 절개를 잃었다는 죄목으로 사형판결을 받았다. 그러자 복비의 종이 글을 올려 어연이 복비를 강간했고 소근이 이를 방조했다는 사실을 고하며 선처를 호소했다.

보고를 받은 세종은 승정원을 통해 신하들에게 이 사실을 알리고 어떻게 처리해야 할지 의견을 물었다. 그러자 죽을죄이기는 하지만 사정이 있으니 목숨만은 살려주자는 쪽과 그래도 죄를 용서할 수는 없으니 사형판결을 집행해야 한다는 의견으로 나뉘었다.

같은 아버지를 둔 이복남매가 관계를 맺고 아이까지 임신했다는 사실은 남녀칠세부동석의 나라 조선에서는 상상할 수 없는 일이었다. 남존여비 사상이 강했던 시대에 응당 여자가 문제였을 거라고 생각한 남자들의 머릿속에서는 복비가 숙부를 찾아가 이 문제를 상의한 것과 술에 취한 상태에서 강간당했다는 사실이 깡그리 무시되었다.

의문스러운 점은 숙부인 임덕산이 왜 이 문제를 방치했는지, 그리고 그녀가 어연의 아이를 임신한 것을 알고 있었는지 여부다. 복비가 이 문제를 상의했다는 점을 미뤄봐서는 어느 정도 알고 있던 게 분명했다. 그렇다면 임덕산은 이 문제에 관여하기는 싫고 집안에 대해서 나쁜 소문이 도는 것도 피하려고 서둘러 그녀를 다른 사람과 혼인시키려고 했던 것 아닐까?

어쨌든 신하들의 의견이 나뉘자 고심하던 세종은 결국 절개를 지키지 못한 복비를 처형하라는 최종판결을 내린다. 여성의 성을 통제하고 억압하는 남성들의 폭력이 힘을 발휘한 것이다.

술에 취한 상태에서 어연에게 강간당한 이후 그녀에게는 별다른 선택권이 없었을 것이다. 소근의 집에서 나올 수도, 이 사실을 누구에게 발설하지도 못했을 것이다. 소근은 아예 한통속이었고, 숙부인 임덕산은 이 문제를 외면했다. 임덕산과 만나고 소근의 집으로 돌아가던 그녀는 아무도 자신을 도와주려 하지 않는다는 사실에 깊은 절망감을 느꼈을 것이다. 결국 그녀는 스스로 선택하지 않은 일에 대한 책임을 지기 위해 죽음을 맞이하게 되었다. 사형장으로 끌려간 복비는 무슨 생각을 했을까? 이 사건의 계기가 된 소근과 어연 역시 사형에 처해졌고, 그녀를 방치하고 외면한 숙부 임덕산은 도망자의 신분이 되었다. 하지만 이런 사실들은 그녀에게 별다른 위안이 되지 못했을 것이다.

몇 해 전 국회에서 아동과 장애인에 대한 성폭력 처벌을 강화하는 내용을 담은 일명 '도가니법'이 통과되었다. 그해 한 청각장애인학교에서 벌어진 성폭력 사건이 소설과 영화를 통해 세상에 알려진 것이 계기가 되었다. 하지만 다음해에도 한 장애인학교에서 유사한 일이 벌어졌다. 오늘날에도 조선시대처럼 사회적 약자인 여성과 장애인, 아이들의 성을 마음대로 하려는 인간들이 존재하고 있는 것이다.

2
—

자네 머리는
부추 같네, 그려

❝ 부추를 경상도에서는 정구지라고 부르고 전라도에서는 솔이라고 부른다. 한자로는 해채韭菜라고 적는다. 1448년 6월 5일 자 《세종실록》에는 한 남자가 졸지에 부추라고 놀림 받은 사연이 적혀 있다.

깊은 밤, 한 사내가 어떤 집으로 몰래 들어갔다. 잠시 후 불이 꺼지자 밖에서 기다리고 있던 한 무리의 사내들이 우르르 집으로 몰려 들어갔다. 그리고 먼저 들어간 남자를 꽁꽁 묶은 뒤 머리를 깎아버린 뒤 칼을 겨눈 채 개 패듯이 두들겨 팼다. 그러고는 그를 꽁꽁 묶은 채 여자와 함께 형조로 끌고 갔다. 형조에서는 여자만 가두고 남자는 석방했다. 풀려난 남자는 들것에 실려 집으로 돌아갔다.

무슨 일이었을까? 다름 아닌, 드라마 〈사랑과 전쟁〉에서 흔히 나오는 불륜현장이 적발된 것이었다. 문제는 두들겨 맞은 쪽과 때린 쪽의 신분이 모두 현직 관료였다는 점이다. 때린 쪽은 정7품 무관직인 사정司正 민서와 그의 동생 민발을 비롯한 친척들이고, 머리를 깎이고 두들겨 맞은 사람은 정5품 이조정랑吏曹正郎 이영서였다. 사건은 이영서가 민서의 첩인 기생 소양비와 몰래 만나다가 들통이 나면서 벌어진 일이었다.

조용히 넘어갈 수 있었던 이 사건은 다음 날 이영서의 종이 형조에 고장告狀, 소송을 제기하기 위해 제출하는 서류로 소장이라고도 불린다을 제출하면서 만천하에 알려졌다. 정7품의 말단 무관이 정5품의 문관을, 그것도 인사권을 가진 이조정랑을 모욕하고 두들겨 팼다는 사실이 공개되자 조정에서는 평지풍파가 일어났다.

세종은 신하들에게 왜 이런 일이 벌어졌는지를 물었다. 신하들은 같은 문관인 이영서의 편을 들었다. 술에 취한 이영서가 잘못 들어갔을 뿐 몰래 관계를 맺은 것은 아니라는 식으로 변명한 것이다. 세종 역시 관리를 임의대로 구타한 점을 들어 민서를 비롯한 사건 가담자들을 모두 감금하라고 지시했다. 그런데 두들겨 맞은 이영서가 안평대군에게 부탁해서 민서를 따로 불러 이번 일을 묻어둘 것을 제안했지만 거절당하자 어쩔 수 없이 고장을 제출했다는 것을 보면 켕기는 쪽은 이영서가 아닐까 한다.

머리가 깎여 꼼짝없이 외출하기 어려워진 이영서에게 병조정랑 이현로가 찾아와 위로를 했다. 하지만 위로라기보다 놀려주기 위해 찾아온 것에 가까웠다. 이현로가 이영서의 민머리를 보면서 머리가 꼭 부추 같다고 놀렸기 때문이다.

사실 이영서가 남의 여자를 건드린 것은 이번이 처음이 아니었다. 성균관에서 생원으로 공부하던 젊은 시절에 성균관에 딸린 반인의 처와 간통을 했다가 붙잡혀서 역시 머리가 깎인 적이 있었다. 뼈대 있는 가문의 양반이라면 평생 한 번 해보기도 어려운 삭발을 여자 때문에 두 번이나 하게 되었으니 놀림거리가 돼도 할 말이 없긴 했다. 당사자라면 어떻게든 숨기고 싶었을 이 사건을 《실록》에 남긴 사관은 한술 더 떠서 부추는 자르면 금방 다시 자라기 때문이라고 상세한 설명까지 남겨놓았다. 조금은 짓궂은 성격이었을 사관은 이 사건을 기록하면서 틀림없이 키득거렸을 것이다.

결말은 웃고 넘어갈 수만은 없게 된다. 민서가 충주에 있는 어머니와 누이를 구타한 천하의 불효자이면서 이영서를 모함한 죄인이라는 쪽으로 사건이 흘러갔기 때문이다. 조선시대에 부모를 때린다는 것은 사형에 처해질 수 있을 만큼 중한 범죄였다. 시간이 지나면서 민서가 어머니와 누이를 때렸다는 소문은 슬그머니 사라지고 그저 욕을 하고 떠밀었다는 정도로 축소되었다. 하지만 꼼꼼한 세종이 그냥 넘어갈 리 없다. 세종은 민서가 어머니를 떠민 것이 우연인지 아니면 고의인지 조사하라고 명을 내렸다.

하지만 왕의 명령임에도 신하들은 두루뭉수리 넘어가버린다. 조사 과정이 길게 이어지면서 해를 넘기고, 이 사건은 반전에 반전을 거듭한다. 그러는 사이 민서는 어머니와 누이를 때리고 여종과 간음한 파렴치한이 되어버렸다. 그러나 세종이 직접 명하여 조사한 결과, 모두 거짓이었다. 그가 어머니와 누이를 구타했다는 사실도 종들이 매질에 못 이겨 거짓 증언한 것이었다. 거기다 민서가 어머니를 구타한 것이 죄로 성립되려면 당사자가 직접 자식을 고발해야 한다. 하지만 민서의 어머니는 아들의 무죄를 주장하는 상황이었다. 이 사건을 기록한 사관조차 민서에 대한 모함이라고 기록할 정도였다.

하지만 당사자와 그 부모 그리고 심지어 왕까지 나섰음에도 민서의 죄는 없어지지 않는다. 최근 우리 사회처럼 조선시대에도 양반이라는 '갑'을 건드릴 경우에는 패씸죄에서 벗어나지 못한 것이다. 세종 역시 마지막에는 양반들의 손을 들었다. 어쨌든 하급자가 상급자를 폭행한 것은 위계질서에 어긋나는 짓이라는 이유에서였다. 결국 민서는 다음해인 1449년 6월 14일, 장형 100대에 여연군의 군사로 충원되는 처벌을 받는다. 그리고 단종 2년인 1454년이 되어서야 겨우 풀려난 것 같다.《실록》을 통해 사건의 진행 과정을 보면 민서가 처벌받은 데에는 하급자가 상급자를 모욕했다는 패씸죄가 적용되었다는 사실을 어렵지 않게 눈치 챌 수 있다. 세종이 신하들의 의견에 대충 동조했다면 민서는 진작 처형되었을 것이다.

여기까지만 해도 한 편의 드라마 같은데 아직 이야기는 끝나지 않았다. 단종을 폐위시키고 왕위에 오른 세조는 1455년 12월 27일 자신을 도운 공로가 있는 신하들을 원종공신으로 봉하라고 지시했다. 그런데 그들의 이름이 적힌 긴 명단 중간에 민서의 이름이 이영서와 나란히 적혀 있다. 민서의 동생 민발이 세조의 측근으로 활약했는데 민서도 자연스럽게 가담한 것으로 보인다. 마지막 반전은 이렇게 구사일생으로 조정에 돌아온 그가 허무하게도 예종이 즉위한 직후 벌어진 남이의 옥사에 연루되어 처형되었다는 것이다.

정말 사극에서나 나올 법한 극적인 인생이 아닐 수 없다. 우리는 흔히 조선시대 백성들의 삶이 단조롭고 평화로웠을 것이라고 믿는다. 하지만 그들도 사람이었고, 궤도에서 이탈한 삶을 살았던 경우도 적지 않았다. 다른 남자의 여인을 탐했던 양반이나 그런 양반을 응징했던 하급 무관처럼 말이다. 그나저나 민발은 롤러코스터 같은 자신의 삶이 처형장에서 끝났을 때 인생의 어떤 부분을 떠올렸을까?

3

누가 이석산을
죽였나?

“ 1455년 12월 12일, 형조에 실종 사건이 접수된다. 이석산이 놀러나갔다가 실종되었다는 신고다. 그의 몸종이 증언한 바에 따르면 친구인 신간과 함께 길을 나섰다가 사라졌다고 한다. 조선시대에도 혈기 왕성한 젊은이가 놀러나갔다가 밤이 늦도록 집에 돌아오지 않는 일은 종종 있었다. 하지만 며칠 동안이나 집에 돌아오지 않았으니 무슨 일이 났을 것이라고 걱정했던 것이다.

 형조의 관리가 신간을 잡아와 심문하자 이석산이 민발의 첩 막비와 간통했다는 사실을 털어놓는다. 그러나 그는 이석산이 지금 어디 있는지에 대해서는 끝까지 모른다는 대답으로 일관한다. 사실 눈치가 빠른 관리라면 이 시점에서 일이 어떻게 돌아갔을지 대충 짐작했을 것이다. 그리고 사실 이런 식의 간통과 그에 따른 응징은 딱히 충격적인 일도 아니었다. 하지만 이 소식을 들은 세조는 의금부에 명을 내려 신간과 막비를 심문하라고 지시한다. 어째서 이런 사소한 사건에 왕까지 나선 것일까? 그 이유는 이 사건과 관련된 인물로 민발이 있었기 때문이다. 민발은 수양대군과 명나라로 동행하던 중 도적떼를 만나 물리친 일로 세조의 신뢰를 크게 얻은 용맹한 무관이었던 것이다.

사건 발생 나흘 뒤인 16일, 의금부에서 이석산의 시신을 서대문 밖의 반송정이라는 정자 밑에서 찾았다고 세조에게 보고한다. 죽은 채 발견된 이석산의 시신은 끔찍하기 그지없었다. 온몸이 수십 군데 찔리고, 눈은 뽑혔으며, 생식기도 잘린 강력범죄 희생자의 모습이었다. 극심한 시신 훼손은 대개 원한 때문이라고 추정한다. 이번 사건 역시 그러할 것이라고 짐작한 의금부에서는 범인을 찾을 수 있게 현상금을 거는 한편 공모자가 자수하면 용서해줄 것을 건의했다. 지문 감식이나 CCTV, 블랙박스가 없던 조선시대에는 목격자의 증언이나 공범의 자백이 거의 유일한 사건 해결 수단이었다.

세조는 동부승지 이휘에게 반송정 밑에서 발견된 시신이 이석산이 분명한지 의금부와 함께 확인해보고, 이 사건을 철저히 조사하라고 지시했다. 명을 받들어 이휘는 시신을 유족과 친구 신간에게 보여줘 이석산임을 확인한다. 그리고 이석산이 몰래 간통했던 민발의 첩 막비의 집도 조사했다. 그러자 살인 증거들이 쏟아져 나왔다.

대청 벽에 피가 잔뜩 묻어 있었는데 그 위에 종이를 바르거나 흙으로 닦아내려고 한 흔적이 발견되었다. 거기다 대청 바닥에도 흙을 깎아내고 모래로 피를 덮은 것을 찾아냈다. 이휘가 무슨 피냐고 다그치자 막비는 말을 치료하다 흘린 피라고 둘러댔다. 그리고 집에서 작은 창을 발견했는데 이석산의 몸에 난 상처와 꼭 맞아떨어졌다. 이석산이 신었던 가죽신 한 짝도 막비의 집에 있던 방석 밑에 있었다. 이쯤 되면 더 이상 무슨 증거가 필요하겠는가? 이휘는 범죄과학수사대를 부를 것도 없이 민발이 자신의 첩을 간통한 이유로 이석산을 붙잡아다가 죽인 것으로 확신했다.

그런데 문제는 이휘가 조사를 지시한 세조의 의도를 뛰어넘을 정도로 잘 조사했다는 점이다. 이휘는 이 사실을 보고하면서 민발과 막비를 옥에 가두고 심문할 것을 세조에게 청했다. 하지만 민발은 앞서 언급했던 수양대군 시절의 공 외에도 계유정난 때 세조를 도와 정권을 장악하는 데 큰 공을 세운 인물이었다. 자기 측근 챙기는 것을 법과 정의보다 우선순위에 두었던 세조는 그의 말을 무시하고 현상금을 걸고 범인을 수배할 것을 지시했다. 민발을 보호하겠다는 의지를 보인 것이다. 하지만 사건을 조사했던 이휘는 거듭 민발을 조사할 것을 청했다. 뿐만 아니라 다른 대신들도 이휘와 같은 의견이었지만 세조만은 계속 진범이 따로 있으니 얼른 잡아오라고 딴청을 피웠다. 그러고는 오히려 세상 사람들이 민발을 범인으로 지목한 것이 바로 네 탓이라며 이휘를 파직시켜버렸다. 그러는 사이에 엉뚱하게 시신이 발견된 반송정 근처에 살던 백성들이 애꿎은 용의자로 지목되어 고문을 당했다. 그렇게 살인사건은 흐지부지 잊히었다.

살인범으로 지목된 민발은 앞서 언급했듯이 8년 전 이조정랑 이영서를 두들겨 패고 머리를 깎아버린 일로 형인 민서가 불효자로 낙인 찍혀 처벌받는 것을 눈앞에서 목격한 인물이다. 형이 패씸죄로 처벌받는 것을 지켜본 인물이 8년 뒤에 오히려 권력을 앞세워 살인죄를 처벌받지 않았으니 참으로 드라마틱하다.

하지만 민발은 몇 달 뒤에 대형사고를 친다. 이휘가 파직당한 지석 달 후인 1456년 4월 20일, 세조가 노산군으로 강등된 단종과 함께 명나라 사신이 머물고 있는 태평관에 가서 하마연下馬宴을 치르고 궁궐로 돌아오는 길이었다. 하마연은 명나라 사신이 한양에 도착한 당일 태평관에서 열리는 연회로서 글자 그대로 말에서 내린 것을 축하하는 자리다. 종로쯤에 이르러 세조가 수행하는 종친들에게 말을 타고 뒤따르라고 지시했는데 겸사복친위병으로 있던 민발이 임영대군이 말을 타고 뒤따르지 못하게 제지한 것이다.

이 모습을 본 세조가 민발을 불러서 막지 말라고 지시했지만 민발은 자신은 잘못한 게 없다고 대든다. 하지만 세조는 일개 무관이 말대꾸를 하고 불손하게 구는 것도 제대로 처벌하지 못한다. 민발 같은 자가 이럴 정도였으니 측근들의 횡포는 어느 정도였을지 짐작이 가고도 남는다. 그가 측근을 처벌하는 경우는 단 한 가지, 자신의 권위에 정면 도전했을 때뿐이었다.

경복궁으로 돌아온 세조는 민발에게 매질을 가하면서 재차 잘못하지 않았느냐고 물었다. 그러나 민발은 다른 사람 핑계를 대면서 어물쩍 넘어가려고만 했다. 왕의 명을 따르지 않은 것이나 질책당하면서도 평계로 넘어가려는 것이나 민발은 참으로 알 수 없는 인물이었던 듯싶다. 분노한 세조는 민발을 감옥에 가두라고 하고는 치졸하게도 이석산을 죽인 죄를 언급했다.

어떤 이들은 세조가 왕권을 굳건히 세우기 위해 늙은 신하들에게 휘둘린 어린 단종을 몰아냈다고 주장한다. 하지만 그렇게 강화된 왕권에서라면 왕의 측근들이 이렇듯 오만방자한 행동을 일삼고 심지어 살인죄를 저지르고도 처벌받지 않는 일은 없어야 한다. 왕권 강화라는 것은 왕이 모든 일을 자기 마음대로 한다는 뜻이 아니라 국가권력이 지배층에 휘둘리지 않고 왕에게 집중되어 법과 제도가 바로 서는 것을 뜻하기 때문이다. 민발의 사례는 빙산의 일각에 불과하다. 공신인 양정 역시 술에 취해 헛소리를 내뱉다가 사형당한 일을 보면 비록 극형에 처해지긴 했어도 이 시대에 국가 기강이 왕이 보호한 측근들에 의해 얼마나 짓밟혔는지를 알 수 있다. 그러니 세조의 즉위로 인해 왕권이 굳건해졌다는 얘기는 어불성설인 것이다.

어쨌든 보호막이 사라진 민발은 유배형에 처해졌는데 이 와중에도 세조는 그를 챙겼다. 유배형이 너무 가볍다는 신하들의 얘기를 무시하고 2년 만에 풀어주더니 다시 자기 주변으로 불러들인 것이다. 돌아온 민발은 더 이상 별다른 실수를 저지르지 않은 듯하다. 이후에는 한명회를 따라 북방을 수비하는 일을 맡았고, 내금위장을 맡는 등 승승장구하다가 1482년 세상을 떠났다. 반면 민발의 처벌을 주장한 이휘는 사육신과 함께 단종의 복위를 꾀하다가 처형당했다.

이석산 살인사건의 마무리와 이휘의 처형은 정의가 사라진 세상의 자화상이라고 할 수 있다. 요즘 들어서 먹고 사는 게 우선이라면서 사회 문제에는 무관심한 사람들이 늘어나고 있다. 하지만 부정한 권력과 그 권력에 기생한 무리들은 언제든지 보통 사람들에게 마수를 뻗칠 수 있다. 우리가 감시하고 제어하지 않는 한 말이다.

4

여인이 한밤중에
운 이유는?

❝　　1977년부터 1989년까지 매주 화요일 밤 수많은 시청자를
텔레비전 앞으로 묶어놓던 드라마가 하나 있다. 장장 12년 동안 장
수한 이 프로그램의 이름은 〈전설의 고향〉이다. 아마 당시 이 드라
마를 즐겨 보던 독자라면 "내 다리 내놔. 내 다리 내놔⋯⋯" 하고 흐
느끼던 다리 잃은 귀신의 절규를 잊을 수 없을 것이다.

매주 우리의 옛 전설과 민간 신화를 소개하며 시청자를 공포로 몰
아넣던 〈전설의 고향〉에서 단골로 나오는 소재 가운데 하나가 다름
아닌 여인의 울음소리였다. 한밤중에 브라운관에서 들려오는 여인
의 울음소리에 시청자들은 공포에 떨곤 했다. 그런데 실제로 여인의
울음소리를 듣는다면 어떤 기분이 들까?

1468년 2월 20일 새벽, 탕정湯井, 충청남도 아산의 옛 지명으로 온천으로 유명하다의 행궁 밖에서 들려오는 한 여인의 울음소리에 세조가 눈을 떴다. 억울하게 죽은 남편을 위해 어느 이름 모를 여인이 목숨을 건 모험을 하고 있던 것이었다. 그녀의 울음소리를 이상히 여긴 세조는 내관에게 무슨 일인지 알아보게 했다.

서럽게 울던 여인은 홍산 사람 나계문의 아내 윤덕녕이었다. 그녀는 세조가 보낸 내관에게 남편이 세조의 측근인 홍윤성의 비부婢夫. 여종의 남편 김석을산에게 핍박을 받아 억울하게 죽었다며 억울함을 호소하는 글을 올렸다.

그녀가 쓴 편지에는 놀랍고도 어이없는 일이 적혀 있었다. 김석을 산은 자신의 아내가 홍윤성의 집에서 일한다는 이유로 언제나 어깨에 힘을 주고 다녔는데, 그런 그가 우연히 나계문과 시비가 붙자 아내와 함께 일하는 노비들을 불러다가 나계문을 구타해 길바닥에서 숨지게 만들었다는 내용이었다. 이 사실을 보고받은 홍산 현감은 가담자 몇 명만을 가두었을 뿐 별다른 처벌을 하지 않았다. 그마저도 홍윤성의 다른 종들이 몰려가서 감옥에 갇혀 있는 동료들을 탈취한 것을 모른 척했다고 분개했다.

윤덕녕의 오빠인 윤기와 나득경이 이들을 다시 고소해서 감옥에 가두게 했지만 이번에는 충청도 관찰사가 죄인을 용서해주라는 유지有旨. 승정원의 담당 승지를 통하여 전달되는 왕명서를 전해 받았다는 핑계로 이들을 모두 풀어줬다. 거기다 한술 더 떠서 윤기와 나득경을 무고죄로 공주의 감옥에 가두었다는 것이다.

윤덕녕의 글을 읽은 세조는 그녀를 직접 불러 자초지정을 물었다. 그리고 충청도 관찰사와 홍산 현감도 불렀다. 긴 얘기들이 오갔지만 짧게 요약해보면 다음과 같다.

세조 : 너는 관찰사까지 되어서 뭐가 무서워 김석을산의 횡포를 모른 척했는가?

충청도 관찰사 : 저는 보고를 받고 범인들을 잡아 가뒀습니다. 도망친 놈들이 있긴 하지만 나머지 범인들은 가뒀습니다. 그리고 저는 오직 전하밖에 섬길 줄 모릅니다.

세조 : 그럼, 왜 내 명령을 핑계로 죄인들을 풀어준 것인가?

충청도 관찰사 : 고의로 죽인 게 아니라서 풀어줬습니다.

세조 : 그렇다면 이번 일이 실수가 아니면 장난을 치다가 죽은 걸로 보는 것이냐?

충청도 관찰사 : …….

세조 : 그리고 홍성 현감은 김석을산이 살인을 저질렀는데 왜 안 잡고 도망치게 놔두었는가? 죽고 싶지 않으면 사실대로 털어놓아라.

홍산 현감 : 소식을 듣고 아랫것들을 시켜서 잡아오라고 했는데 너무 빨리 도망쳐 공범들만 잡아 가뒀습니다.

세조 : 홍윤성의 종들이 감옥에 쳐들어와서 그 공범들을 탈취할 때는 무얼 한 것이냐?

홍산 현감 : 저한테 보고하지 않고 데려가서 잘 몰랐습니다.

세조 : 너는 관리니까 글자를 잘 알 것이다. 그렇다면 "한 사람을 섬긴다"라는 옛말도 알겠지. 그 한 사람이 짐인가 홍윤성인가?

홍산 현감 : …….

세조는 꿀 먹은 벙어리가 된 충청도 관찰사와 홍산 현감을 감옥에 가두고 신숙주 등에게 심문을 지시했다. 의금부에는 김석을산의 부모와 처자식, 형제는 물론 친척들과 심지어 이웃까지 체포하라고 지시했다. 조선시대에는 범죄가 발생했을 때 삼절린三切隣이라고 해서 이웃하는 세 집에 연대책임을 물었다. 사태가 심상치 않게 돌아가자 김석을산은 가족들과 함께 종적을 감춘다.

이후 세조가 행궁 남문에 방을 붙여 억울한 사연을 고하게 하자 백성들이 구름떼처럼 몰려들었다는 기록을 보면, 세조가 백성의 아픔을 어루만져주는 공명정대한 성군처럼 보일지 모른다. 그리고 이렇게 정의로운 임금이 팔을 걷어 부치고 나섰으니 사건은 일사천리로 해결될 것처럼 보였다. 결과는 어땠을까? 사건은 점점 권력의 핵심에 접근한다.

윤덕녕이 신숙주에게 털어놓은 내용은 다음과 같았다. 홍윤성이 유향소 일을 하던 나계문이 좋은 노비를 선물하지 않았다는 이유로 곤장을 쳤을 뿐만 아니라 아버지의 장례를 치른다는 명목으로 나계문 소유의 산에 있던 소나무들을 함부로 잘라갔다는 것이다. 이것은 대놓고 얘기하지는 않았지만 김석을산이 제멋대로 행패를 부린 것이 아니라 홍윤성이 이번 일에 개입했다는 것을 암시한다.

하지만 세조는 홍윤성을 불러 이번 일로 너를 처벌하지 않겠다고 약속한다. 옆에 있던 신숙주가 홍윤성에게도 책임이 있다고 말하지만 단번에 무시당한다. 세조의 대답을 들은 홍윤성이 물러나고 잠시 후에 사라졌던 김석을산이 묶인 채 모습을 드러냈다. 그리고 며칠이 지나고 사건을 조사한 관리들이 세조에게 홍윤성은 이번 사건과 아무런 관련이 없다고 보고한다. 그사이 홍윤성을 처벌하라는 상소가 빗발쳤지만 세조는 아랫사람들이 잘못한 것을 가지고 홍윤성을 처벌할 수 없다고 얘기한다.

판결은 신속하게 내려졌다. 김석을산을 비롯해서 살인에 가담했던 자들은 모두 처형되고, 다른 관련자들도 처벌됐다. 사건을 묵인한 충청도 관찰사와 홍산 현감도 벌을 받았다. 남편의 억울한 죽음을 용기 있게 밝혀낸 윤덕녕은 곡식을 상으로 받았다. 이로써 윤덕녕의 억울함이 어느 정도 풀리긴 했어도, 사실 이 살인사건의 진짜 배후가 홍윤성과 그를 보호한 세조인 것을 생각하면 결국 몸통은 감추고 꼬리만 자른 셈이다.

오늘날에도 이와 유사한 사건들이 종종 벌어지고 있다. 그리고 조선시대 윤덕녕의 사건과 놀라울 정도로 비슷하게 처리된다. 힘과 권력이 없어서, 돈과 인맥이 없어서 억울한 일을 당하고 인권을 무시당한 그들은 윤덕녕처럼 그저 소리 내 울어서 자신의 처지를 호소할 뿐이다. 이른바 '갑과 을'의 시대가 오늘날에도 계속되고 있는 것이다. 을을 죽음으로 내몬 진짜 '갑'은 모습을 드러내지 않고 가짜 '갑'

이 책임을 지는 것으로 대부분의 사건은 종결된다. 가짜 '갑'이었던 김석을산은 아마 죽기 전에 이런 말을 외치지 않았을까? "저는 꼬리에 불과합니다! 몸통은 따로 있다고요!"

5
—

조선의
사이코패스

❝ 주로 유전적인 이유로 다른 사람에게 피해를 지속적으로 가하거나 범법행위를 하는 사람을 사이코패스라고 부른다. 다른 사람의 고통에 전혀 신경을 쓰지 않기 때문에 잔인한 범행을 태연하게 저지르는 것이다. 사람들이 그들을 두려워하는 큰 이유는 아마도 우리 사회에 이 같은 정신질환을 가지고 있는 사람이 얼마나 되는지, 또 그들이 정확히 누구인지 모른다는 데 있을 것이다. 어쩌면 식당의 옆자리에 또는 같은 직장 사무실에 있을지도 모른다. 조선시대에도 사이코패스로 추정해볼 수 있는 인물들이 있었다.

조선의 대표적인 사이코패스는 예조참판을 지낸 조효문의 서자 조진경과 그의 모친 흔비가 아닐까 싶다. 사건은 1465년 11월 23일에 벌어졌다.

흔비의 여종 보로미가 자식이 병에 걸려 세상을 떠나자 장례를 치르기 위해 휴가를 청했다가 거절당한 것이 사건의 발단이었다. 앙심을 품은 보로미는 흔비에 대한 험담을 하고 다녔다. 이 사실을 알게 된 흔비는 분개하여 아들에게 보로미를 죽이라고 얘기했다. 어떤 종류의 험담인지는 모르지만 흔비가 화를 낸 것을 보면 아마 그녀가 첩이라는 민감한 부분을 건드린 것 같다.

아들 조진경은 효성이 지극했는지 즉시 어머니의 부탁을 실행에 옮겨 몸종인 부황과 금음진, 길생과 함께 보로미와 그녀의 자식을 동대문 밖으로 끌고 나갔다. 그리고 보로미의 자식에게 이렇게 말했다.

"거기 서서 네 어미가 죽는 모습을 봐라."

그러고는 부황에게 다듬이 방망이로 보로미의 머리를 때리게 했다. 쓰러진 보로미의 숨이 아직 붙어 있자 이번에는 조진경 자신이 활을 들어 화살을 쏘고, 그래도 죽지 않자 화살을 뽑아서 다시 쏴서 죽이는 잔인함을 드러냈다. 보로미의 자식은 옆에서 그 모습을 꼼짝없이 지켜봐야 했다.

오늘날 우리는 조선시대의 양반이라면 하인쯤은 마음대로 할 수 있었을 것이라고 착각하지만, 오히려 아랫것들을 격에 맞게 다뤄야하는 것이 양반 사회의 기본적인 에티켓 중 하나였다. 자신의 종이라도 지나치게 잔인한 형벌을 사사롭게 가하거나 함부로 죽이면 주인과 가담자들은 처벌받았다.

그런 상황인데다가 환한 대낮에 자식이 보는 앞에서 어미를 잔인하게 죽였으니 그냥 넘어갈리 없었다. 잔인한 살인현장을 목격한 누군가에 의해 결국 세조에게 이 소식이 전해졌다. 세조는 즉시 조진경과 흔비를 체포하고 직접 심문했다. 왕까지 나섰으니 신분사회라해도 이 일이 그냥 넘어갈 수 있는 흔한 일은 아니었던 듯싶다. 세조앞에 끌려나온 두 사람은 순순히 범행을 자백했다.

이들을 의금부에 가둔 세조는 신하들에게 어떻게 처리할지를 물었다. 신하들은 범죄가 워낙 끔찍한 탓인지 대부분 극형에 처하라고했다. 물론 주인이 노비를 죽였다는 이유로 처형하는 것은 법 조항에 없을뿐더러 이를 악용하는 사례가 나올 수 있을 것이라는 소수의견도 나왔다. 하지만 범죄가 준 충격이 워낙 컸는지 대세에 영향을주지는 못했다.

12월 1일, 세조는 의금부에 조진경을 능지처사陵遲處死시키고 어미인 흔비는 목을 베어죽이라는 명을 내린다. 능지처사는 팔다리를 묶어서 소와 말을 이용해 찢어 죽이는 극형으로, 조선시대에는 대역죄인이나 패륜을 저지른 죄인을 죽일 때 내려졌다. 그리고 살인에 가담한 몸종들은 장형과 유배형에 처해졌는데 양반이 아니기 때문에유배된 지역의 관노로 일해야 했다.

조진경과 흔비 이야기뿐 아니라《실록》에 기록된 온갖 잔혹한 범죄 이야기를 읽다 보면 조선시대 사람들이 순박했다느니 착했다느니 하는 선입견을 금세 버리게 된다. 세상 어디에나 사이코패스와같이 자신의 분노를 조절할 줄 모르는 사람들이 있게 마련이듯이 조선시대라고 예외는 아닌 것이다.

이 사건에서 가장 불쌍한 것은 졸지에 어머니의 참혹한 죽음을 목격해야 했던 보로미의 자식일 것이다. 세조도 불쌍하게 여겼는지 그에게 옷을 내려줬다고 한다. 보로미의 자식은 이름은 물론이고 그 후의 행적에 대해서 전혀 알려지지 않는다. 《실록》에 싣기에는 너무나 하찮았기 때문이리라.

사이코패스가 갑자기 늘어나지는 않았을 텐데 근래에 강력범죄 소식이 자주 들려오고 있다. 학교나 직장에서 집단따돌림 현상도 심해지고 '악성댓글'이나 '신상털기' 같은 온라인 범죄도 늘어났다. 고통을 견디지 못하고 스스로 목숨을 끊는 피해자 앞에서 가해자들은 무덤덤하거나 심지어 당당하기까지 하다. 지울 수 없는 상처를 평생 안고 살아가야 하는 가족들의 억울하고 안타까운 심정은 눈앞에서 어미의 죽음을 목격한 보로미의 심정과 다르지 않을 것이다.

6
—

살인은 가볍고
불경은 무겁습니다

    법치국가의 기본 원칙 중 하나는 모든 국민은 법 앞에서 평등하다는 것이다. 하지만 누군가가 오늘날 우리 사회에서 이 기본 원칙이 잘 지켜지고 있느냐고 묻는다면 모두 코웃음을 칠 것이다. 실제로 이 원칙이 실현되고 있다고 믿는 사람이 있다면 순진한 이상주의자로 무시당하기 십상이다. 그만큼 우리 사회에서 법이 권위와 신뢰를 잃고 평등의 가치가 의심받고 있다는 것을 의미한다. 조선시대라고 다를 건 없다. 이번 사건의 주인공은 세조와 후궁인 근빈 박씨 사이에서 태어난 창원군 이성이다.

  이성은 1457년에 태어나 1467년에 창원군으로 봉해졌다. 왕족이긴 해도 왕위 계승권이 없는 종친은 언제나 역모와 반역 가능성을 의심받는 신세였다. 당장 그의 아버지인 세조 역시 조카인 단종을 죽이고 왕위에 오르지 않았던가?

종친과 그들의 측근들은 늘 불안한 처지였지만 먹고 살 걱정은 하지 않아도 되었다. 오히려 왕권과 법 사이에 존재했기 때문에 나름의 권력을 행사할 수 있었고, 나아가 죄를 저지르고도 처벌을 받지 않았다. 덕분에 온갖 사건과 기행으로 《실록》을 수놓았다. 창원군 역시 그런 부류에 속했다.

1472년에 이미 그의 보모가 권세를 믿고 행패를 부리다가 처벌받은 기록이 나온다. 측근이 저지르는 비리나 횡포는 권력자와 직간접적으로 연결되는 경우가 많다. 당사자가 사주하거나 부추기지 않았다고 해도 그런 것들을 용인하는 분위기가 조성되는 것만으로도 이미 위험수위를 넘은 것이다. 그런 측면에서 보자면 창원군 이성은 어릴 때부터 싹수가 보였던 셈이다.

1478년 1월 11일에는 종친인 황산수黃山守 이문이 성종을 찾아와 모화관 동쪽에 있는 자신의 집 북쪽에 어느 여인의 시신이 버려져 있다고 보고했다. 성종은 의금부와 형조, 한성부에 조사를 명했다. 그리고 1월 20일 형조좌랑 박처륜이 사건을 조사하는 과정에서 창원군 이성의 집을 수색하려다가 거부당한 일을 고했다.

성종은 수색을 거부한 이성을 국문하라고 지시하면서 수사에 힘을 실어주는 한편 범인을 잡기 위해 현상금을 내걸었다. 사건을 조사하던 관리들이 창원군을 주목하여 집을 수색하려 한 데에는 다 이유가 있었다. 시신이 성벽 위에서 떨어졌는데 그의 집이 성벽에서 가장 가까웠기 때문이다. 그리고 성벽 위에서 시신의 머리카락과 똑같은 끊어진 머리카락이 발견되었다. 거기다 완강하게 수색을 거절해서 더 의심을 산 것이다.

왕명을 앞세운 관리들이 창원군의 집을 수색하다가 이성의 종 동량의 속옷에 핏자국이 있는 것을 발견했다. 왜 피가 묻었느냐는 물음에 동량은 주인에게 매를 맞아서 생긴 상처라고 했지만 관리들은 의심의 눈초리를 거두지 않았다. 성종은 동량을 심문하라고 지시하는 한편 창원군을 무리하게 범인으로 지목하지 말 것을 당부하며 영의정 정창손을 이번 사건의 책임자로 임명했다.

1월 27일, 죽은 여인이 창원군이 거느리던 여종 고읍지라는 익명서가 날아들면서 범인으로 창원군이 지목되었다. 창원군은 자신이 죽이지 않았다고 끝까지 버티었지만 심문을 받은 종들이 죽은 여인이 창원군의 여종 고읍지였다는 사실을 결국 자백했다. 고읍지가 다른 남자와 간통했다고 의심한 창원군의 지시를 받고 그녀를 처마에 매달아놓고 마구 구타했다. 그러고도 분이 풀리지 않은 창원군은 칼로 찔러 죽인 다음에 종들을 시켜서 버리라고 지시했다. 종들은 시신을 가지고 밖으로 나왔지만 해가 떨어져서 길을 찾지 못하자 그냥 성벽에 올라가서 밖으로 던져버린 것이다.

진상이 밝혀졌지만 이것이 끝이 아니었다. 곧 2라운드가 시작되었다. 창원군을 처벌해야 한다는 신하들과 처벌할 수 없다고 버티는 성종 간의 힘겨루기가 벌어진 것이다.

성종은 당사자가 자백하지 않았으니 신중할 것을 주문했지만《실록》에 나와 있는 증거와 하인들이 자백한 내용을 보면 창원군이 살인을 지시한 것이 분명했다. 2월 28일, 성종은 직접 살인을 저지른 창원군의 종들을 심문해서 살인이 벌어진 정황을 듣는다. 종들은 고읍지가 다른 남자를 좋아한다는 말을 듣고 창원군이 격분해서 죽이라는 지시를 내렸다고 털어놓았다. 하지만 창원군은 죽은 고읍지가 누군지 모른다는 말만 되풀이했다. 신하들은 이 정도면 죄상이 명백하니 처벌해야 한다고 했지만 성종은 자신이 직접 물어보겠다며 미련을 버리지 않았다.

그러나 결국 성종은 신하들의 거듭된 처벌 요구에 3월 11일 창원군 이성을 충청도 진천현에 귀양을 보내라는 명을 내렸다. 살인에 가담한 창원군의 종들도 처벌을 받았다. 하지만 곧 성종은 대비의 뜻임을 내세워 창원군의 귀양을 취소시키고 가택연금형으로 낮춘다. 신하들은 부당하다며 벌떼같이 들고 일어났지만 성종은 들은 척도 하지 않았다. 이렇게 범죄를 저지르고도 종친이라는 이유로 제대로 처벌받지 않은 창원군은 1484년 27세의 젊은 나이로 세상을 떠난다.

성종이 창원군에 대한 처벌을 미루자 경준이라는 신하가 이런 말을 했다고 한다.

"창원군은 살인과 국법을 따르지 않는 불경을 저질렀는데 그 중 살인은 가볍고 불경은 무겁습니다. 불경죄를 물어서 처벌하려고 하는데 왜 결정하지 못하십니까?"

법이 권력에 굴복한 사례라고 할 수 있다. 그나마 조선의 신하들은 살인죄 대신 불경죄라는 카드를 뽑아서 창원군을 처벌하게 만드는 근성과 뚝심을 보여줬다. 오늘날 이름만 화려한 특별검사제가 유명 무실해지고 휠체어를 탄 재벌들에게 솜방망이 처벌이 내려지는 대한민국보다는 특권층에게 좀 더 엄격했던 것이다.

법치국가는 말이나 글로 세우는 것이 아니다. 절대군주가 자기 마음대로 행정을 하는 경찰국가와는 달리 법치국가는 법에 의해서 행정이 이루어지는 나라다. 법 위에 지위와 권력, 인맥과 재력 같은 것들이 우선시될 때 그 나라의 구성원들은 법을 무시하고 결국 사회질서가 혼란스러워질 수밖에 없다. 비록 전제군주가 통치하던 조선시대지만 《실록》의 곳곳에는 오늘날 높은 자리에 앉아 자신의 권력과 인맥과 재력에 기대 살아가는 사람들이 배워야 할 법치 정신이 기록되어 있다. 우리는 조선을 무지와 야만의 시대로 오해하곤 한다. 인권과 민주주의가 뿌리를 내린 오늘날의 기준으로 본다면 맞는 얘기다. 하지만 일부의 지배층이나마 자신들의 의무를 망각하지 않고 책임을 다했다는 점은 인정하지 않을 수 없다.

7
—

발을
자를까?

❝ 범죄자의 인권은 어디까지 보장되어야 할까? 연쇄살인범이
나 아동 성폭행범 같은 강력범죄자의 인권도 지켜줘야 할까? 사형제
도를 폐지하는 것이 최선의 답일까? 최근 강력범죄자의 처벌과 더불
어 인권 보장에 대한 갖가지 주장이 사회적으로 논의되었다. 그런데
사실 인권이라는 개념이 성립된 것은 비교적 근래의 일이고 여전히
그 범위에 대해서 논쟁 중이다. 그렇다면 조선시대에는 범죄자의 처
벌과 인권 사이에서 어떤 고민을 했을지 궁금하다. 사극에서 본 것
처럼 원님이나 아전이 마음대로 붙잡아다가 매질을 하면서 자백을
강요하고 심지어 극형에 처하는 일이 정말 가능했을까? 우리는 《실
록》을 통해 조선 초기 범죄자들의 처벌 수위와 인권 문제와 관련된

흥미로운 논쟁을 엿볼 수 있다.

월족형刖足刑이라는 것이 있다. 발뒤꿈치의 아킬레스건을 베는 무서운 형벌이다. 이 형벌을 받은 죄인은 정상적으로 걸을 수 없게 된다. 평생 불구의 몸으로 살아가야 하는 것이다. 주로 절도범이나 도망 노비에게 시행된 월족형은, 이마에 문신을 새기거나 코나 귀를 베는 육형肉刑 즉 신체를 훼손시키는 형벌에 속하는데, 발뒤꿈치를 칼로 베는 것과 인두로 지지는 방법 두 가지가 있었다.

이마에 문신을 새기는 경우에는 제대로 새겨지지 않아서 감옥을 나가자마자 물로 씻어 내거나 입으로 빨아서 지우곤 했다. 그래서 문신을 새긴 이마를 천으로 감아두고 며칠 동안 감옥에 가뒀다가 풀어줬다. 단근형의 일종인 월족형 역시 제대로 하지 않아서 멀쩡하게 걸어 다니는 일이 벌어지자 정확하게 어느 부분을 얼마만큼 인두로 지져야 하는지를 방침으로 정했다. 이 같은 사례들은 월족형이 광범위하게 시행되었다는 것을 의미한다. 하지만 범죄의 대가를 치르게 하고 범죄자를 정상인과 구분할 수 있도록 하는 이런 형벌들에 대해 조선 초기부터 가혹하다는 인식도 적지 않았다.

세종 17년인 1435년, 형조판서 신개가 도적질을 세 번 하다 붙잡힌 죄인에게 월족형을 시행하자고 주장했다. 세종은 신체를 훼손하는 형벌은 신중하게 집행해야 한다고 주장했지만 신하들의 강경론에 밀려 일단 승낙했다. 하지만 2년 뒤, 형조에서 도적들이 한쪽 발의 힘줄이 끊어지고도 계속 범죄를 저지르니 양쪽 발의 힘줄을 모두 끊어야 한다고 고하자 이번에는 거절했다. 그리고 1444년에는 아예 단근형을 폐지하라는 지시를 내렸다.《실록》에는 나와 있지 않지만, 정조 때 편찬된 법령 모음집《대전통편大典通編》에 코를 베는 형벌인 의비와 더불어 "월족형을 세종 갑자년에 금지했다禁劓鼻刖足, 世宗甲子"는 구절이 있는 것으로 봐서 갑자년인 1444년에 아예 공식적으로 폐지된 것으로 보인다.

이후 문종 1년인 1452년에는 한양에 도둑들이 횡횡하니 월족형을 부활시켜야 한다는 주장이 제기되었다. 하지만 문종은 도둑은 쉽게 잡을 수 있지만 월족형은 쉽게 쓸 수 있는 형벌이 아니라며 거절했다. 세조 11년인 1465년에도 월족형의 부활이 논의되었지만 실제로 시행되지는 않았다. 수백 년 전인 조선시대에도 비록 지금과 같은 인권 의식이 존재하지는 않았지만 사람을 존중하고 배려하는 정신이 살아 있었음을 엿볼 수 있다.

세종이 월족형을 금지한 이유를 지금 우리는 알 수 없지만 아마도 우참찬 이숙치의 의견에 동조했기 때문으로 추정된다.

"지금껏 도적들의 두목과 수하들을 가리지 않고 처벌해왔지만 그들의 수가 줄었다는 얘기는 듣지 못했습니다. 저들이 모두 굶주림과 추위 때문에 도적질에 나섰기 때문입니다. 그런데 어찌 법령의 엄격함만으로 효과를 볼 수 있겠습니까?"

오늘날 많은 사람들이 엄격한 처벌만이 범죄율을 낮출 것이라고 주장한다. 하지만 500년 전 우리 조상들은 이미 코를 베고 발뒤꿈치를 자르는 가혹한 형벌로도 도적을 막을 수 없다는 사실을 인정했다. 아울러 백성을 범죄자로 만드는 것은 다름 아닌 잘못된 정치가 문제라는 사실을 알아차렸다. 물론 범죄에 노출된 일반 국민들이 강경론을 펼칠 수는 있다. 그들에게 범죄는 끔찍한 현실이고, 가족들 중 누군가를 잃을 수 있는 문제이기 때문이다. 하지만 적어도 법을 제정하고 집행하는 사람들은 이런 방식이 과연 국민의 안전을 보장해주고, 범죄율을 낮추는 본질적인 해법인지에 대해 깊게 고민해봐야 하지 않을까?

8

조선판
솔로몬의 재판

❝ 재판은 인류가 갈등을 해결하기 위해 무력과 폭력을 사용하는 대신 법이라는 원칙과 권위에 의존하면서 생겨났다. 한 사건을 두고 상반된 입장을 가진 양쪽이 각자의 주장을 통해 진실을 밝혀내고 잘못한 쪽이 처벌을 받는 것은 공정한 사회의 자연스러운 재판 과정이다. 한 나라의 수준을 평가할 때 사법제도가 제대로 운영되고 있는지를 눈여겨보는 것도 바로 이런 이유 때문이다.

《성경》에 나오는 고대 이스라엘의 솔로몬은 지혜로운 왕으로 널리 알려져 있다. 현명한 재판관이었던 그가 내린 명판결 중 하나는 한 아이를 두고 여인 둘이 서로 자신의 아이라고 주장한 사건에서 진짜 어머니를 가려낸 것이다. 올바른 판결은 법의 권위를 높여주지만 공명정대한 판결을 내리기란 시대를 불문하고 쉽지 않은 일이다.

조선시대에도 솔로몬 왕의 재판과 유사한 사건이 벌어졌다.

사건은 1446년 4월 27일 열 살 남짓한 사내아이가 구걸하러 좌승지 박중림의 집에 들어오면서 시작된다. 초라한 행색의 아이를 본 박중림의 노비는 깜짝 놀란다. 그도 그럴 것이 동료 노비 김삼이 몇 년 전 잃어버린 아들 김산이었기 때문이다. 아이는 죽산 현감을 지낸 송중손의 비부인 천장명의 집에서 살고 있었다. 하지만 천장명은 그 아이를 자신의 아들 천보라고 주장했다. 도대체 누구 말이 맞는 걸까? 양쪽의 주장이 엇갈리자 김삼은 형조에 아들을 찾아달라는 소송을 제기했다.

몇 달간의 조사 끝에 김삼의 아들로 거의 결론이 날 것 같았다. 그런데 갑자기 형조참판 성염조가 이 판결에 이의를 제기했고, 결국 성염조의 주장대로 삼성三省이 재조사에 들어가면서 박중림과 송중손을 의금부에 가두었다. 삼성은 의정부, 사헌부, 의금부를 지칭하는데, 중요하거나 복잡한 사건에는 세 부서가 번갈아가면서 관련자들을 심문했다.

당사자인 김삼이나 천장명 대신 두 사람을 감옥에 가두고 조사를 한 이유는 이 둘이 실질적인 소송 당사자였기 때문이다. 조선시대에는 노비와 그의 자식이 주인의 재산으로 취급되었기 때문에 이 사건은 누구의 자식인지 여부를 떠나서 재산을 절도한 문제였다. 관리들이 김삼과 김산이 함께 살던 목천에 찾아가 수소문을 하는 등 강도 높은 재조사에 들어가면서 문제의 아이가 천장명의 아들 천보라는 사실이 밝혀진다.

일이 이렇게 되자 박중림의 구원투수가 등판하는데 그가 바로 훗날 사육신 중 한 명인 박팽년이다. 박중림의 아들 박팽년은 장문의 상소를 올려 억울함을 주장했다. 김삼의 아들 김산을 잃게 된 과정과 손중손이 거짓말을 하고 있다고 구구절절하게 주장한 것이다. 특히 김삼의 아내 삼가와 천장명의 아내 분이가 아이를 놓고 벌인 대질심문에서 아이가 김삼의 자식임이 밝혀졌다고 목소리를 높였다.

재판은 해를 넘기도록 계속되었다. 무수한 증인과 증언들이 이어졌는데 결국 성염조가 이 사건을 해결했다. 그는 자신이 부리는 두을만이라는 종이 그 아이가 천장명의 아들 천보라고 얘기했고, 자신의 어머니 역시 같은 얘기를 했다고 증언했다.

1447년 4월 5일, 천보가 천장명의 아들이라는 최종 판결이 나면서 박중림을 비롯한 관련자들에 대한 판결이 나온다. 박중림은 여산군으로 귀양을 갔고, 박팽년도 처벌을 받았다. 박중림에게 유리한 증언을 한 증인들도 모두 처벌을 받았지만 송중손 역시 처음 감옥에 갇혔을 때 도망치려고 했다는 이유로 곤장 80대를 맞아야 했다.

그렇다면 이 사건에서 과연 박중림이 잘못한 것일까? 승지벼슬을 하고 있던 그가 노비, 그것도 어린아이를 빼앗기 위해 이런 일을 벌일 리는 없다. 그는 문제의 아이가 자기가 부리는 노비 김삼의 아들 김산이라고 굳게 믿었던 것으로 보인다.

세종 역시 그 점을 잘 알고 있었기 때문에 몇 년 후 박중림을 다시 병조참판에 임명하면서 이 문제를 거론하는 신하들로부터 그를 옹

호한다. 그리고 사건의 발단이 된 천보는 진도의 관노로 쫓겨났다.

사실 문제가 이렇게 복잡해진 것은 아이 탓이 컸다. 아이는 누가 진짜 부모냐는 물음에 어떤 때는 김산과 그의 부인을 부모라고 했다가 또 어떤 때는 천장명과 분이를 진짜 부모라고 하는 등 횡설수설했다. 이에 대해 사관은 아이가 간사하기 때문이라고 적어놓았다. 누가 부모가 되었든 노비 신세가 변하는 것은 아니었겠지만 어쨌든 아이는 횡설수설한 대가를 혹독하게 치르게 된 것이다.

9

3대 도적의 선배,
장영기

조선의 3대 도적이라고 하면 홍길동, 임꺽정, 장길산 정도
가 될 것이다. 이 세 사람은 소설과 영화, 드라마를 통해 우리에게 잘
알려져 있다. 그런데 이들의 선배격인 인물이 있었으니 그의 이름은
바로 장영기다. 그가 이 세 도적의 선배인 것은 단지 그들보다 앞선
시대에 살아서가 아니라 도적으로서의 능력이 누구보다 뛰어났기
때문이다. 더군다나 세 도적들은 세월이 흐르면서 다소 과장된 이미
지로 덧칠되어왔지만 장영기의 실제 모습은 《실록》에 고스란히 남
아 있다. 그렇다면 얼마나 대단한 인물이기에 3대 도적, 즉 동에 번
쩍 서에 번쩍 하는 홍길동, 난까지 일으킨 임꺽정, 구월산의 장길산
보다 한 수 위로 보는지 궁금할 것이다.

그의 이름은 1469년 10월 23일 자《예종실록》에 형조판서 강희맹이 전라도와 경상도의 도적들이 기세를 떨치고 있다고 보고하는 기사에서 처음 등장한다. 뒤이어 보성 군수가 보낸 토벌대가 뚜껑이 달린 가마를 호위하고 가는 수상한 일행을 만나서 체포하려다 오히려 공격을 받은 사건이 보고된다. 장영기가 이끄는 도적들이 대담하고 잔인한데다 무리를 지어 다니는 바람에 지방관들도 쉽사리 손을 대지 못한다는 것이다. 이 얘기를 들은 예종은 대책을 세우라고 지시했고, 명을 받들어 신숙주와 영의정 홍윤성을 비롯한 원로대신들이 전라도와 경상도에 장수와 병사들을 보내 장영기를 토벌할 계획을 세운다.

전라도 무안 출신인 장영기는 100여 명의 패거리를 모아 지리산에 근거지를 두고 경상도와 전라도를 주 무대로 활동했다. 길에서 사람을 만나면 일단 죽여 놓고 재물을 약탈했으며, 수십 명이 떼를 지어 마을을 습격해 재물을 뺏고 사람들을 납치했다. 이렇게 훔친 재물이 재상과 비교될 정도로 많았다.

한양에서 내려보낸 토벌대 역시 처음에는 별 성과를 내지 못했다. 11월 1일, 경상우도 절도사 이극균이 이끄는 토벌대가 사리암이라는 곳에 있던 도적을 공격했지만 오히려 반격에 밀려 후퇴하고 말았다. 이때 도적의 아내들이 망을 보다가 징을 쳐서 도적들에게 경고를 했다는 것으로 봐서는 가족까지 모두 동행한 것으로 보인다. 11월 10일에는 전라도 절도사 허종이 군사 다섯 명을 죽이고 무등산으로 도망치던 도적들을 공격해서 여섯 명을 체포하는 성과를 올린다.

토벌대에 쫓긴 장영기와 도적들은 동행하던 가족을 버리고 지리산으로 도망쳤다.

하지만 이렇게 신출귀몰하던 장영기는 다음해인 1470년 1월 21일, 장흥에서 전라도 절도사 허종의 부하에게 체포된다. 보고를 받은 성종은 장영기를 즉시 처형하고 공범자들도 처벌할 것을 지시한다. 그리고 장영기를 붙잡다가 죽은 군사 24명의 제사를 지내주고 가족의 부역을 면제시켜주었다.

장영기가 죽고 나서도 그에 대한 기억은 사라지지 않았다. 왕과 신하들은 이후 도적들에 관한 얘기가 나올 때마다 장영기를 언급했다.

"장영기만큼 흉악한 도적이니 반드시 잡아야 한다."

"도적을 잡은 자에게 장영기를 잡았을 때와 똑같이 포상해야 합니다."

"장영기 같은 자가 또 나타날 경우 누가 막아내겠습니까?"

심지어 죽은 지 60년이 지난 1537년에도 왕과 신하들은 장영기의 이름을 언급했다. 이것은 그의 존재가 그만큼 지배층에게 강하게 인식되었다는 것을 의미했다.

장영기는 3대 도적에 비해 덜 유명할지는 모르지만 대담성과 잔인함, 그리고 통솔력에서는 뒤지지 않는 모습을 보여줬다. 물론 그가 약탈하고 죽인 대상은 지방의 힘없는 백성들이다. 그래서 임꺽정이나 장길산처럼 백성들의 환대를 받지 못하고 이리저리 도망쳐 다니다가 불과 석 달 만에 체포되어 죽음을 맞이하고 말았다.

세종 때도 도적들이 무리지어 활동했지만 이렇게 수백 명이 무리를 지어서 도적질을 한 것은 조선시대 들어서 장영기가 최초였다.

그의 존재는 조선의 정치가 조금씩 정상궤도를 이탈하고 있음을 의미한다. 도적들은 부패한 정치로부터 생겨나는 종기 같은 존재라는 사실은 오늘날에도 크게 변하지 않았다. 잔혹한 범죄와 살인을 손가락질하기 전에 그것을 만들어낸 사회 구조와 갈등에 대해서도 생각해봐야 할 것이다.

10
—

아이의 발이
잘린 까닭은?

우리는 간혹 범인이 없거나 혹은 범인을 잡을 수 없는 사건과 마주친다. 미제사건이라고 부르는 이런 사건들을 두고 온갖 추측들이 난무하는데 대표적으로 1888년 영국 런던에서 일어난 매춘녀 연쇄살인범인 이른바 '잭 더 리퍼'의 배후에 영국 왕실이 있다는 식의 주장이다. 조선시대에도 잭 더 리퍼 사건에 버금가는 잔혹한 사건이 일어나 왕을 비롯한 신하들은 범인이 잡기 위해 골머리를 앓아야 했다.

중종 28년인 1533년 2월 16일, 한성부에서 끔찍한 사건을 왕에게 보고한다.

"용산강에 사는 무녀의 집 뒤에 대여섯 살가량 되는 어린애가 두

발이 잘린 채 버려져 있었습니다. 그 아이가 말하기를 '나를 업고 가면 내 발을 자른 자의 집을 알려줄 수 있다'고 하였습니다. 그러니 급히 군사들을 보내서 아이가 말한 범인을 붙잡는 것이 어떻겠습니까?"

보고를 받은 중종은 즉시 구조된 아이를 잘 간호하고 범인을 신속하게 체포하라고 지시했다. 그런데 이 일을 당한 아이는 누구이고 무슨 연유에서 그런 일을 당한 걸까?

자기 이름이 개춘이라고 밝힌 아이는 어느 여인이 자신을 결박하고 입을 솜으로 틀어막은 뒤 털모자를 쓴 남자와 함께 죽으라는 말을 반복하면서 칼로 두 발을 잘랐다고 얘기했다.

조사를 해보니, 이 사건은 예상 외로 복잡했다. 우선 한덕이라는 여자 노비가 정월 초에 주인집에 가다가 길에서 동상에 걸린 채 울고 있는 이 아이를 발견해서 데려갔다가 주인이 지저분하고 병이 있으니 버리라고 하자 다시 길에 버렸다고 한다. 이후 다른 사람들도 버림 받은 아이를 집으로 데려갔지만 같은 이유로 다시 버렸다.

조사 과정에서 아이의 어머니가 등장했다. 노비인 중덕이라는 자였는데, 그녀는 아이의 이름이 개춘이 아니고 옥가이며 작년 9월 29일에 잊어버렸다고 주장했다. 그러나 관리는 중덕의 말을 의심했다. 우선 중덕의 집이 한덕의 집에서 가깝고, 또 그녀가 생모라는 증거가 없다는 것이 이유였다. 의문은 계속 이어진다.

옥가이는 관리가 누가 네 발을 잘랐느냐고 묻자 자신에게 죽을 먹이던 한덕을 가리켰다. 깜짝 놀란 한덕은 자신의 동료 노비들과 이

윗사람들 모두 옥가이를 봤을 때는 두 다리가 있었다고 말하면서 아이의 말을 부인했다. 그러자 옥가이는 좀 전에 했던 말을 번복하며 어머니가 자신의 발을 잘랐다고 증언했다. 충격이 컸던 탓일까? 아이는 한덕을 범인으로 지목했다가 잠시 후에는 어머니인 중덕이 범인이라고 말을 바꾼다. 그러나 한덕이 길에 버려진 아이의 두 다리는 멀쩡했다고 주장했고, 다른 목격자들도 그녀의 말이 사실이라고 인정했다. 피해자의 증언과 목격자의 얘기가 헛갈리면서 사건은 미궁에 빠진다.

사건을 조사한 의금부에서는 옥가이가 횡설수설할 뿐만 아니라 어린아이의 말을 듣고 어른을 섣불리 처벌할 수 없다고 고한다. 실제로 의문점이 한두 가지가 아니었다. 어머니인 중덕이 9월에 잃어버린 아이가 다음해 정월에 한덕에게 발견될 때까지의 행적이 밝혀지지 않았다. 또한 결정적으로 1월 10일 옥가이를 데려갔다가 버렸던 한덕이 발을 잘랐다면 다음 사람이 아이를 봤을 때 두 발이 멀쩡했다는 것이 설명되지 않는다.

중종은 모든 관련자들을 옥가이에게 데려다 보여주고 범인을 찾아내라고 지시했다. 아이는 여전히 한덕을 범인으로 지목했지만 앞서 언급했듯이 한덕에게 버려진 이후 옥가이를 목격한 사람들은 하나같이 동상에 걸려 있긴 했지만 발은 멀쩡했다고 증언했다. 아이와 목격자들의 증언이 맞지 않자 조사관들은 어찌할 바를 모르고 중종에게 결정권을 미뤘다. 이 와중에 아이의 발이 칼로 절단된 게 아니라 동상 때문에 떨어져나간 것이라는 얘기가 나왔다. 중종은 즉시 의원을 보내 조사하게 했다. 의원은 아이의 발이 동상이 아니라 확실히 날카로운 칼에 의해 절단된 것이라고 보고했다. 결국 중종은 이 사건을 더 이상 조사하지 말라는 명령을 내린다. 섣불리 범인을 지명한다면 죗값을 억울하게 물어야 하는 사람이 나올 수도 있기 때문이다. 그 때문에 누가 옥가이의 두 발을 잘랐는지는 끝내 밝혀지지 않았다.

대신, 중종은 아이를 불쌍하게 여겼는지 잘 보살피라고 명하는 한편, 길 잃은 아이를 몰래 데려다가 노비로 기르는 것을 금지시켰다. 중종은 임금이기 이전에 한 아이의 아버지로서 범인을 잡고 싶었을 것이다. 하지만 범인은 아이의 고통스러운 기억 속 어딘가에 꽁꽁 숨어버리고 말았다.

범인이 아이의 두 발을 자른 이유는 영원히 알 수 없을 것이다. 확실한 것은 범인은 그 아이가 고통받는 것을 즐겼다는 것이고, 죽을 수도 있다는 사실을 전혀 개의치 않았다는 것이다. 어쩌면 역사의 그늘 속에 숨은 사이코패스일지도 모르겠다. 사회가 어린아이에 대한 범죄에 유독 민감한 반응을 보인 이유는 그들이 미래를 이끌어갈 존재이며 우리 모두가 보호해야 할 존재라는 암묵적인 동의 때문일 것이다. 아동에 대한 성폭력을 비롯한 각종 학대가 급증하고 있다는 것은 우리 사회가 그만큼 병들어가고 있음을 의미한다. 적어도 이 사회가 아이들만큼은 안전하게 살아갈 수 있는 곳이 되었으면 한다.

11
—

수적
소탕령

❝ 해적 또는 수적이라면 어린 시절 밤을 지새우며 읽던《보물섬》이나 매력적인 할리우드 스타 조니 뎁이 주인공으로 나오는 영화〈캐리비안의 해적〉이 떠오른다. 보물을 찾아 떠난 머나먼 바닷길에서 어디선가 갑자기 나타나 따돌려도 끈질기게 따라붙는 그들의 모습에서 악당의 전형을 상상하곤 했다. 바닷바람에 단련된 뱃사람만 해도 강인하고 거친 이미지가 떠오르는데 그런 뱃사람들을 겁 많고 순한 양으로 만드는 존재라면 얼마나 무서운 자들이란 말인가.

근래에도 언론매체를 통해 해적 소식을 듣곤 한다. 특히 소말리아 앞바다에서 우리나라 상선을 납치하여 선원들을 인질로 잡고 거액의 몸값을 요구했다는 뉴스를 들으면 마음이 조마조마해지고 만다.

이제는 칼이 아닌 온갖 현대식 무기로 무장하고 언제 어디서 나타날지 모르는 그들 때문에 많은 나라들이 골치를 썩으며 공동 대책를 모색하고 있다.

조선시대에도 왜구 못지않게 해적들이 나타나 바다를 어지럽히곤 했다.《실록》을 보면 왜구에 가려지긴 했지만 이들 해적들의 활약상도 만만치 않았음을 알 수 있다.

1474년 5월 20일, 성종이 전라도 관찰사, 전라도 병마절도사, 수군절도사에게 전라도 바닷가에 해적들이 횡행하고 있는데 어찌 손을 놓고 있느냐며 하루빨리 소탕할 것을 지시했다. 수적은 왜구와 다른 사람들이어서, 이 시기에 노략질을 하다가 붙잡힌 왜구들을 상대로 가장 먼저 조사한 것이 바로 진짜 왜구인지 가짜 왜구인지였다. 하지만 성종의 따끔한 경고도 별 효과를 보지 못했나보다. 1486년 동부승지 이칙이 전라도의 수적들 때문에 섬에 사는 백성들이 모두 사라졌다고 고하자, 성종은 관리를 전라도로 내려 보내 전라도 수군절도사와 나주 목사에게 책임을 추궁했다.

수적의 숫자가 점점 늘어나자 전라도 관찰사는 이들이 훔친 물건을 교환하는 시장을 없애고, 작은 나룻배인 거도선居刀船도 쓰지 못하게 했다. 하지만 거도선은 수적뿐 아니라 어민의 생업에도 필요한 배였다. 신하들의 반대 목소리가 높아지자 결국 거도선 사용금지령은 철폐되었다. 전라도 수군절도사가 이들을 토벌하려고 했지만 왜구의 옷과 말을 따라하면서 존재를 숨기는데다 붙잡은 사람들을 모두 물에 빠뜨려 죽이니 좀처럼 꼬리를 잡을 수 없었다.

왜구는 물건만 빼앗고 사람을 죽이지는 않았지만 수적은 증거를 없애기 위해 사람들을 죽였으니 오히려 더 잔인한 존재였다. 그러다 군대에 쫓기면 섬으로 도망쳤는데, 섬사람들은 해를 입을까 두려워 그들을 잘 대접했다. 이렇게 위기에 몰린 수적들은 섬에 머물면서 곧바로 세력을 회복했다. 조정에서는 염간이나 포작간 등 수적이 될 가능성이 높은 사람들의 이동을 엄격히 금지시키고 철저히 관리했다. 아울러 수적의 은거지가 될 만한 섬들에 관리를 배치했다.

그러고도 수적이 여전히 활동하자 결국 성종은 1489년 11월 7일, 전라좌도 수군절도사를 비롯한 책임자들을 체포해서 한양으로 압송시키고 전라도 수적 추포경차관을 내려보냈다. 추포경차관이 내려가고 열흘 후 창덕궁 인정전에서 열린 책문冊文, 과거의 최종 절차로 임금 앞에서 국정 현안에 관해 의견을 내놓는다의 주제 중 하나가 바로 전라도 해안지역을 노략질하는 수적들을 막을 계책이었다. 수적 문제가 얼마나 국가적으로 골치 아픈 일이었는지를 알 수 있다.

전라도로 내려간 추포경차관이 수적으로 의심되는 용의자를 대규모로 체포해서 심문했지만 이들의 기세는 좀처럼 수그러들지 않았다. 심지어 제주도에 유배가 되었다가 풀려나 육지로 돌아오던 사대부들도 수적에게 습격당해 목숨을 잃었다. 일이 이렇게 되자 토벌군의 규모가 커지면서 수적을 소탕하는 일은 대규모 군사작전을 방불케 했다.

연산군 시절이던 1500년, 초무사 전임이 이끄는 수십 명의 군사가 포작선을 나눠 타고 수적들의 근거지인 해랑도를 급습했다. 섬에 있던 수적들이 활을 쏘며 저항했지만 군사들이 협공을 가하자 뿔뿔이 흩어져버렸다. 전임은 사로잡은 수적 네 명에게 다른 자들의 행방을 추궁했다. 결국 소장산도에 있다는 얘기를 들은 전임은 군사를 이끌고 공격해서 100여 명에 달하는 수적을 체포했다.

중종 때인 1526년에는 포도장 윤희평이 강화도 근처에 있는 아차도와 보로음도, 말질도를 수색해서 76명을 붙잡아 개성부 감옥에 가뒀다. 왕과 신하들은 체포하고 처형해도 끊임없이 나타나는 수적 때문에 골머리를 앓았다. 그들은 그 원인을 무지하고 잔인한 백성들 탓으로 돌렸지만 백성이 도적이 될 수밖에 없었던 이유가 가혹한 수탈 때문이었다는 사실은 끝까지 모른 척했다. 처형당한 자들 중에서 처음부터 도적이었던 자도 없고, 위험천만한 도적이 되고 싶은 사람도 없었을 것이다. 이들이 칼을 들고 노략질을 하고 잔인해진 것은 그것밖에는 할 수 있는 게 없었기 때문이다. 일본의 유명한 도적 이시카와 고에몬은 펄펄 끓는 가마솥에 아들과 함께 들어가서 죽기 직전에 이렇게 외쳤다고 한다.

"바닷가의 모래가 모두 없어진다고 해도 도적들은 결코 사라지지 않을 것이다."

불합리한 세상은 늘 저항을 불러온다. 그것을 외면하는 것은 손바닥으로 해를 가리는 것과 다를 바가 없다.

12
—

재판에서
이기는 법

      ❝ 조선시대의 재판 장면을 상상해보면 사또가 동헌_{관청의 건물}에 죄인들을 꿇어앉히고 '네 죄를 알렸다' '매우 쳐라!'를 외치는 것이 전부인 것처럼 보이지만 조선은 엄연히 《경국대전》이라는 기본 법전을 가지고 있는 국가였다. 재산을 둘러싼 소송이나 재판도 빈번했으며, 외지부_{外知部, 노비 소송을 책임지는 도관의 관리인 지부를 빗대서 바깥에 있는 지부라는 뜻으로 외지부라고 불린 것으로 추측된다}라고 불리는 소송 대리인, 요즘으로 말하자면 변호사 같은 직업군도 존재했다.

    조선 초기에 재판이 빈번했던 이유는 주로 상속 문제 때문이었다. 고려 후기에는 경처_{京妻}와 향처_{鄕妻}라는 풍습이 있었는데 지방 출신의 호족이 결혼한 상태에서 관직을 제수 받고 한양에 올라와서 다시 결

《경국대전》
세조의 명으로 편찬이 시작되어 성종 때 완성된 법전으로 조선의 중앙집권적 관료제를
밑받침하는 통치규범을 확립하였다는 데 의의가 있다.

혼하면서 생겨난 현상이다. 조선을 건국한 태조 이성계도 안변 출신의
향처인 신의왕후 한씨와 개경 출신의 경처 신덕왕후 강씨를 두었다.

이런 풍습은 조선 건국 이후에도 이어졌는데 문제는 당사자의 자
식들이었다. 아버지의 재산을 놓고 경처와 향처 자식들 간의 싸움은
큰 골칫거리였다. 첫 번째 결혼한 아내를 정식부인으로, 두 번째 결
혼한 아내를 첩으로 인정하면 간단했을 것 같지만 문제는 그렇게 단
순하지 않았다. 나중에 결혼한 경처의 집안이 더 낫고 부유한 경우
가 많았고, 첩으로 인정되면 앞으로 출세에 큰 지장이 있기 때문에
어느 한쪽이 좀처럼 승복하지 않았기 때문이다

태종 역시 향처인 신의왕후 한씨의 아들로서 왕권을 차지하기 위
해 경처인 신덕왕후 강씨의 아들인 방번과 방석을 죽인 경험이 있었
다. 이 문제가 불거지자 태종은 남편이 어느 부인을 더 사랑하고 함께

지냈는지 여부로 정처를 결정하고, 재산은 공평하게 나누라는 기본 원칙을 제시한다. 하지만 집안마다 상황이 달랐기 때문에 재산 상속을 놓고 벌어지는 재판이 끊이지 않았고, 이를 둘러싼 모함과 무고 역시 줄을 이었다. 조선시대는 지금처럼 민사와 형사가 구분되어 있지 않았고, 3심제나 헌법재판소도 없었다. 따라서 한쪽이 정말로 승복하기 전까지는 재판이 무한정 진행되곤 했다. 거기다 금전상의 손해뿐만 아니라 자존심 문제까지 겹쳤기 때문에 오늘날에 버금가는 법정 공방이 벌어졌다. 그 와중에 재판에서 이기기 위해 온갖 방법들이 동원되었다. 이복형제의 어머니가 종이었다는 헛소문을 퍼트리거나 문서를 위조했다가 발각되어 처벌받는 경우가 빈번하게 벌어졌다.

양쪽 다 재판을 계속하는 이유는 자존심 문제도 있지만 상속받을 재산 때문이기도 했다. 양반 노릇을 하려면 품위를 유지할 만한 재산이 필수였는데, 그러기 위해서는 아버지의 재산을 물려받아야만 했다. 조선시대 재산목록 1호는 역시 노비였다. 노비는 스스로 생계를 해결하면서 재물을 바쳤고, 결혼하여 자식을 낳으면 주인의 재산이 느는 효과도 얻을 수 있기 때문이다. 이렇게 자존심과 함께 금전상의 이득까지 걸리자 재판은 끝날 기미가 보이지 않았다. 따라서 재산 관련 소송 중에서 노비 문제로 인한 소송이 가장 많았고, 복잡했다. 이렇게 관련 소송이 줄을 이으면서 골머리를 앓은 관리는 기상천외한 판결 방법을 내놓는다.

"도관都官, 형조에 속한 관청으로 노비 소송 문제를 처리했다에 노비와 관련된 소송을 하는 자는 매일 나와서 명단에 서명을 한다. 소송을 제기

장예원 터
태종 때 설치된 도관은 형조에 속한 관청으로 주로 노비 소송 문제를 다뤘다. 조선 초기에는 노비 소송이 빈번했기 때문에 외지부라는 일종의 변호사가 활약했다. 세조 때 변정원으로 고쳤다가 장예원으로 이름이 변경되었다. 광화문역 8번 출구에 표지석이 남아 있다.

하고 30일이 지났는데 한쪽이 15일 동안 도관에 나오지 않으면 다른 자에게 노비를 준다."

이것저것 복잡하게 생각하기 싫어한 관리가 생각해낸 꼼수로 양쪽의 출석체크로 판결을 내린 것이다. 이렇게 되자 당장 문제가 발생했다. 많이 출석하는 쪽이 소송에서 이기는 규정은 온갖 계략을 쓰기 편했기 때문이다. 번거로운 법정 공방 대신 은근과 끈기로 출석만 잘 하면 재판을 이길 수 있으니까 아마 외지부들이 제일 환영하지 않았나 싶다.

1455년 12월 20일, 형조에서 세조에게 이 방식의 폐단을 고한다.

일단 당사자가 아닌 사기꾼들이 소송을 제기하고 억지를 부리거나, 패배한 쪽에서 요행을 바라고 무작정 다시 소송하는 일이 늘어났다. 만약 재판 당사자가 한양에 살지 않거나 생업이 있으면 매일 관청에 나오는 일은 고역이었다. 지방에서 한양으로 올라와서 관청에 나가야 하는 쪽은 막대한 비용이 들었고, 낯선 타지 생활을 하다가 병이 걸리기도 했다. 이렇게 되자 진짜 자신의 노비가 맞지만 비용과 시간을 들여서 재판을 하지 못하는 쪽에서 포기하는 사례도 늘어났다. 편하게 일해보려던 해당 관청 역시 노비 소송이 엄청 늘어나면서 업무가 마비된 것은 덤이었다. 외지부들은 이런 복잡하고 시간이 오래 걸리는 소송 관련 서류를 관청에 대신 접수해주거나 친척이라고 해서 대신 재판장에 나타났을 것이다. 결국 해당 관청에서 먼저 재판에 많이 나오는 쪽이 이긴다는 규정을 없애달라고 요청했고, 세조가 이 제안을 받아들이면서 없어지고 만다.

  백성들의 법정소송을 대리해주던 외지부들도 철퇴를 맞는다. 높은 분들 입장에서는 고분고분한 백성들을 부추겨서 번거로운 소송을 제기하게 만든 이들이 눈엣가시처럼 보였던 것이다. 1472년, 신숙주와 한명회는 성종에게 백성들을 현혹시키는 외지부들을 처벌할 것을 고했다. 이 또한 성종이 승낙하면서 한양의 외지부들은 모두 변방으로 추방되었다. 복잡한 법은 전문가의 조언이 필요했기 때문에 자연스럽게 외지부 같은 법적 대리인들이 등장하게 되었다. 만약 외지부들이 계속 활동했다면 오늘날의 변호사들의 선조 격이 되지 않았을까 상상해본다.

13
—

이마에
새긴 글씨

  ❝   몇 해 전부터 성범죄의 재범을 막기 위해 가해자의 신원을 공개하고 전자발찌를 부착시키고 있다. 인권 보호와 범죄 예방 사이에서 후자 쪽을 택한 것이다. 이제 사람들은 발목에 찬 전자발찌를 보고 성범죄자를 확인할 수 있으며 인터넷을 통해 인근에 성범죄자가 살고 있는지 확인할 수 있다. 논란의 여지는 있지만 아이를 기르는 부모 입장에서는 최소한의 안전장치가 마련된 셈이다.

  조선시대에도 현대의 전자발찌와 비슷한 효과를 볼 수 있도록 범죄자의 이마에 글씨를 문신으로 새겨 넣는 자자형刺字刑이라는 형벌이 있었다. 원래 이 형벌은 중국에서 유래되었는데 우리나라에서도 오래전부터 시행된 것으로 추측된다. 조선시대에는 주로 부정을 저지른 관리나 절도범에게 시행되었다. 체면을 중시하는 조선시대에 자자형은 곤장을 맞거나 감옥에 갇히는 것보다 더 무거운 형벌이었다.

1436년에는 절도범에게 매를 때리는 대신 단근질을 해서 발뒤꿈치의 힘줄을 끊고 이마에 글씨를 새겨 넣었다. 그렇다면 죄인의 이마에는 어떤 글씨가 새겨졌을까? 1471년 11월 29일, 형조에서 강도 행각을 벌이고 체포된 죄인들의 이마에 새겨 넣을 글씨를 보고했다. 우두머리인 와주窩主는 강와強窩라는 글자를 새겨 넣고, 강도의 경우는 그냥 강도強盜라고 새겨 넣었다.

강도와 더불어 조선시대에 자주 발생한 범죄는 전쟁터에서 필요한 말과 농사일에 요긴하게 쓰이는 소를 몰래 도살하는 것이었다. 조정에서는 여러 차례 도살금지령을 내리고, 몰래 소를 잡은 백정을 변방으로 추방했다. 하지만 도살이 계속되자 자자형을 시행했다. 도살금지령을 세 번 이기면 장 100대에 이마에 글씨를 새겨 넣었는데 말을 도살하다가 체포된 자의 이마에는 재마宰馬, 소를 도살하다가 체포된 자의 이마에는 재우宰牛라고 새겨 넣었다.

자자형은 단근형과 함께 시행되었다. 이것도 구체적으로 어떻게 해야 할지 지정되어 있었는데 왼쪽 발의 복사뼈 힘줄을 주척周尺 기준으로 한 치 5푼 정도 잘라냈다. 주척 한 자가 약 20센티미터인 점을 감안하면 약 3센티미터를 잘라낸 것이다. 하지만 힘줄이 잘리고도 멀쩡하게 걷거나 심지어 뛰어다니는 경우도 있자 풀어주기 전에 죄인을 걷게 해서 확인한 후 다시 끊기도 했다.

자자형과 단근형은 풀어준 죄인이 다시 범죄를 저지르는 것을 막고 백성들로 하여금 경계하도록 할 목적으로 시행되었다. 따라서 한쪽 다리를 절름거리고 이마에 문신이 새겨져 있으면 강도죄를 저질러서 처벌받은 적이 있다는 것을 명백하게 알 수 있었다.

한편 자자형과 단근형이 효과가 있는지에 대한 논란이 계속되었다. 오늘날 성범죄자의 재범 방지를 막기 위해서 화학적 거세를 시키거나 전자발찌를 착용시키는 법안에 대해 여러 가지 의견이 있는 것처럼 말이다. 조선에서는 다른 결론을 내렸다. 1740년, 영조는 자자형을 금하고 형구들도 모두 없애버렸다. 단근형은 그 이전에 폐지되었다.

강력한 처벌이 범죄를 없애고 예방할 수 있는지에 대해서는 많은 논란이 있다. 대부분 엄격하게 처벌해야 한다는 쪽으로 결론이 난다. 그렇다면 조선시대에는 왜 자자형을 포기했을까? 그런 형벌로는 재범을 막지 못한다는 결론을 내렸기 때문이다. 당시 이마에 문신이 새겨진 백성이 정상적으로 생활할 수는 없었다. 그에게 선택의 여지가 없게 되는 것이다.

범죄에 대한 정당한 처벌이자 예방책이라고 믿은 상당수의 처벌들은 사실 범죄자들을 선택의 여지가 없이 범죄의 구렁텅이로 다시 몰아넣은 역할을 한다. 죄를 증오하는 바람에 더 큰 죄를 불러온 셈이다. 물론 조선시대와 지금은 상황이 다르므로 자자형과 전자발찌를 바로 대입시킬 수는 없다. 하지만 본보기를 보이기 위해서 엄격하게 처벌해야 한다는 것과 관용을 베풀어 교화시키는 것이 옳다는 논리

의 충돌은 놀랄 만큼 유사하다. 범죄에 대해서 인간이 느끼는 감정이
시대를 불문하고 대동소이했기 때문이다.

14
—

그 여자가
죽은 이유

66

　더위가 한창 기승을 부리던 1488년 5월 20일, 수구문 밖 왕십리에서 참혹하게 죽은 여자 시신 한 구가 발견되었다. 수구문은 동대문과 남대문 사이에 있는 작은 문으로 본래 이름은 광희문이었다. 이 문으로 시신이나 죽어가는 환자들이 자주 실려 나갔기 때문에 문밖에 시신이 방치된 것은 놀랄 만한 일은 아니었다. 하지만 여자의 시신은 알몸으로 발견되었고, 온몸이 상처로 가득했다. 명백한 타살의 흔적이 남아있었던 것이다.

　보고를 받은 성종은 즉시 시신의 신원을 밝히는 한편 범인을 체포하라고 명했다. 검시 결과 음부에서 항문까지 날카로운 칼로 벤 흔적을 비롯해서 시신에 아직 숨이 붙어 있을 때 온몸에 구타당했다는 것을 알 수 있었다. 성종은 싸움을 벌이다가 죽인 것이 아니라 사대부의 정처가 첩을 질투해서 참혹하게 죽인 것이라고 판단했다.

신하들은 사건을 해결하기 위해 익명의 고발을 받아들이자고 건의했고, 성종은 억울한 피해자가 없도록 하라는 전제조건을 달고 승낙했다. 그러나 여자의 시신이 발견된 곳 근처에 사는 백성들을 조사하고, 신고자에게 포상금을 지급하는 등의 조치를 취했지만 죽은 여자가 누구고, 왜 죽었는지 밝혀내지 못했다.

6월 3일, 사건을 해결하지 못한 담당자들을 교체한 성종은 시신을 버린 자는 분명 일반 백성이 아니라 첩을 거느릴 만한 신분, 즉 사대부 집안의 종친일 테니 이들을 집중적으로 조사하라고 지시한다. 성종은 분명 10년 전 모화관 근처에 버려진 고읍지의 시신을 조사하는 과정에서 종친인 창원군 이성이 용의자로 지목되었던 사건을 떠올렸을 것이다. 그 당시 정황 증거나 하인들의 자백으로 미루어 보건데 사실상 범인이 맞지만 종친이기 때문에 함부로 처벌할 수 없다고 버티던 성종과 처벌해야 한다는 대신들 간의 힘겨루기가 한참 동안 계속되었다. 성종은 이번에도 비슷한 일이 일어나지 않을까 노심초사했다. 유교국가의 특성상 천재지변이나 잔혹한 범죄가 발생하면 모두 왕의 부덕함이 원인으로 지목되기 일쑤였고, 이로 인해 민심도 크게 어지러워졌기 때문이다.

다행히 성종의 예측은 빗나갔다. 6월 7일, 정종의 서자인 선성군의 넷째 아들인 설성부수雪城副守 철정이 이웃에 사는 이화의 집에서 부리는 여종 동비가 지난달 중순 매를 맞고 죽었다는 사실을 고발했다.

광희문
여인의 시신이 발견된 수구문의 본래 이름은 광희문이다. 1396년 도성을 쌓을 때 함께 만들었으며, 세종 때 고쳐 쌓았다. 동대문 역사문화공원역 3번 출구 건너편에 있다.

조사관들은 즉시 이화의 집을 뒤지고 종들을 심문했다. 결국 동비가 수구문 밖에 버려진 시신과 동일 인물이라는 사실이 밝혀졌다. 심문을 받은 종 내은산은 5월 15일 주인 이화가 동비를 죽이고 시신을 박석현에 버리라는 지시를 내렸는데, 비가 오고 날이 어두워져서 길을 잃자 날이 밝기를 기다렸다가 시신을 한양 안으로 가지고 들어와 청계천에 버렸다고 증언했다.

사건은 단숨에 해결된 것처럼 보였지만 내은산의 진술이 오락가락했고, 이화 역시 범행을 완강하게 부인했다. 성종은 이화의 종들을 다시 심문해서 자백을 받으라고 지시했다. 그 결과 이화가 미모가 뛰어나 첩으로 삼은 여종 동비가 다른 종을 몰래 방에 들여서 관계를 맺은 것을 알고는 화가 나서 죽였다는 사실을 알아냈다.

성종은 사실을 자백한 종들이 이화의 가족에게 보복당할 것을 우려해 관청 노비로 소속을 변경시키는 조치를 취했다. 아울러 여러 차례 거짓말을 하고 범행을 부인한 이화를 처형시키라고 지시한다. 하지만 조선의 법률상 주인이 종을 죽인 것으로는 처벌할 수 없었기 때문에 대신들이 강력하게 반대했다. 결국 성종도 한발 물러나 사형 판결을 취소했다.

이 사건을 《실록》에 기록한 사관은 수구문 밖에서 발견된 시신이 동비가 아닐 수도 있다는 점을 조심스럽게 언급했다. 동비는 이화에게 매를 맞고 죽은 게 맞지만 한쪽 다리가 떨어져나갔고, 양화도에 버려졌다고 구체적으로 진술한 것이다. 거기다 이화가 호미로 동비의 신체 일부를 찢었다고 자백했지만 시신에 난 상처는 칼로 베어낸 상처였다. 《실록》의 기록이 사실이라면 동비가 죽은 시점과 수구문 밖에서 여자 시신이 발견된 시점이 비슷했기 때문에 이화가 범인으로 지목된 것이다. 당사자로서는 조용히 처리했다고 믿었는데 엉뚱한 곳에서 발견된 시신 때문에 잡혀 들어갔으니 억울했을 것이다. 물론 그렇다고 해서 질투심에 눈이 멀어 한 여인을 처참하게 죽였다는 죄목이 사라지지는 않겠지만 말이다.

15
—

시체 외에는
검시하지 말 것

❝ 국내에서도 인기를 크게 끌었던 미국 드라마 〈CSI 과학수사대〉를 보면 시신을 조사해서 범인을 찾는 과정이 흥미진진하게 그려진다. 예를 들면 시신의 살을 파먹는 벌레를 통해 부패 시간을 확인해서 용의자의 알리바이를 무력화시킨다든지, 혈흔이 튄 방향이나 모양으로 흉기의 종류를 알아낸다든지 하는 방식으로 말이다. 법의학자들은 시신은 거짓말을 하지 않는다고 말한다. 시신이 바로 살인사건의 첫 번째이자 가장 유력한 증거물이라는 말이다.

CSI 수사관이나 법의학자처럼 조선시대의 수사관도 피살자의 시신을 살인사건 해결의 열쇠로 보고 꼼꼼하게 살펴봤다. 물론 요즘 같은 해부나 DNA 검사는 없었지만 당시에도 나름 공정한 절차를 거쳤다.

우선, 시신을 검시할 때는 지방 수령과 의관과 오작인作作人 등이 참석했다. 오작인은 지방 관아에 속한 하인으로 시신을 검시하는 역할을 했다. 시신을 살펴볼 때는 오작인과 수령은 물론 피해자 가족과 가해자, 마을사람들이 참석해서 지켜봤다. 조사의 공정함을 위해 두세 차례 검시가 반복되었고, 명확한 사인이 밝혀지지 않을 때는 추가로 검시하기도 했다. 이때마다 책임자인 해당 수령을 계속 바꿔 의혹을 줄이려고 노력했다. 지금 생각해도 대단히 공정하고 균형 잡힌 처리방식이 아닐 수 없다.

원나라 때 만들어진 법의학서 《무원록無寃錄》에 설명을 추가한 《신주무원록新註無寃錄》을 통해 시신의 타살 여부를 확인했다. 이렇게 시신을 살펴본 정황은 검시장식檢屍狀式이라는 보고서 형식으로 작성되어 상급 부서로 보고되고, 마지막으로 왕이 검토한 뒤 대신들과 논의한 후 판결을 내렸다.

인구가 증가하고 이동이 늘어난 조선 후기에 접어들면서 살인사건을 비롯한 강력범죄가 늘어났다. 이에 따라 조사 방식과 절차에 대한 논의와 연구가 진행되었다. 정조의 명을 받아서 미제사건 해결에 투입된 정약용은 훗날 범죄 사례와 판결을 모은 《흠흠신서》를 남겼다.

시신을 해부하지는 못했지만 나름 과학적인 방법이 쓰이기도 했는데 피살자의 몸에 난 상처의 크기와 깊이, 그리고 들어간 각도를 통해 흉기의 종류와 피살 당시의 정황을 파악하기도 했다. 독살의 흔적을 찾기 위해 은비녀를 사용하기도 했다. 시신의 목이나 항문에 은비녀를 넣고 한동안 놔둔 후에 살펴보는데 만약 색깔이 변하면 독살이라고 판정을 내린 것이다. 물론 오늘날의 기준으로 보면 대단히 원시적이지만 당시로서는 최첨단의 방식이었고, 실제로 범인을 잡는 데 결정적인 역할을 하기도 했다.

조선시대에는 백성의 억울함에 하늘이 진노하면 가뭄을 비롯한 자연재해가 일어난다는 인식이 있었기 때문에 억울한 죽음을 밝혀내기 위해 최선을 다했다. 특히 세종은 《신주무원록》을 편찬하고 검시장식을 반포하는 등 범죄를 해결하기 위해 많은 노력을 기울였다.

왕의 이런 열정은 고스란히 관리들에게 이어졌다. 덕분에 1439년 11월 29일, 대신들이 세종에게 의욕과 열정에 찬 관리들을 말려달라고 요청하는 일까지 벌어진다. 사연은 이렇다. 시신에 난 상처의 크기와 깊이를 파악하기 위해서는 눈금이 새겨진 자나 곧은 나뭇가지를 이용해야 하는데, 문제는 시신이 아닌 상처를 입은 백성들한테도 같은 방법을 쓴다는 것이었다. 부상의 경우는 겉에 난 상흔만으로도 처벌이 가능한데도 관리들이 굳이 깊이를 재려고 들었던 것은 역시 세종의 열정을 본받으려고 노력한 것으로 보인다.

대신들은 열정적인 관리들 때문에 이미 크게 다친 백성들이 더 고통스러워 한다고 걱정했다. 그러니 앞으로는 죽지 않고 살아 있는 경우 상처의 크기와 깊이를 재는 것을 금해달라고 간청했다. 보고를 받은 세종이 이들 관리들을 흐뭇하게 생각했는지 아니면 융통성 없는 것들이라고 혀를 찼는지는 알 수 없다. 어쨌든 세종이 금지령을 내리면서 백성들은 더 이상 상처의 깊이를 재야 한다며 나뭇가지를 가지고 다가오는 관리를 보고 공포에 질리지 않아도 됐다.

원리원칙을 따지는 사회는 대단히 갑갑해 보인다. 하지만 흔들리지 않는 원칙들은 그 사회가 얼마나 엄격하게 법이 지켜지고 있는지를 보여준다. 부상당한 백성들의 상처를 나뭇가지로 쑤셔대는 것은 분명 당사자에게 큰 고통이었을 테지만 원칙에 충실하다는 측면에서는 대단히 높은 점수를 줄 수 있다.

조선시대에 이런 일이!

　권력자의 친인척 또는 친인척을 사칭한 사기꾼에 의해 일어나는 권력형 비리사건은 언론매체의 단골 기사거리다. 이것은 법치국가인 대한민국에서도 권력에 빌붙기를 원하는 사람들이 적지 않다는 것을 의미한다. 하물며 왕정국가이자 신분제 국가인 조선시대에 이런 일이 빈번했다는 사실은 크게 놀랍지 않다. 하지만 조선의 두 번째 임금인 정종의 맏아들 이원생은 대담하게도 할아버지이자 조선을 건국한 태조 이성계의 도장을 위조하는 범죄를 저질렀다.

　이 일은 그가 다른 사람과 노비를 두고 소송을 벌이다가 불리해지자 태조가 정조에게 노비를 하사했다는 문서를 위조하면서 벌어졌다. 다른 사람도 아니고 감히 태조의 도장을 위조했다가 발각되었으니 목숨이 열 개라도 살아남기 어려웠지만 다행히 종친이라는 신분 덕분에 직첩이 회수되고, 한양에서 추방되는 선에서 처벌이 끝났다.

　조선의 최연소 살인마는 몇 살이었을까? 실행에 옮기지는 못했지만 열여섯 살의 약금과 열두 살의 종덕이 주인인 조서의 아내를 죽이려고 모의하다가 발각되어 살인죄로 처형당했다. 실행에 옮겼다면 오늘날이면 초등학교도 졸업하지 않앴을 나이에 조선시대 최연소 살인마라는 타이틀을 차지했을 것이다.

조선시대의 관리들은 여러 가지 죄목으로 파면되곤 했다. 세종 27년인 1455년 9월 12일, 감찰 최돈을 비롯해서 봉상시奉常寺, 국가의 제사를 관장하는 관청의 관리들이 줄줄이 파면되고 의금부에 갇히는 일이 벌어졌다. 세종의 밥반찬인 젓갈에서 벌레가 나왔기 때문이다. 예리한 통찰력을 자랑하던 세종은 임금의 수라상이 이 모양이니 돌아가신 선왕의 제사에 올리는 젓갈의 상태가 정상이 아닐 것이라고 판단했다. 사헌부에서 조사에 착수하자 예상한 대로 젓갈에서 벌레와 풀잎 같은 것들이 나오면서 담당 관리들은 벌을 받게 되었다.

성종 13년인 1482년 9월 6일, 형조에서는 범죄를 저지르는 여성들이 늘어나고 있다며 엄격한 법집행을 건의했다. 조선시대의 형법인《대명률직해》에는 여성이 범죄를 저질러도 이마에 문신을 새기는 자자형을 면제하고, 유배형에 해당되는 범죄도 장 100대를 치거나 속전으로 처벌하라고 나와 있다. 실무 부서인 형조에서 이런 가벼운 처벌이 계속되자 여성 범죄자들이 늘어나고 있다며 강력한 처벌을 할 것을 주장한 것이다. 하지만 이 문제를 논의한 조정 대신들은 정해진 법을 바꿀 수 없다고 주장했고, 성종 역시 같은 생각이었다.

세종이 승하한 직후인 1450년, 전라도 고산현 화암사에서 도온이라는 승려가 한양으로 올라와 승정원에 놀라운 사실을 고했다. 자기가 죽은 사람을 살릴 수 있는 능력이 있는데 임금님이 승하했다는 소식을 듣고서 급하게 올라왔다는 것이다. 신하들은 미심쩍어하면서도 혹시나 하는 마음으로 얼마 전에 죽은 최사강의 아내를 살려볼 것을 주문했다. 그 집에 간 도온은 관 뚜껑을 열어보고는 이런 말을 했다.

　　"시체가 썩어서 못 살리겠습니다."

　　도온의 이런 변명을 들은 조정 대신과 문종이 어떤 반응을 보였고, 그가 어떤 처벌을 받았는지는 기록에 남아 있지 않다.

3부

가혹한 정치는 호랑이보다 무섭다

순응하거나 반항하거나

군주와 백성의 관계는 흔히 물과 배로 비유된다. 물이 잔잔하면 배도 잘 떠 있지만 물이 요동치면 배는 결국 뒤집어질 수밖에 없다. 조선의 왕들 모두 나름의 방식으로 나라를 다스렸고, 백성은 그들의 통치를 받으며 삶을 이어갔다. 전쟁으로 얻은 북방 영토와 장성 축성, 국가 재정을 위한 지폐의 유통, 명나라에 바치는 매 등 국가 통치에 중요한 크고 작은 일이 있었으며, 그 속에 백성의 목소리는 제대로 울려 퍼지지 않았다. 간혹 크게 들리는 목소리는 엄한 형벌로 다스려졌다. 이 장에서는 《실록》에 희미하게 남아 있는 그들의 목소리에 귀를 기울여보자.

1
—

동전 던지기 역사상
최고의 판돈

    1392년 7월 17일 고려를 무너뜨리고 조선을 건국한 태조 이성계는 8월 13일에 도읍을 옮기라는 명을 내린다. 조선이라는 국호가 확정된 것이 다음해 2월이었다는 점을 감안하면 비교적 빠르게 진행된 셈이다. 하지만 그로부터 600년이 지나 행정수도 이전에 대한 논쟁이 벌어진 것처럼 태조 때에도 도읍을 옮기는 문제가 온갖 갈등을 불러일으켰다.

    1393년 2월 1일, 태조가 첫 번째 도읍 후보지인 충청도 계룡산을 둘러보려고 출발할 즈음 도적들이 나타났다는 보고를 받았다. 하지만 태조는 이것이 개경에 그대로 눌러앉고 싶어 하는 대신들의 농간임을 간파하고 계획대로 밀고나갔다. 계룡산을 둘러본 뒤 마음에 들었는지 태조는 도읍을 건설할 관리들을 남겨놓고 개경으로 돌아갔다. 그런데 그해 말, 계룡산은 도읍으로 삼기에는 너무 남쪽에 치우쳐 있을 뿐만 아니라 풍수지리학적으로도 좋지 않다는 하륜의 건의에 따라 천도 계획은 취소되었다. 이때 중앙과 지방에서 크게 기뻐했다는 기록을 봐서는 도읍 이전을 꺼리는 당시 분위기가 어땠는지 읽을 수 있다.

다음 후보지는 무악산 일대였다. 이곳 역시 반대하는 분위기는 여전했다. 답답한 태조가 물었다.

> 태조 : 여기는 왜 아닌가?
>
> 반대론자 : 제가 보기에는 좋지 않습니다.
>
> 태조 : 그러면 여기 말고 어디가 좋다는 건가?
>
> 반대론자 : 잘 모르겠습니다만 아무튼 여긴 아닌 것 같습니다.
>
> 태조 : 그러지 말고 솔직하게 말해보라.
>
> 반대론자 : 번거롭게 옮기지 마시고 이미 검증된 개경에 눌러앉으시는 게 나을 듯합니다.

대략 이런 식이었다. 검증론을 핑계로 개경에 눌러앉자는 대신들의 속마음을 알고 발끈한 태조는 분한 마음을 참지 못하고 삼국시대의 도읍지들은 검증을 마쳤으니 그곳으로 옮기겠다는 폭탄선언을 하면서 반대론자들을 기겁하게 만들었다. 물론 해프닝으로 끝났지만 태조는 도읍을 옮기겠다는 의지를 결코 바꾸지 않았다. 이후에도 도읍을 옮기려는 왕과 그대로 버티려는 대신들의 갈등이 태조의 재위 기간 내내 계속되었다. 한 가지 재미있는 사실은 천도를 반대한 대신들조차 우리나라 최고의 명당은 부소扶蘇, 즉 개경이고 한양이 두 번째라고 말했다는 점이다. 그 얘기는 결국 수도를 군이 옮겨야 한다면 한양이 그나마 낫다는 암시나 다름없었다.

우여곡절 끝에 두 번째 도읍지로 낙점된 무악산은 지금 서울의 서대문구 안산이다. 만약 이곳에 궁궐이 세워졌다면 연세대와 이화여대 자리에 궁궐이 들어서야 했을 것이고 오늘날 서울의 모습도 많이 달라졌을 것이다.

무악산 일대가 새로운 도읍지로 결정되었지만 이곳에 대해서도 찬반여론이 들끓었다. 그리고 결국 궁궐을 세울 지역이 너무 좁다는 여론이 거세지면서 무악산도 취소되고 말았다. 이성계는 이후 1394년 8월 13일, 한양을 조선의 도읍으로 최종 낙점한다. 경기도 적성의 광실원이 적임지라는 소수 의견도 있었지만 배가 드나들 수 있는 강이 없다는 이유로 배제되었다. 그해 가을부터 북악산 남쪽에 경복궁을 짓고 한양에 성을 쌓는 일이 시작되었다.

1396년, 새로운 도읍의 건설은 마무리되었지만 곧 왕위 계승을 둘러싼 왕자의 난이 일어나면서 태조가 왕위에서 물러났다. 그리고 새로 즉위한 정종이 1399년 3월 13일, 제사를 핑계로 개경으로 돌아가면서 한양은 다시 버림을 받았다. 수도 이전 문제는 태종 이방원이 즉위한 이후에도 계속되어 개경에 눌러앉아야 한다는 주장과 천도

태종의 동전 던지기
태종은 종묘 안에서 동전 던지기를 통해 한양을 도읍으로 결정지음으로써 태조 때부터 계속된 천도 논쟁의 종지부를 찍었다. 동전을 던졌다면 아마 사진에 나와 있는 종묘의 정전 앞에서 던졌을 것이다.

해야 한다는 주장이 팽팽하게 맞섰다.

1404년 10월 4일, 태종은 대신들과 함께 무악 일대를 둘러봤다. 여기서도 무악산 일대냐 아니면 경복궁에 그대로 들어가느냐를 놓고 논쟁이 벌어졌다. 마침내 다시 한양을 도읍지로 정했지만 여전히 반대여론이 가라앉지 않자 10월 6일, 태종은 10년 넘게 지속된 천도 논쟁의 종지부를 찍을 제안을 한다.

태종 : 도읍 이전을 둘러싸고 이런저런 말들이 많으니 동

전던지기동전을 던져서 점을 치는 방식은 척전擲錢이라고 부른다로

결정하겠다.

대신들 : …….

대신들은 왕의 어처구니없는 결정에 충격을 받고 도읍을 정하는 중차대한 일을 동전 던지기로 결정할 수 없다고 반대했다. 그러나 태종이 이를 가볍게 무시하여, 드디어 종묘 안에서 역사상 최고의 판돈이 걸린 동전 던지기가 벌어졌다. 동전을 던진 건 태종의 조카 이천우였다.

동전 던지기의 결과는 오늘의 서울이 말해준다. 개경과 무악을 제치고 한양이 새로운 도읍으로 최종결정되었던 것이다. 과연 이방원답게 추진력 있는 결정이었다고는 하나, 한편 계룡산이냐 무악이냐 혹은 한양이냐를 두고 논쟁이 벌어졌을 때 그곳에 궁궐을 짓고 성을 쌓는 백성들의 존재는 무시되었다는 점은 너무 안타깝게 느껴진다. 신분제 사회에서는 국가 정책의 대부분을 지배층이 결정한다. 그리고 그 과정은 비교적 자세하게 남아 있다. 하지만 그로 인해 이리저리 휘둘리고 고통 받는 민초들의 삶은 찾아보기 힘들다. 국가의 부름을 받고 이른바 '삽질'만 열심히 하다가 고향으로 돌아간 그들의 발걸음은 얼마나 무거웠을까. 간혹 조선시대 건축물들을 보면서 너무 작고 초라하다고들 말하지만 오늘날처럼 중장비가 없던 시절에 그 모든 것을 직접 만들었던 건 백성들이었다는 점을 잊지 않았으면 한다.

2
—

지폐를
유통시켜라

> 조선시대에 시장경제가 발달하지 않은 이유는 여러 가지가 있지만 그 중 하나는 상업을 천대하는 분위기 때문이었다. 땅에 뿌리내리지 않은 백성을 의심스러운 눈길로 보던 시대였으니 장사꾼이 곱게 보일 리 없었다. 그런데도 경복궁을 짓고 그 앞에 시장을 조성한 것은 궁궐에서 필요한 물건을 효율적으로 공급받기 위해서였다. 이렇게 상업을 천대했던 조선에서 화폐, 그것도 종이돈을 유통시키려고 했다는 것은 앞뒤가 안 맞아 보인다.

1401년 4월 6일, 태종은 닥나무껍질로 만든 종이돈 저화楮貨의 발행과 유통을 책임지는 사섬서司贍署라는 관청을 설치한다. 그리고 다음해 1월 6일, 사섬서에서 태종에서 새로 만든 저화 2,000장을 올린다. 태종이 관리들의 녹을 주는 데 함께 쓰라고 지시하면서, 본격적으로 저화는 유통된다. 뒤이어 나라의 쌀을 저화로 사고팔게 했는데 저화 한 장당 쌀 두 말로 정하는 조치를 취했다. 아울러 유통 촉진을 위해 세금과 공납으로 거둔 곡식과 어물을 백성들에게 팔면서 저화를 받았다. 하지만 오승포伍升布가 화폐처럼 널리 쓰이던 상황에서 뜬금없이 종이돈이 유통될 리 없었다. 오승포의 승升은 올의 굵기를 뜻하는 것으로, 오승포란 품질이 중간 등급 정도인 베를 말한다.

그러자 시장에서 거래할 때는 반드시 저화를 쓰게 하고 이를 어길 경우 물건을 압수하는 법을 정했다. 그래도 저화가 제대로 유통되지 않자, 한양의 시장은 1402년 5월 1일, 지방의 시장은 5월 15일에 한하여 오승포의 사용을 금지시키는 강경책을 쓰기도 했다. 시장을 관리하는 관청인 경시서京市署에서 저화를 풀어 품질이 좋은 오승포를 사들여 세 조각으로 낸 다음에 궁궐에서 일하는 궁인과 관청의 노비들에게 나눠줬다. 시장에서 유통되는 베를 사들여 저화의 유통을 촉진시키려고 했던 것이다.

저화 유통을 위한 노력은 계속된다. 태종은 한양은 7월 15일, 지방은 8월 15일, 아주 먼 지방은 9월 15일부터 저화만을 유통할 것을 반포했다. 저화와 오승포를 바꾸는 일도 계속되어 며칠 만에 2만 4,600필의 오승포가 저화와 교환되었다. 하지만 이런 강경책들로 이내 민심을 잃게 되었다. 태종도 그 사실을 잘 알고 있었는지 혹여 저화 유통으로 백성들이 고통 받지 않는지 신하들을 통해 확인하곤 했다. 어쨌든 한양에서는 그럭저럭 저화가 유통되고 있다고 믿은 태종은 8월 18일 지방에 저화를 나눠준다.

그러나 태종의 야심찬 저화 유통 계획은 결국 꿈으로 끝나고 말았다. 백성들이 저화로 물건을 사고파는 일에 익숙하지 않아 강제로 사용하게 하는 정책에 저항했기 때문이다. 조정에서는 거듭 명을 어기는 자를 처벌한다고 엄포를 놓았지만, 저화의 가치는 날로 떨어져서 한 장을 가지고도 쌀 한 말을 살 수 없었다.

결국 1403년 9월 10일, 태종은 사섬서를 없애라고 지시한다. 그러면서도 미련을 못 버렸는지 후대의 왕이 이를 추진했으면 하는 바람을 남긴다. 이후 뒤늦게 저화의 사용을 주장하는 의견이 제시되지만 태종은 윤허하지 않았다. 그렇다면 태종과 대신들은 왜 저화를 그토록 사용하게 하려 했을까?

1403년 8월 30일과 9월 5일, 사헌부와 사간원에서 올린 상소문에 종이로 돈을 만들면 쇠나 구리로 돈을 만드는 것보다 비용이 적게 들고 운반이 편하다고 언급한 부분에서 엿볼 수 있다. 또한 베를 비롯한 포목은 들고 다니기 거추장스러우며, 거래가 되는 동안 상하여 가치가 날로 떨어지고 훼손하면 다시 쓸 수 없는 반면, 동전이나 지폐는 얼마든지 다시 만들 수 있다고 언급했다. 현물 대신 화폐가 가지고 있는 장점을 명확하게 알고 있었던 것이다. 하지만 유통 시스템에 대한 명확한 이해 없이 무조건 찍어서 유통시키면 될 것이라는 안이한 생각이 먹힐 리 만무했다. 상소문을 보면 저화를 본 백성들이 저화가 검게 물들인 포대자루에 불과해서 먹을 수도 입을 수도 없는 쓸모없는 것이라고 얘기했다는 내용도 나온다.

상평통보
태종과 세종은 저화, 즉 지폐를 유통시키기 위해 노력을 크게 기울였다. 하지만 경제와 유통이라는 개념이 없었기 때문에 결국 실패로 돌아가고 말았다. 조선에서 화폐가 본격적으로 유통된 것은 숙종 때인 17세기 후반에 들어서 '상평통보'가 사용되면서부터였다.

이렇게 역사 속으로 묻히는가 싶던 저화는 1410년 불사조처럼 부활한다. 1402년에 만들어놓은 저화에 도장을 바꿔 찍어서 다시 유통시키라는 명령이 떨어진 것이다. 이번에는 의정부와 중추부가 유통을 책임지게 하고 오승포의 유통도 함께 허락하는 등 나름대로 대책을 세웠다. 하지만 상황은 지난번과 판박이였다. 백성들은 여전히 먹거나 입을 수 없는 저화 대신 든든한 오승포를 물물교환의 수단으로 썼다.

저화의 가치가 떨어지자 의정부에서는 오승포의 유통을 한시적으로 중단시키고 곧 금지령을 내렸다. 하지만 백성들은 암암리에 오승포로 물건을 사고팔았다. 태종은 한양과 개경에 저화를 교환해주는 화매소를 세우고 장인과 상인들에게 세금으로 저화를 받는 등 유통을 촉진시키려고 노력한다. 하지만 저화로 세금을 내게 된 상인들이 모두 도망가는 등 저항이 만만찮았다. 1412년 6월 5일 자《실록》에 저화의 값어치가 너무 떨어져서 쌀로 바꾸기가 힘들다는 기사가 나와 있는 것으로 봐서는 태종의 두 번째 도전도 이즈음 실패로 돌아간 것 같다.

저화 유통에 대한 태종의 의지도 백성들의 거부감 못지않았다. 태종은 포기하지 않고 저화 대신 동전을 유통시킬 계획을 세우지만 저화도 제대로 유통되지 않았는데 동전이라고 제대로 될 리 있느냐는 사헌부의 상소문을 받고는 포기한다. 형제들을 죽이고, 아버지를 협박해서 왕위에 오르고, 수시로 옥사를 일으켜 공신과 외척들을 제거하여 왕권을 탄탄하게 한 태종이었지만 눈에 보이지 않는 유통의 법칙에는 결국 무릎을 꿇은 것이다.

3
—

조선의
해방구

    해방구解放區라는 말이 있다. 사전적 의미는 국가 안에 반대 세력이 구축해놓은 영역을 의미한다. 말 그대로 해방구 안에서는 중앙집권 세력이 영향력을 미치지 못하는데, 이 용어는 주로 중국의 국공내전 당시 공산당이 장악한 지역을 지칭했다. 그렇다면 조선시대에도 해방구라는 것이 있었을까?

  1455년 10월 13일, 전라도 관찰사 이석형이 세조에게 충격적인 사실을 보고한다. 관할 지역의 해안가와 포구, 그리고 깊숙한 골짜기로 도망친 노비들과 북방으로 강제이주 당했다가 도망친 백성들이 큰 울타리를 치고 모여 산다는 것이었다. 거주와 이동이 엄격히 통제된 조선에서 말도 안 되는 상황이 벌어진 것이다. 이석형은 이들이 스스로 우두머리를 뽑고, 나라에서 금하는 소와 말의 도살을 공공연하게 저질렀다고 설명했다. 또한 도망친 노비의 주인이 찾아오면 위협해서 쫓아내는 등, 사실상 공권력이 미치지 않는 무법지대라고 한탄했다.

이어서 이석형은 군사들을 이끌고 가면 뒷문을 통해 산으로 도망치고 동료가 붙잡히면 몽둥이를 들고 미리 길목에서 기다렸다가 다시 데려가는 일이 반복된 지 오래라고 하소연했다. 이석형은 이들이 머무는 곳의 울타리를 철거해서 문제의 근원을 뿌리 뽑겠다고 보고하자, 세조는 울타리를 철거할 때 말썽이 일어나지 않도록 조심하라고 당부한다.

전라도 지역의 해방구에 대한 보고는 다음해인 1456년 2월 2일 형조에서 다시 올라왔다. 전라도의 포구와 작은 섬들은 물고기와 소금이 풍부해서 도망친 노비나 부역을 피해 도망친 백성들이 무리를 지어 살고 있으니 관찰사에게 이 문제를 엄히 처리하도록 지시를 내려달라는 것이었다. 이석형이 울타리를 뽑아내고 이들을 다스리겠다는 전년의 시도가 결국 실패로 돌아간 것으로 보인다. 이번에도 세조는 불미스러운 사태가 일어나지 않도록 조심해서 처리하라는 얘기를 남기지만 역시 해방구를 뿌리 뽑는 데 실패한다. 왜냐하면 6년 후인 1461년 8월 6일과 7일 자《실록》에 이 문제와 관련된 기록들이 다시 등장하기 때문이다.

8월 6일, 이번에는 병조에서 전라도 백성 중 섬으로 도망친 자들을 붙잡아 육지로 송환해야 한다는 보고를 올린다. 세조도 심각성을 느끼고 대신들을 불러 대책을 논의했다. 하지만 대신들은 그들을 강제로 송환하려고 하면 가족들을 데리고 더 멀리 도망쳐버릴 것이니 우선은 안심시킨 후에 기습을 하자고 제안한다. 세조는 병조판서 김사우를 현지로 보내기로 결정한다. 다음 날 백성들의 동요를 우려해서 김사우의 파견을 반대하는 의견이 올라왔지만 세조는 이를 무시해버렸다.

이후 해방구는 《실록》에서 더 이상 등장하지 않는다. 세조를 비롯한 지배층들이 바란 대로 울타리가 모두 뽑혀나가고 백성으로서의 운명과 의무를 순순히 받아들였는지 아니면 더 거세게 저항해서 아예 없는 셈 치고 사관이 기록하지 않았는지 알 수 없다.

조선 전기에 이런 해방구가 생겨난 이유는 대략 두 가지로 볼 수 있다. 하나는 가혹한 세금과 부역, 그리고 강제이주 정책 때문이다. 《실록》의 기록으로 유추해볼 수 있는 해방구 거주민들은 대개 개인이나 관청에 속한 노비들과 북방으로 강제이주될 처지에 놓였거나 가혹한 부역과 세금을 피해 도망친 백성들이다. 다른 하나는 고려 후기 왜구의 침입이 거세지자 해안지방 백성들이 내륙으로 이동한 탓에 이들이 숨어 살 만한 땅이 있었기 때문이다. 이들은 대개 섬이나 해안가의 작은 포구에 모여 살았는데 물고기와 소금이 풍부해서 먹고 사는 데 부족함이 없었다. 물론 하루하루 불안에 떨며 살아야 했고, 내부적 갈등도 존재했을 것이다. 하지만 해방구 안에서는 적어도 세금을 내고, 군인으로 뽑혀가고, 몇 달 동안 공역에 끌려가야 하는 고통은 없었다. 그것만으로도 그들은 자신들이 살고 있는 곳이 천국이라고 느꼈을 것이다.

4
—

북방
개척

66 　　과학기술의 눈부신 성과를 매일 접하면서 살다 보면 일상
의 변화에 둔감해지기 마련이다. 그뿐인가? 매일 뉴스에 오르내리
는 우리 사회의 크고 작은 사건들이나 인간관계와 생활공간의 비약
적인 확장으로 우리는 어느새 웬만한 일에는 눈도 깜짝하지 않는 무
감한 인간이 되고 말았다. 그런 현대인의 눈으로 조선이라는 나라를
보면 매우 조용하고 정체된 사회로 느껴진다. 왕을 정점으로 한 양
반과 상민의 구분이 확실한 신분사회인데다가 유교를 기반으로 사
회변화가 크지 않은 나라에서 무슨 대단한 일이 있겠는가 하고 말이
다. 그렇듯 역동성과는 거리가 먼 사회에서 살다간 백성들 또한 그
저 순박하고 순응적인 사람들로 여긴다.

그러나 조선시대 초기라면 얘기가 달라진다. 특히 북방에 새로 얻은 영토를 제대로 다스리기 위한 조치로 하삼도, 그러니까 전라도와 충청도, 경상도의 백성들을 이주시키는 정책을 시행했던 것과 관련해서 당시 조선을 들여다보면 크나큰 변화가 용암처럼 들끓는 사회였음이 느껴진다. 그것도 끔찍할 정도로 오랫동안 말이다.

세종의 재위 기간에 압록강과 두만강 유역에 4군 6진이 설치되면서 형성된 국경선은 오늘날까지 거의 그대로 이어져온다. 하지만 땅에 금을 긋는다고 국경선이 되지는 않을 터, 더군다나 그 땅에 원래 누군가 살고 있다면 상황은 더 험악해진다. 세종이 신하들의 반대를 무릅쓰고 압록강과 두만강까지 영토를 확장한 이유는 단순했다. 강을 경계로 해야만 국경을 지키기 편하기 때문이다. 더군다나 강 건너편의 여진족이 조선의 방패막이 역할을 해주니, 세종이 보기에 이보다 더 이상적인 국경 방어 체제는 없을 듯했다. 오늘날의 국경선이 완성된 때가 이때였으니 세종의 판단은 정확했던 것으로 보인다. 물론 그걸 실행에 옮기는 과정에서 희생당할 백성들에게는 또 다른 고통이었겠지만 말이다.

4군 6진을 설치하고 세종이 착수한 다음 작업은 백성들의 이주였다. 그곳은 원래 조선 땅이 아닌데다가 춥고 외진 곳이라 거주자들이 적었다. 따라서 이곳을 지키기 위해 남쪽에서 군대를 파견해야 했으며, 군량 역시 먼 거리를 이동시켜야 했다. 만약 그곳에 백성들이 충분히 있다면 현지에서 군대를 징발하고, 식량 또한 공급할 수 있으니 비용을 줄일 수 있다. 더불어 조선의 백성들이 많이 있어야만 지배를 한층 공고히 할 수 있다는 점도 계산에 들어갔다.

현재 1만 원 지폐에 인쇄된 세종대왕은 교과서와 많은 책들을 통해 성군 또는 조선 최고의 통치자로 인식되지만, 당시의 북방이주 정책만을 놓고 보자면 더 없이 잔인하고 냉정한 모습을 보여준다. 물론 세종은 자신이 해야 할 일을 위해서는 반드시 희생이 뒤따라야 한다는 점을 잘 알고 있었다. 하지만《세종실록》에서 유독 촘촘한 이주 기록을 보면서 그 숫자에 포함된 이름 모를 백성들의 슬픔과 애환을 떠올리지 않을 수 없다.

낯설고 위험한 북쪽으로 순순히 이주하는 백성이 드물었기 때문에 중앙에서 지방에 이주할 숫자를 할당하면 지방관이 당사자를 지목하는 방식을 썼다. 이 와중에 온갖 위협과 협박, 뇌물과 편법이 동원되었음은 어렵지 않게 짐작할 수 있다.

이주해서 정착하는 과정도 쉽지 않았다. 조정에서는 세금 감면과 부역 면제라는 당근을 제시했지만《실록》을 살펴보면 제대로 이행되지 않거나 이런저런 사정으로 잘 지켜지지 않았다. 이렇게 강제이주 당한 백성들은 추위와 배고픔, 그리고 현지인들의 텃세와 야인들의 침입에 시달렸다.

> "사민한 400호 가운데 제대로 도착한 것은 불과 180호뿐입니다."
>
> "세금을 면제하고 부역을 감면하여 백성들을 불러 모았으나 4년이 지나도록 효과를 보지 못했습니다."

"평안도 백성 중 황해도로 흘러들어간 자들을 모두 붙잡아서 원래 살던 곳으로 돌려보내소서."

"경원과 영북진에 입주시킬 2,200호를 각기 나눠서 배정했습니다."

"평양 등에서 1,000호를 골라 여연과 강계 등에 나눠서 살게 했다."

"황해도와 하삼도의 백성 3,000호를 평안도에 가서 살도록 하소서."

"함길도의 경원부에 정착시킬 백성들의 숫자가 부족하니 길주 이남의 거주민들 중에 추려서 보내야만 합니다."

"자성과 강계에 입주한 백성들이 지키는 병사들을 때리고 형문荊門, 가시나무로 만든 문으로 마을을 둘러싼 울타리의 입구을 잘라버리고 도망쳤습니다."

"각 고을에서 도망쳐서 없어진 호수戶數, 호적상에 적혀 있는 한 가구로 대략 5, 6인이다가 2,279호이고, 사라진 장정들의 숫자는 4,979명인데 어디로 갔는지 알 수가 없습니다."

조선은 국경선을 지키고 국가 재정을 절약하기 위해서 새로 얻은 땅에 백성들을 씨앗처럼 심어야 했다. 개중에는 싹을 틔우지 못하는 경우도 있었을 것이다. 안타깝고 불쌍하지만 어쩔 수 없는 노릇이다. 원칙을 지키기 위해서는 도망친 백성들을 처벌해야 했고, 이 과정에서 생긴 백성들의 희생은 국가 발전을 위해 불가피했다. 하지만 분명 이것은 정치의 언어다. 나라를 위해서는 희생이 반드시 필요하다는 광활한 외침 속에서 백성들의 언어는 불평불만이라는 낙인이 찍힌 채 역사 저편으로 사라져버렸다. 세종과 신하들에게 이주를 거부하거나 저항하는 백성들은 국가의 큰 그림을 보지 못하는 어리석인 존재로 보였을 것이다. 하지만 자신과 가족들의 안락한 삶이 최고의 목표였던 이들에게는 너무나 거창하고 낯선 얘기였을 것이다.

5

강제이주를 피하기 위한 선택
– 실패 사례

❝ 북방 이주가 한창이던 1437년 1월 6일, 경상도 경차관敬差官, 지방에 파견되어 일을 살펴본 임시직 벼슬 안질이 세종에게 끔찍한 소식을 보고한다. 개령현의 아전 임무가 평안도로 이주하라는 명을 피하기 위해 자신의 팔뚝을 끊었다는 것이다. 안질은 임무의 죄상이 명백하니 법으로 처벌하고 그 가족들도 함길도에 새로 만드는 역에서 일하는 구실아치로 보내어 본보기로 삼아야 한다고 청한다. 세종과 대신들역시 안질의 의견에 찬성한다.

강제이주를 피하고 싶었던 자가 안질뿐이었을까? 몇 년 뒤인 1439년 2월 14일에는 전라도 관찰사가 더욱 참혹한 보고를 올려 세종을 탄식하게 만든다. 옥과현의 호장戶長, 고을 향리들을 통솔하는 우두머리

조두언이 함길도로 이주하게 된 것에 절망하여 스스로 목숨을 끊었다는 것이다. 전라도 관찰사는 함길도는 토지가 비옥할 뿐만 아니라 가족들이 모두 이주할 수 있는 특혜를 베풀었으며 그것도 모자라 부역까지 면제해줬는데도 조두언이 그 은혜를 모르고 자살했다며 분개했다. 그리고 이런 일을 봐주면 다들 자살할 것이라면서 그의 가족들을 함길도의 역에 보낼 것을 고한다. 그러나 세종은 너무 가혹한 처벌이라고 생각했는지 그의 아들을 비롯하여 다른 가족들을 함길도로 이주시키는 선에서 그친다.

이주 문제로 인한 자살은 계속 이어졌다. 1443년 1월 3일, 전라도 무진군에 사는 손민이라는 백성이 역시 같은 이유로 목숨을 끊었다. 조정에서는 조두언의 경우처럼 손민의 큰 아들 손춘경을 대신 북방으로 이주시켰다. 이렇듯 왕과 대신들은 본보기를 삼기 위해서 자해하거나 자살한 백성들의 가족을 북쪽으로 이주시키는 것이라는 명목을 내세웠다. 하지만 이러한 일이 계속 발생했으니 본보기로 가족을 처벌하는 사례는 사실상 실패했다고 보아야 한다. 학교폭력에 시달린 학생들이 연거푸 자살하는데 문제의 본질을 보는 대신 자살한 학생의 나약한 심성을 질타하는 것과 다를 바가 없다.

이외에도 백성들은 다양한 방법으로 이주정책에 저항했으며, 강제로 이주 당했다가 도망친 백성들은 고향으로 돌아가지 못하고 전국을 떠돌면서 힘든 삶을 연명해야 했다. 그리고 이들 중 상당수가 인적이 드문 해안가나 섬에 무리지어서 살거나 도적이 되었다.

이게 끝이 아니었다. 성종 15년인 1484년 5월 2일, 병조에서 경상도 고령현에 사는 박윤징이 북방 이주를 앞두고 역시 자살했다는 보고를 올린다. 그리고 앞선 사례와 똑같이 북방 이주는 중한 나랏일이고 여러 가지 혜택을 주고 있음에도 어리석은 백성이 이주를 꺼려서 자살했다면서 그냥 넘어갈 수 없으니 나머지 가족들을 예정대로 이주시킬 것을 고한다. 성종은 병조의 의견을 그대로 따랐다.

《실록》은 가족을 잃은 아픔을 뒤로한 채 북방으로 떠난 이들의 운명은 알려주지 않는다. 《실록》을 기록하고 보관하는 지배층에게는 법과 정의가 실현되었다는 사실이 중요할 뿐 그 과정에서 희생당한 이름 없는 백성들의 고통에는 별 관심이 없었기 때문이다. 국가적으로 보면 북방이주정책은 반드시 필요했고, 결국 성공했다고 볼 수 있다. 하지만 당사자들에게는 날벼락이나 다름없는 일이었기에 나름의 방법으로 저항을 선택한 것이다. 자해나 자살은 최후의 방법이었다. 물론 그러한 극단적인 선택은 사태 해결에 아무런 도움이 되지 않는다는 점잖은 충고는 많이 있었을 것이다. 그러나 국가의 명이기에 순응하기에는 너무나 모진 일이었다. 더군다나 땅에 뿌리를 내리고 살아가던 조선의 백성들에게는 말이다. 해답은 강제이주밖에 없었다. 그리고 조선의 통치자들은 그것을 잔인할 정도로 철저하게 시행했다. 우리가 지난 역사를 쉽게 볼 수 없는 이유는 이렇게 몇 줄로만 남아 있는 기록들 사이로 민초들의 피와 눈물이 두껍게 스며들어 있기 때문이다. 국가와 민족을 위해서 개인이 희생하는 것이 당연하다고 생각할지도 모르겠다. 하지만 그렇게 구성원의 희생을 바탕으로 이뤄진 사회가 과연 정상적이라고 할 수 있을까?

강제이주를 피하기 위한 선택
– 성공 사례

❝　강제이주를 피하기 위한 백성들의 노력은 모두 실패로 끝났을까? 세상은 넓고 사람은 많았으니 이를 위해 다양한 방법들이 동원되었다. 그 가운데는 비열한 수법도 있고 어처구니없는 꼼수도 있다.

세종 못지않게 백성의 북방이주에 적극적이었던 성종의 재위 기간인 1484년 2월 19일 자《실록》의 기사에는 북방이주를 피하기 위해 죽음을 결심한 한 남자의 행적이 남아 있다. 앞의 사례와 다른 점은 그는 스스로 목숨을 끊은 것이 아니라 아들의 목숨을 담보로 빠져나가려 했다는 것이다.

충청도 홍주에 사는 이수생은 북방이주 대상자로 뽑히자 가족들의 숫자를 줄여서 벗어나려고 했다. 북방이주는 본래 가족 단위로 보내는 것이 원칙이었으며, 가급적 일을 할 수 있는 장정들이 많은 집이 그 대상이었다. 이수생이 점찍은 제거 대상은 아들 이계문이었다. 아버지는 아들이 측간에 간 틈을 노려 몽둥이로 옆구리를 대여섯 차례 때렸다. 볼일을 보다가 졸지에 몽둥이찜질을 당한 아들은 깜짝 놀랐지만 죽지는 않았다. 그러자 아버지는 아들의 목구멍을 찔렀다. 하지만 아들은 이번에도 죽지 않고 이웃집으로 가까스로 도망쳤다.

아들을 희생시켜서 자신의 살길을 도모하던 이수생은 그 사악함에 걸맞은 처벌을 받는다. 보고를 받은 성종은 이수생에게 장형 100대를 때리고 온 가족과 함께 평안도의 끝자락에 있는 고을의 노비로 삼게 했다. 볼일 보다가 죽을 뻔했던 이계문은 이주 대상에서 제외되어 어린 시절 이수생이 내친 어머니와 함께 살게 했다. 그러고 보면 이수생이 아들 이계문을 죽이기로 결심한 것도 생모가 없는 점이 고려되었던 것 같다. 좀 더 상상력을 발휘해보자면 이수생과 다른 가족들, 그러니까 후처와 그의 자식들 사이에서 이계문이 겉돌지 않았나 싶다. 어쨌든 이계문은 죽을 위기를 겪었지만 결국 이주 대상에서 제외되었고, 오히려 어린 시절 헤어진 어머니와 함께 살 수 있게 되었다. 이계문의 생모 역시 이수생과 계속 살고 있었다면 이주 대상자가 될 것이 분명했으니 쫓겨난 것이 오히려 행운으로 돌아온 셈이다. 며칠 후 성종은 지방 관리들에게 이 사실을 널리 알려서 비슷한 사례가 발생하면 이런 식으로 처벌하게 될 것을 알리라고 명했다.

북방이주를 피하는 다른 방법 중 하나는 '매'를 바치는 것이었다. 조선은 후기에 비교적 안정되었지만 건국 초기에는 북쪽으로 쫓겨난 원나라와 내통할지 모른다는 명나라 황제 주원장의 의심을 받았고, 북방 여진족을 둘러싼 미묘한 갈등도 벌어졌다. 그런 와중에 조선 초기의 왕들은 매와 여자들을 바치라는 명나라의 요구에 골머리를 앓아야 했다. 약자인 조선으로서는 무조건 머리를 숙인 채 이런저런 요구들을 들어줘야 했는데, 다른 무엇보다도 하늘을 날아다니는 매는 구하기도 어려웠을 뿐만 아니라 명나라까지 산 채로 데려가 바치기도 힘들었다.

1434년 2월 6일, 함길도 북청에 사는 김응남이 매의 한 종류인 황응黃鷹을 바치면서 자신과 자식, 사위와 부모가 경원으로 이주하는 대상자에서 빼줄 것을 간청했다. 원칙을 중요시한 세종이었지만 놀랍게도 김응남의 부탁을 단칼에 거절하는 대신 이 문제를 대신들과 논의했다. 대신들 역시 김응남의 청을 들어줄 것을 이구동성으로 외쳤다. 결국 세종은 김응남과 그의 가족들을 이주 대상자에서 제외시켰다.

북방 이주를 피하기 위한 온갖 꼼수들 사이에서 우리는 역사의 슬픈 현장을 엿볼 수 있다. 조선의 백성들은 자신의 운명이 알지 못하는 누군가에 의해 훼손되고 비틀리는 것에 분노했지만 쉽사리 저항할 수 없었다. 할 수 있는 것이라고는 목숨을 끊거나 목숨을 걸고 매를 잡는 것뿐이었다. 그나마《실록》이 이들의 절박함을 어느 정도 남겨놨기 때문에 오늘날 우리는 그 흔적을 볼 수 있다.

7
—

매에 울고
매에 웃다 - 1

　　조선은 초기에 명나라와 심한 갈등을 겪었다. 원나라를 몰아내고 명나라를 세운 주원장은 고려의 뒤를 이은 조선을 의심의 눈초리로 바라보았다. 그럴 수밖에 없는 것이 고려는 원나라를 오랫동안 섬겨왔기 때문이다. 심지어 고려의 관리가 명나라 사신을 죽이고 북원으로 망명한 일도 있었다. 요동 지역의 영유권 문제도 두 나라 사이의 갈등을 부추겼다. 유난히 의심이 많아서 개국공신들을 남김없이 처벌한 주원장이 이런 조선을 가만 놔둘 리 없었다. 주원장은 이런저런 명목으로 사신을 억류하거나 막대한 조공을 바칠 것을 요구하면서 조선을 시험했다. 조선에서도 역시 명나라와의 갈등이 심해진 상태에서 무리한 조공을 요구받자 정도전을 주축으로 하는 요동 정벌론이 일어나기도 했다. 심지어 일본과 손을 잡고 명나라와 결전을 벌이자는 주장 태종 13년인 1413년 7월 26일자《실록》에 나온다. 물론 태종은 현실성이 없는 주장이라고 일축한다까지 제기될 정도였다.

이런 갈등은 양쪽의 강경파였던 주원장과 정도전이 세상을 떠나면서 차츰 가라앉았다. 하지만 명나라는 조선에 계속해서 공물을 요구했는데 그 중에서 가장 골치 아팠던 것은 바로 매였다. 당시 매사냥은 궁중에서나 즐길 수 있던 고급스포츠였는데 여기에는 잘 훈련시킨 매가 반드시 필요했다. 하지만 날개 달린 매를 땅에 있는 사람들이 쉽게 손에 넣을 수 있겠는가. 결국 조정은 명나라에서 사신이 출발했다는 소식만 들으면 전국에 매를 잡아오라고 닦달을 해야 했다. 이 문제는 왕이 직접 챙겨야 할 정도로 중요한 일이었다.

매의 종류도 여럿이어서 해청, 백웅, 아골, 황웅, 조응, 토골, 반흑조응, 퇴곤이라는 이름과 모양새를 자세하게 기록해놓은 것을《실록》에서 찾아볼 수 있다. 이런 판국이니 조선 초기에 매에 관련된 에피소드가 적지 않다.

세종 8년인 1426년 12월 14일 자《실록》의 기사에는 의금부 도사 유지함을 보내서 붙잡은 해청 세 마리를 가짜라고 놓아 보낸 경상도 관찰사 신개를 조사하라는 내용이 보인다. 다음해 2월 21일에는 그림을 그리는 관청인 도화원에 각종 매의 모습을 그려서 전국에 배포하라는 지시가 내려진다. 이 기록이 남아 있는《실록》에는 9종이나 되는 매의 생김새와 모양이 자세하게 설명되어 있다.

11월 19일 자《실록》에는 매를 잡느라 백성들이 고초를 겪고 있으니 주의하라는 당부와 함께 매를 잡은 사람에게 내리는 상에 대해 기록되어 있다. 벼슬이 없는 자에게는 8품의 벼슬을 주고, 벼슬이 있는 사람은 한 등급 올려주며, 천인에게는 쌀 50석과 무명 50필을 준다는 것이다. 이것은 해청이라는 매에 해당되는 것이고, 더 귀한 옥송골이라는 매를 잡을 경우에는 벼슬이 없는 사람은 7품의 벼슬을 주고, 벼슬이 있는 자는 세 등급을 올려주며, 천인이 잡았을 경우 쌀 100석에 무명 100필을 하사한다고 적혀 있다. 그리고 중요한 일이니까 백성들에게 널리 알려서 모두 알 수 있게 하라고 신신당부까지 했다.

그런 한편 명나라에 매를 얼마나 바쳐야 할지에 대해 왕과 신하들이 모여서 토론을 벌이기까지 했다. 이렇게 국가의 공권력을 총동원하고 온갖 무리수를 두어가면서 잡은 매들은 명나라 사신에게 건네지거나 조선의 사신들이 직접 명나라로 가지고 갔다. 명나라 사신과 함께 함길도로 가서 매사냥을 감독하던 이징옥은 매를 함부로 놓아주었다는 이유로 세종에게 질타를 받고 의금부에 갇히기도 했다.

매를 바치라는 명나라의 요구는 세종 재위 기간에 절정에 달했다가 차츰 줄어들었다. 궁중에서 매를 기르거나 왕이 직접 매사냥을 하는 풍습 역시 명나라의 요구에 노이로제가 걸렸던 대신들이 극력 말리는 바람에 연산군 대를 끝으로 차츰 사라졌다.

그런데 매는 어떤 방법으로 잡았을까? 일단 매사냥을 전담한 것은 응방鷹坊이라는 관청이었다. 여기에 속한 응사鷹師, 매사냥꾼으로 채방사로도 불렸다가 지방으로 내려가서 매를 잡았는데 가장 많이 쓰인 방식은 매가 날아다니는 통로에 그물을 쳐놓거나 덫을 놓는 것이다. 지방에 내려간 응사들이 매를 잡는다는 핑계로 행패를 부리는 일이 잦았기 때문에 현지의 관리들에게는 이들을 감독할 책임이 주어졌다.

매를 잡으라는 명나라의 요구에 가장 시달린 것은 역시 백성들이었다. 매를 잡으러 다니는 사냥꾼들을 먹여주고 재워줘야 했고, 이들이 매를 잡는답시고 논밭을 마구 헤집는 것도 그냥 지켜봐야 했다. 조선의 왕들은 명나라에 매를 바치는 문제를 가지고 신하들과 함께 골머리를 앓았다. 일벌레인 세종이었다면 아마도 백성 돌보느라 바빠 죽겠는데 매까지 신경 써야 하느냐고 속으로 짜증을 냈을지도 모르겠다. 그러나 자존심이 상하는 일이긴 하지만 명나라와 잘 지내기 위해서는 어쩔 수 없는 일이었다.

8
—

매에 울고
매에 웃다 - 2

" 조선시대의 매와 관련된 이야기 중 최고는 단연 매를 놀라게 한 죄로 관리가 파직된 사건이다. 아무리 매가 중요했다고는 하지만 정말 이런 일이 가능했을까?

1428년 10월 2일, 전대평을 비롯한 응사 20여 명이 명나라에 바칠 매 한 마리를 포획하여 궁궐로 말을 달리다가 사헌부 지평 문승조의 행렬과 마주쳤다. 본래 지위가 높은 사람이 지나가면 백성들은 걸음을 멈추고 길가에 엎드려 예를 표해야 했다. 그 자리에 하급관리들이 있다면 그들도 역시 말이나 가마에서 내려야만 했다. 사헌부 지평이라면 정5품 벼슬에 청요직으로 일컬어지는 관료였으니 당연히 매사냥꾼인 응사들이 말에서 내려 예를 표해야 했을 것이다. 하지만 전대평을 비롯한 응사들은 말에서 내리지 않고 그냥 지나치려고 했다. 그러자 문승조는 행렬을 따르고 있던 대졸臺卒, 하급관리들을 시켜 이들을 막고 말에서 끌어내렸다. 문승조로서는 윗사람을 몰라본 무례한 자들을 적절하게 응징한 것이었다.

아무런 문제도 없을 것 같은 상황인데 이 소식을 들은 세종은 오히려 문승조를 파직시켰다. 원인은 다름 아닌 매였다. 응사들을 말에서 끌어내리는 와중에 감히 '매'를 놀라게 했다는 것이 그 이유였다. 이후 《실록》에는 더 이상 그와 관련된 기록을 찾아볼 수 없다. 문승조는 매 한 마리 때문에 일이 이렇게 커질 줄 예상이나 했을까?

황당한 사건은 또 있다. 세조 10년인 1464년 8월 10일, 함길도 관찰사 강효문이 영흥에서 붙잡은 매가 다쳤다고 보고한다. 그물에 잡혀 있는 매를 끄집어내려다가 날개가 다치게 했다는 것이다. 이 소식을 들은 세조는 응방 환관鷹房 宦官, 매를 관리하는 응방을 책임지는 내시로 종4품에 상책에 해당된다 정존을 보내서 매를 치료하게 하는 한편 매를 다치게 한 채방사들을 엄히 추궁하라고 지시했다. 매 때문에 관리가 파직되고 사람이 심문을 당하게 된 것이다.

매를 잡는 것도 고역이었지만 사로잡은 매를 명나라까지 가져가는 것도 생각보다 까다로운 일이었다. 자유롭게 날아다니다가 붙잡힌 매가 스트레스를 받아서 시름시름 앓다가 죽는 경우가 많았기 때문이다. 이렇게 되면 매를 명나라로 바치러 가던 사절인 진응사進鷹使는 큰 낭패를 봤다. 앞서 사헌부 지평 문승조가 매를 놀라게 한 죄로 파직되기 8개월 전 진응사 이사검은 죽은 매를 가지고 명나라 황제

앞에 서야만 했다. 이사검은 죽은 매를 황제에게 바치면서 우리 전하께서 지극한 정성으로 매를 잡아다 바쳤으나 오는 길에 병에 걸려 죽었다면서 용서를 구했다. 그러자 명나라 황제는 죽었으면 할 수 없지 않느냐며 괜찮다고 대답한다. 황제 앞에서 물러난 이사검이 밥을 먹으면서 펑펑 울자 이를 지켜보던 명나라 내관들이 딱하게 여겨 위로했다고 한다.

이처럼 매 때문에 조선의 지배층이 받는 스트레스가 적지 않았다. 매를 몇 마리 바칠지도 큰 문제였다. 너무 많으면 왜 이전에는 이렇게 많이 바치지 않았느냐는 추궁이 올까봐 두려웠고, 적게 바치면 충성심이 의심받는 상황이 전개될까봐 전전긍긍했다.《실록》에는 매를 명나라에 대한 정성과 충성의 척도로 삼는 지배층의 고뇌만이 남아 있다. 하지만 그 이면에는 매를 잡느라 몰려다니는 채방사들의 뒷바라지는 물론 직접 매를 잡으러 다녀야만 했던 백성들의 그림자가 흐릿하게 보인다. 지배하는 자와 지배받는 자는 생각과 습관, 사물을 보는 척도 모두가 다르다. 조선의 지배층에게 매는 아주 중요한 존재였다. 그래서 매를 바치면 목숨을 끊거나 팔뚝을 끊어도 피해갈 수 없는 북방이주를 면해줬다. 매를 놀라게 하면 정4품의 사헌부 지평도 파직 당했고, 잡다가 다치게 한 채방사들도 벌을 받았다. 하지만 거창한 나랏일을 알 리 없던 백성들에게는 매를 잡기 위한 높으신 분들의 호들갑이 더없이 귀찮은 일이었을 것이다.

9
—

임금님,
나이스 샷!

❝　1421년 11월 25일, 태종과 세종 그리고 효령대군을 비롯한 종친과 대신들이 신궁新宮의 안뜰에 모였다. 이 신궁은 세종에게 양위하고 상왕으로 물러난 이방원이 거처하기 위해 지어진 궁궐로 수강궁이라고 불렸으며, 지금의 창경궁 자리에 지어졌다. 무슨 일이 있기에 이처럼 높으신 분들이 한자리에 모인 걸까?

　사람들은 양쪽으로 편을 나눈 뒤 대나무로 만든 채를 각자 나눠가졌다. 대나무 채의 끝은 봉피棒皮라고 불렸는데 물소가죽으로 만들어졌고 숟가락 모양처럼 생겼다. 그리고 나무로 만든 달걀만 한 크기의 공을 가져와서 그 채로 쳤다. 그냥 치는 것이 아니라 와아窩兒라고 부르는, 사발모양으로 땅을 판 구멍에 공을 넣어야 했다. 와아

사정전 입구
근정전의 북쪽에 있는 사정전은 임금이 머물면서 회의를 하는 곳이다. 세조는 이곳에서 종친들이 하는 봉희 경기를 관람했다.

는 전각 사이나 섬돌, 평지에 만들어졌는데 와아에 공을 많이 넣는 쪽이 이겼다. 술과 음악이 곁들여지는 경우도 많았고, 상왕의 거처인 수강궁은 물론 경복궁에서도 즐겼다.

여기까지 듣고도 설마 조선시대에 무슨 골프냐고 의아해하는 사람들을 위해 친절하게도 사관이 쐐기를 박아줬다. 1455년 9월 8일, 새로 경복궁의 주인이 된 세조가 경회루에서 활쏘기를 구경하고, 사정전에서 종친들이 하는 봉희棒戱를 관람했다는 것이다.

이 봉희가 바로 태종과 세종이 종친들과 즐기던 경기다. 사관은 이 경기를 소개하면서 봉피가 얇으면 공이 높이 솟구치고, 두꺼우면 공이 높이 날아가지 않는다는 설명까지 덧붙였다. 오늘날 골프 클럽이 우드와 아이언으로 나뉘는 것과 유사하다.

사관은 경기 규칙도 적어놨는데 한 번에 쳐서 공이 와아에 들어가면 숫자를 셀 때 쓰는 작은 막대기인 산가지 두 개를 받고, 두 번이나 세 번 쳐서 들어가면 산가지 하나를 받았다. 아마 산가지를 가장 많이 모은 팀이 이기는 것으로 승패를 판가름한 것 같다.

넓은 필드가 아닌 궁궐 안 좁은 장소에서 즐긴 것을 보면 봉희는 골프와 분명 다르지만, 경기 방식과 원리에서 상당히 유사한 면도 있다. 봉피가 얇으면 공이 높이 뜨고 두꺼우면 높이 뜨지 않는다고 설명한 부분은 골프 클럽의 한 종류인 아이언의 경사각인 로프트에 대한 설명과 비슷하다. 경사각이 높을수록, 즉 로프트가 높을수록 공이 높이 치솟는데, 만약 봉피가 얇은 것이 경사각을 높이기 위해서라면 공이 높이 뜬다는 설명과 유사하다. 물론 세게 쳤다가는 공이 처마에 맞거나 기와지붕에 올라갈 수 있으니 살살 쳤을 것이다.

그렇다면 이 봉희는 언제 즐겼으며 언제까지 존재했을까?《실록》은 추운 겨울이라 밖에서 말을 타지 못할 때 봉희를 즐겼다고 설명한다. 실제로 태종과 세종은 겨울철에 이 경기를 즐겼다.

봉희는 왕이 종친들과 직접 채를 들고 즐기는 경기에서 차츰 관람하는 경기로 바뀌었다가 사라졌다. 눈이 쌓인 전각 사이를 누비며 걷는 두 왕의 뒤로 채를 든 내시들이 종종걸음으로 뒤따르는 모습을 한번 상상해보자. 세종이 긴장한 표정으로 공 앞에 서면 태종이 어깨에 손을 짚고 봉피가 두꺼운 채를 쓰라고 충고했을 것이다. 그렇게 친 공이 한 번에 와아에 들어가면 옆에 있던 종친들과 대신들이 박수를 치면서 '임금님, 나이스 샷!'이라고 하지 않았을까?

10
—

사형수
특공대

“   세종의 재위 기간에 조선의 북방은 늘 전쟁터였다. 조선군이 야금야금 밀고 올라가서 땅을 차지하면 그곳에 살던 여진족이 공격해오고, 그렇게 서로 주거니 받거니 보복하다가 조선군이 대규모 원정군을 보내는 일이 반복되었다. 이런 상황에서 여진족의 동태를 파악하는 것이 무엇보다 중요했기 때문에 조선에서는 꾸준히 사람을 보냈다. 《실록》에는 체탐體探이라고 부르는데 이 임무를 맡은 사람들을 체탐인體探人이라고 했다. 하지만 여진족의 땅 깊숙이 들어가는 일은 매우 위험했다. 실제로 이 일을 수행하다가 사망자나 실종자가 상당히 많이 발생했다. 그래서 세종은 체탐인들이 쓸 수 있는 소형화기인 세총통細銃筒을 보급해주는 등 신경을 많이 썼다.

이렇게 인명피해로 골치를 앓고 있었으니 누군가가 죽어도 상관 없는 사형수들을 보내면 될 것 아니냐는 생각을 떠올리는 데는 그리 오래 걸리지 않았다.

1437년 10월 17일, 세종은 평안도 도절제사 이천에게 함길도의 사형수들 중에서 여진족이 사는 곳의 사정을 잘 아는 자들을 골라서 체탐인으로 쓰라고 지시한다. 하지만 이천은 사형수들 중에는 여진족 거주지의 사정을 아는 자가 드물고 자칫하면 잡힐 염려가 있으니 위험하다며 사실상 거부했다. 그리고는 마지막으로 한겨울에는 흔적이 쉽게 발견되니 작전을 실행하려면 여름으로 미루는 게 좋겠다고 마무리한다.

이렇게 사라지나 싶던 사형수 특공대 계획은 1438년 2월 23일 평안도 도절제사 이천이 세종에게 귀순한 여진족을 안내인으로 삼아서 사형수들을 보내자고 건의하면서 부활했다. 세종은 평안도 감사에게 귀순한 여진족인 동산과 야질대와 함께 갈 수 있을 만한 사형수들을 선발하라고 지시한다. 명을 받은 평안도 감사는 4월 21일 화적 출신의 탁사우를 비롯한 김마응거두와 이홍실, 김거차리를 선발했다고 보고한다. 아무래도 화적 출신이니 무기를 잘 다룰 수 있다는 점 때문에 후보로 뽑힌 것으로 보인다.

보고를 받은 세종은 죄목이 의심스러운 탁사우를 제외한 세 명을 적임자로 낙점한다. 이렇게 사형수로 구성된 특공대라는, 한 편의 영화 같은 아이디어는 실행 일보직전까지 간다. 그렇다면 영화처럼 정말로 이들은 여진족 거주지에 잠입해서 중요한 정보를 알아내고 무사귀환했을까?

아쉽게도 이들이 어떻게 활약했는지에 대한 기록은 찾아볼 수 없다. 다만 여진족 땅에 잠입할 사형수로 선정된 이흥실과 김거차리는 1438년 12월 19일 강도죄로 참형에 처해졌다는 기록이 남아 있을 뿐이다. 같은 날 참형에 처해진 김말웅두는 김마웅두와 동일인물로 보인다. 이후에도 조선에서는 여진족 거주지로 끊임없이 체탐인들을 보냈다. 사망자와 실종자가 계속 발생했지만 조정은 피해를 두려워하지 않았다. 체탐인들이 목숨을 걸고 빼내온 정보들은 두 차례의 파저강 여진족 정벌에 큰 도움이 되었다.

이렇게 조선이 귀순자와 사형수들을 체탐인으로 보낼 궁리까지 하던 역동성과 진취성은 시간이 흐르면서 차츰 사라졌다. 외부에 대한 관심이 줄고 문을 굳게 닫으면서 퇴보되었던 것이다. 밖을 보는 눈이 사라지면서 안을 보는 눈도 흐려졌고, 결국 완고하고 경직된 시선만이 남게 되었다.

11
—

골칫덩어리
선물

    지금도 그렇지만 조선시대에도 일본은 우리에게 '가깝고 도 먼 나라'였다. 툭하면 조선에 손을 벌리다가도 성에 차지 않으면 당장 약탈을 일삼았다. 조선의 입장에서는 이러지도 저러지도 못하는 존재였지만 가까이 있는 이상 어떤 형태로든 관계를 맺어야 했고, 가끔은 쓸모도 있었다. 일본은 동남아 국가들과 빈번하게 교역했기 때문에 조선이 필요한 물건들을 공급해줄 때가 있었기 때문이다. 예를 들어, 조선이 물소를 구하려고 했을 때 도움을 준 나라는 다름 아닌 일본이었다. 일본 역시 조선이 주요 수입국이었으므로 나름 성의를 다해서 이런저런 공물들을 바치곤 했다. 일본이 조선에 보냈던 공물 가운데 가장 골칫거리였던 것은 다름 아닌 코끼리였다. 태종

11년인 1411년 2월 22일 자《실록》에는 일본국왕 원의지가 코끼리를 바쳐서 사복시에서 기르게 했는데, 이 짐승이 하루에 콩을 4, 5두나 먹어치웠다는 기사가 나온다. 이후 코끼리를 옮겨 기른 삼군부에는 난생처음 본 짐승을 구경하러 온 사람들로 가득했다. 그저 소나 말, 닭, 개 정도에 익숙할 뿐 지금처럼 동물원에서 다양한 외국의 동물들을 볼 일이 없었던 조선의 백성들에게 코끼리는 낯설기가 그지 없었을 것이다. 오늘날에도 코끼리를 직접 본 사람이 의외로 적다는 점을 감안하면 이 거대한 짐승을 목격한 조선 백성들의 반응이 어땠을지 짐작이 간다.

구경꾼들에게 둘러싸인 코끼리는 신경이 날카로워졌는지 전직 관료 한 명을 밟아 죽이는 사고를 치고 만다. 아마 가까이 가서 만져보려고 하다가 불의의 사고를 당했던 것 같다. 사람이 죽는 일이 발생하자 병조판서 유정현이 아무짝에도 쓸모없는 코끼리를 전라도의 섬으로 보내버리자고 제안한다. 사실상 살인에 대한 처벌로 코끼리를 유배형에 처한 것이나 다름없다.

이렇게 해서 불쌍한 코끼리는 전라도의 장도라는 섬으로 쫓겨난다. 한동안 팔자에도 없던 섬 생활을 하던 코끼리는 낯선 환경에 적응하지 못하고 시름시름 앓고 만다. 결국 날로 수척해지고 사람만 보면 눈물을 흘린다는 보고를 받자 마음이 약해진 태종은 다시 코끼리를 뭍으로 데리고 나오라고 지시한다. 그리고 육지로 나온 코끼리는 몇 년 동안《실록》에서 사라졌다. 그사이 태종이 상왕으로 물러나고 세종이 왕위를 이어받았다.

코끼리에 대한 기록은 1420년 12월 28일 전라도 관찰사의 장계에 다시 등장한다. 전라도 관찰사가 코끼리를 먹여 살리느라 허리가 휠 지경이니 전라도 말고 경상도와 충청도에서도 돌아가면서 먹였으면 좋겠다는 하소연을 한 것이다. 세종은 관찰사의 청을 받아들여 지방마다 돌아가면서 코끼리를 먹이도록 했다. 지방 관리들이 아무짝에도 쓸모없이 밥만 축내는 코끼리를 싫어한 것은 당연했다.

어쩌다가 조선 땅에 와서 이런 찬밥 대접을 받나 신세한탄을 하다가 성질이 폭발했는지 코끼리는 다음해인 1421년 충청도 공주에서 밥을 주던 노비를 발로 걸어차 죽이고 만다. 이 소식을 전한 충청도 관찰사는 코끼리가 한 해 동안 먹어치우는 쌀이 48섬, 콩이 24섬이나 된다면서 나라에 전혀 도움이 되지 않으니 도로 섬으로 보내버리자고 건의한다. 보고를 받은 세종은 물과 풀이 많은 곳으로 보내고 굶지 않도록 신경을 쓰라는 지시를 내린다. 그리고 이것으로《실록》에서 더 이상 살아있는 코끼리에 대한 기록은 보이지 않는다.

코끼리의 평균 수명이 60년 정도고 80년까지 사는 경우도 있다는 점을 감안하면《실록》에서 사라진 이후에도 코끼리는 오랫동안 살아있었을 것이다. 인도나 동남아 같은 곳에서는 코끼리에게 일을 시켰지만 조선에서 그걸 생각한 사람은 없었을 것이고, 설사 있다고 해도 길들이는 방법을 몰라서 포기했을 가능성이 높다. 결국 코끼리는 남은 평생을 눈칫밥을 먹으면서 쓸쓸하게 살다가 세상을 떠났을 것이다.

12
―

물소를
수입하다

    농사일 대부분을 현대식 기계로 하는 요즘과 달리 불과 몇 십 년 전까지만 해도 밭을 일구고 씨를 뿌리고 잡초를 뽑고 추수를 하기까지 논밭일 대부분을 농부의 손으로 하는 경우가 많았다. 지금 도 하는지는 모르지만, 1990년대까지만 하더라도 '농활'이라고 해 서 많은 대학생들이 학생운동의 일환으로 매해 학교나 학과 또는 동 아리와 연대한 농촌지역에 가서 모내기나 풀베기를 돕곤 했다. 수십 년 농사를 지어온 베테랑 농부에게도 호락호락하지 않은 일이 쌀이 나무에서 자라는 줄 아는 도시 학생들에게는 영 버겁기만 했을 것이 다. 하지만 고된 노동을 마친 뒤 둘러앉아 주거니 받거니 하면서 목 을 축였던 막걸리의 맛은 도시의 어느 술집에서 마시는 것보다 맛있었을 것이다.

오랜 세월 사람의 손발이 되어 힘든 농사일을 거들던, 그야말로 보물 같은 짐승이 바로 소다. 소 한 마리만 있으면 장정 서너 명이 해야 할 일을 단번에 끝낼 수 있으니 농사일에 빌려서라도 이용해야 했던 귀한 존재였다. 특히나 농사 도구가 한정적이었던 조선시대에 소는 농가에 매우 귀중한 재산이었다.

이 시대를 배경으로 한 드라마나 영화를 보면 농부가 황소를 몰며 밭을 가는 장면이 종종 등장한다. 그런데 만약 그 사극이 연산군이나 중종 시대를 배경으로 한다면 황소 대신 물소가 쟁기를 끌고 가는 모습이 나와도 고증이 틀린 것은 아니다.

코끼리가 밥만 축내는 애물단지 취급을 받은 반면 물소는 조선이 군침을 삼키던 동물이었다. 활을 만드는 데 물소의 뿔이 필요했기 때문이다. 멀리 날아가기로 이름난 조선의 활은 여러 가지 재료들로 제작되었는데 그 중에 제일 좋은 것이 바로 잘 휘어지면서도 쉽게 부러지지 않은 물소의 뿔이었다.

하지만 물소는 더운 남쪽나라에서 사는 동물로, 조선에서 뿔을 구하려면 명나라를 통해서 얻는 수밖에는 없었다. 이렇게 구하는 데는 시간과 비용이 만만치 않았고, 안정적인 공급 역시 불가능했다. 그래서 조정에서는 직접 물소를 길러 뿔을 얻으려고 했다. 게다가 물소는 황소보다 힘이 세서 농사일에 더 적합하니 일석이조라고 생각했을 것이다. 지금으로 치면 전략물자의 국산화 정도 될 것 같다.

물소의 도입 논의가 시작된 것은 여진족과 왜구를 한창 토벌하느

사복시 터
사복시는 임금이 쓰는 가마와 말의 관리를 맡았다. 전국에 목장을 두고 말을 길렀으며, 더불어 치료도 맡았다. 조선에 물소가 도입되었을 때도 사복시에서 관리했다. 현재 종로소방서 옆 종로어린이집 앞에 표지석이 남아 있다.

라 수요가 급증했던 세종 재위 때였다. 그러나 명나라에 부탁해서 물소를 도입하는 계획을 세웠지만 이런저런 이유로 실행에 옮겨지지 못한다. 아마 명나라에게 의심을 받을 수 있다는 이유 때문이었던 것 같다. 어쩐지 미국과의 미사일사거리협정 때문에 장거리 타격 미사일을 개발하지 못하고 전전긍긍하는 현재 우리의 모습과 묘하게 겹친다.

세조는 물소의 뿔을 말과 소와 더불어 나라의 세 가지 보물이라고 지칭했다. 그리고 자신은 다시는 활쏘기를 할 때 물소 뿔로 만든 귀한 흑각궁을 쓰지 않을 것이라고 선언했다. 왕이 무언가를 하지 않겠다는 얘기는 신하들도 왕을 따라야 한다는 것을 의미한다. 세조는 신하들이 말귀를 못 알아들을까봐 친절하게도 이 사실을 널리 알려서 본받으라고 덧붙였다. 더불어 물소의 뿔은 활을 만드는 데 이외에는 쓰지 못하게 했다.

결국 1461년 조선은 일본으로부터 꿈에 그리던 물소를 손에 넣게 된다. 일본도 물소는 없었지만 조선이 애타게 찾는 것을 알자 유구국오키나와에서 수입해서 보낸 것이었다. 세조는 더운 지방에 사는 물소가 추위를 탈까봐 웅천에서 일단 기르다가 봄이 되면 한양으로 올려 보내라고 지시했다. 다음해 봄, 말을 비롯한 가축들을 관리하는 사복시의 관리가 직접 내려가서 물소를 끌고 올라와 창덕궁 후원에서 기르게 했다. 그리고 의서들을 뒤져서 물소와 관련된 부분들을 따로 뽑아내고 의생 넷에게 익히도록 했다. 이렇게 신경을 썼건만 물소가 번식되는 속도는 더디기만 했다.

1479년 2월 24일, 좌승지 김승경이 성종에게 세조 때 수입한 물소가 지금까지 새끼를 쳐서 늘린 숫자가 고작 70여 두에 불과하다며 앞으로 지방관의 평점을 매기는 데 물소를 잘 기르는 것을 추가해달라고 건의했다. 그사이 일본은 물소 번식에 실패해서 조선에 물소를 보내주기를 청하는 해프닝이 일어났다. 1488년에는 성종이 윤필상과 노사신을 비롯한 대신들에게 물소 한 쌍씩을 나눠주고 잘 키우라고 했으며, 1493년에는 남양과 수원 일대에 놓아기르던 물소가 사람을 뿔로 받은 사실이 보고된 것을 보면 당시 조선에는 생각보다 많은 물소가 있었던 것으로 보인다.

하지만 여진족과 왜구 정벌이 성공적으로 끝나고 차츰 체제가 안정되면서 물소는 코끼리처럼 찬밥신세가 된다. 연산군 때인 1497년에는 쓸데없이 물소가 많다며 각 고을에서 시험 삼아 밭갈이를 시켜보라는 지시가 내려졌고, 중종 때에는 국가에서 관리하던 물소를 백성들에게 나눠주고 알아서 부려먹으라는 조치도 취해졌다. 한때는 창덕궁 후원에서 전담 수의사까지 붙여가며 애지중지 기르던 조선의 물소 사랑이 차츰 희미해져간 것이다. 황소보다 힘이 센 물소를 농사일에 이용해야 한다는 주장도 제기되었지만 황소에 밀려서 차츰 한반도에서 사라져갔다.

13

—

조선도 장성을
쌓았다

❝ 천하를 통일한 진나라가 제일 먼저 착수한 일은 만리장성을 쌓는 것이었다. 흉노족의 침입을 막기 위해서였는데, 기존의 장성들을 연결하고 보강한 것이다. 진나라가 멸망한 이후에도 흉노족을 비롯한 북방 유목민족의 위협은 여전했기 때문에 만리장성을 쌓는 일은 계속되었다. 그 결과 만리장성은 동쪽의 산해관에서 서쪽의 가욕관까지 이어졌다.

고구려와 고려 역시 장성을 쌓았다. 고구려의 경우 당나라의 침입을 막기 위해 동북쪽의 부여성부터 서남쪽의 비사성까지 장성을 축조했다. 고려도 거란족과 여진족을 막기 위해 함경남도 정평 부근의 도련포부터 서쪽의 압록강 어귀까지 성을 쌓았다. 이렇게 국경선을 따라 쌓인 성벽은 외적의 공격으로부터 방어하기 위해 만들어졌다.

그렇다면 조선은 어땠을까? 만리장성과 비교할 정도로 규모가 크지는 않았지만 나름대로 국경선에 부지런히 성을 쌓았다. 두 차례의 여진족 정벌이 끝나고 국경선을 어느 정도 확정한 조선은 공세에서 방어로 전환한다. 이때 가장 큰 문제는 백성들의 입보入保 문제였다. 여기서 입보란 성에 들어간다는 말인데, 북방의 백성들은 자주 침입하는 여진족을 피해 겨울부터 봄까지 성안으로 들어가 살았다. 그런데 몇 달 동안 성 안에서 지내다 집으로 돌아오면 집이며 가재도구가 다 무너지고 망가져 있어 경제적 손실이 너무 컸다. 뿐만 아니라 겨우내 하는 일 없이 성안에서만 지내면서 가져온 곡식들을 먹게 되니까 재산을 모을 수도 없었다. 이 같은 이유로 백성들이 곤궁해지면서 살던 곳을 떠나 도망치는 일이 잦아지면서 조정은 골치를 앓는다.

1440년 2월 18일, 우의정 신개는 이런 문제점에 대한 획기적인 해결책을 보고한다.

"의주에서 경원까지 장성을 쌓아서 여진족을 막는 게 어떻겠습니까?"

며칠 고민하던 세종은 2월 22일 병조판서 황보인을 평안도와 함길도 도체찰사로 삼고 장성 공사를 지휘하게 했다. 공사는 그해 9월 15일 평안도 여연에서 시작된다. 그렇다면 그 규모는 어느 정도였을까? 정리하면 대략 다음과 같다.

여연 : 길이 5만 6,755척, 동원 장정 1만 300명

벽동 : 길이 3만 6,014척, 동원 장정 8,626명

온성 : 길이 13만 1,922척, 동원 장정 2만 3,000명

창성 : 길이 2만 1,573척, 동원 장정 9,000명

종성 : 길이 4만 8,720척, 동원 장정 1만 7,400명

송림 : 길이 2만 6,902척, 동원 장정 6,140명

회령 : 길이 3만 1,174척, 동원 장정 1만 1,750명

갑산 : 길이 3,296척, 동원 장정 1,000명

이산 : 길이 1만 9,538척, 동원 장정 1만 3,987명

세종이 승하할 때까지 약 10년 동안 쌓은 장성의 길이는 37만 6,000여 척, 동원된 장정은 10만 명이 넘는다. 길이를 표시한 척尺은 조선시대에 흔히 사용된 영조척營造尺으로 추정된다. 따라서 1척에 약 30센티미터쯤 되니까 장성의 총 길이는 110킬로미터가량 된다. 물론 돌뿐 아니라 목책이나 흙을 깎아서 가파르게 만드는 방법을 쓰기도 했지만 장성 중간 중간에 쌓은 망루나 봉화대, 그리고 국경 지방의 성들까지 한꺼번에 쌓았다는 점을 감안하면 엄청난 인력과 물자가 투입된 큰 공사였다는 사실을 짐작할 수 있다.

하지만 부실공사를 비롯한 실효성 논란은 피할 수 없었다. 맨 처음 쌓은 여연과 벽동의 장성들은 다음해 여름 절반 넘게 무너져서 공사 책임자가 한양으로 압송되어 조사를 받았다. 중장비가 없었으니 당연히 현지와 인근 지역 백성들이 대규모로 동원되어 몇 달 동안 장

성을 쌓아야만 했다. 아무리 자신들을 위한 일이라고는 하지만 백성들이 좋아할 리 없었다. 거기다 세종 재위 기간 내내 흉년과 가뭄이 계속되었다는 점을 감안하면 백성들이 이 문제로 겪는 고통이 어떠했을지 짐작이 가고도 남는다.

실제로 장성 축조를 중단하거나 미루자는 상소문이 자주 올라왔다. 최초 제안자인 우의정 신개의 졸기卒記, 《실록》에 적는 신하들의 간략한 평전에는 장성 축조를 처음 제안했다는 이유로 세간의 비난을 받았다는 기록이 남아 있다. 하지만 세종은 장성 공사를 밀어붙였다.

세종이 승하하고 문종이 즉위하자마자 장성 축조를 중단하라는 상소문과 건의가 이어졌고, 실제로 잠시 중단되기까지 했다. 하지만 두만강과 압록강 유역의 장성 축조는 16세기 초반까지 이어지는 조선의 국책 사업이었다. 실제로 장성이 완공되면서 여진족의 대규모 침입도 줄어들었다.

이 공사를 진행하는 데 가장 큰 공을 세운 인물은 황보인이었다. 흔히 세종의 측근으로 김종서를 꼽지만 장성 공역에 있어서만큼은 황보인이 인정을 받았다. 장성 축조는 정책상으로는 필요한 일이었지만 북방이주정책과 더불어 세종 치세 동안 백성들에게 가장 큰 고통을 주는 일이었다. 세종은 이 일로 백성들이 얼마나 고통을 겪는지 알고 있었을 것이다. 하지만 국가를 위해 반드시 필요한 일이라는 생각 역시 가지고 있었다. 역사는 이렇게 지배자와 피지배자의 갈등 속에서 이뤄진다.

14

—

운하를
꿈꾸다

　　충청남도 태안군 태안읍 인평리에 있는 천수만에 가면 굴포 운하지라는 안내판을 볼 수 있다. 이곳에서 서산시 팔봉면의 가로림만까지 조거漕渠, 즉 운하를 개통하려는 시도가 고려 때부터 조선시대까지 내내 이어졌다. 안흥량 혹은 안행량이라고 불리는 태안반도 앞바다는 전라도에서 거둔 곡식을 개경이나 한양으로 옮기는 데 반드시 지나가야만 하는 곳이었다. 하지만 물살이 세고 암초가 많아서 배들이 자주 침몰하는 까닭에 고려시대부터 이곳에 운하를 파려는 시도가 계속된 것이다.

　　최초의 시도는 고려 인종 때인 1134년이었다. 인종은 내시 정습명을 보내 인근의 장정 수천 명을 동원해 운하를 팠지만 중도에 포기하고 만다. 이후로도 몇 번의 시도가 있었지만 결국 고려는 운하를 개통하지 못했다.

태안반도에 운하를 개통하고야 말겠다는 고려의 꿈은 조선의 왕들에게 이어진다. 맨 처음 바통을 이어받은 것은 태조 이성계였다. 하지만 1395년 6월 6일, 태조의 명을 받은 관리가 태안반도 일대를 둘러보고 돌아와서 땅이 단단해서 운하를 만들기가 어렵다고 말하면서 일단 수면 아래로 가라앉았다. 경복궁부터 한양성까지 지어야 할 건축물들이 줄줄이 대기하고 있는 상태였던 점도 고려된 것 같다.

이렇게 태조가 꾼 운하의 꿈은 그의 아들 태종에게 이어진다. 태안반도 앞바다에서 조운선들이 계속 침몰하자 태종은 그곳에 운하를 개통하기로 결심하고 1412년 11월 8일 대신들에게 구체적인 계획을 짜라고 명한다. 태종의 오른팔 하윤이 팔을 걷어붙이고 나섰다. 그가 제안한 운하는 갑문식 운하로 칸막이 형태로 제방을 쌓아 각기 수위를 달리하고 배들을 배치해서 릴레이식으로 물자를 운반하는 방식이다. 당시 여론은 비관적이었지만 태종은 강행을 결정한다.

다음해인 1413년 1월 22일, 병조참의 우박을 공사 책임자로 임명해 현지로 파견하는 것으로 운하 굴착 공사가 시작됐다. 1월 29일 5,000명을 동원해서 시작한 공사는 2월 10일에 끝난다. 입구와 출구에 해당되는 천수만과 가로림만에 배들의 정박지로 쓸 수 있는 큰 호수를 파고 축대를 쌓은 다음 운하를 뚫었다. 하지만 여전히 쓸모가 없을 것이라는 여론이 높았다. 실제로 운하가 완성된 지 한 달 만인 3월 12일, 충청도 관찰사 이안우가 바람이 세고 지형이 험한데다가 운하가 작아서 큰 배들이 이용하기가 불편하다고 보고한다. 큰 배가 운하를 통과하지 못하니까 번거롭게도 배에서 짐을 내려 작은 배에 옮겨 실어야 했던 것이다.

태종이 이 문제를 추궁하자, 우박은 운하를 만들긴 했지만 큰 배가 통과하는 것까지는 지시받지 못해서 신경 쓰지 않았다고 변명한다. 울컥한 태종은 그걸 대답이라고 하냐며 펄펄 뛰었지만 이제 비관론에 한참 무게가 실린다. 태종은 현장에 갔다 온 신하들이 하나같이 공사가 어렵다고 하자 더 이상 고집을 부리지 못한다. 이렇게 운하 얘기가 쏙 들어갔다가 다시 수면 밖으로 나온 것은 대형 해상 조난 사고 때문이었다.

1414년 8월 4일, 전라도에서 올라오던 조운선 66척이 태풍을 만나서 침몰하는 일이 벌어진 것이다. 200여 명이 익사했으며 쌀과 콩을 비롯한 곡식 5,800석이 물에 잠겼다는 소식을 들은 태종은 노발대발해서 책임자들을 처벌하는 한편 운하를 다시 뚫는 것에 대해서 신하들의 의견을 묻는다. 하지만 신하들은 단칼에 안 된다고 거절했고, 이것으로 운하를 향한 태종의 꿈은 꺾이고 만다. 태종 때 진행된 운하 관련 기록들을 보면 졸속으로 결정되고 부실하게 공사가 진행되었다는 점을 알 수 있다. 태종은 설득 대신 지시를 선택했다. 그 때문에 공사는 충분한 검토 없이 속전속결로 진행되었고 5,000명이나 되는 백성들이 헛되이 고생하고 말았다. 힘들게 만든 운하는 써먹지도 못하고 배들은 여전히 험난한 태안반도 앞바다를 통과하다가 침몰하는 일이 반복됐다.

일방적이고 즉흥적인 결정과 충분한 검토 없는 실행이 결국 돈과 인력의 낭비를 가져왔다. 태종은 운하가 제대로 만들어지지 않는 것에 크게 분개했지만 공사 책임자들 중 누구도 처벌하지 않았다. 태종 자신도 이 문제에 대해서 반성하지 않았다. 이 모든 일련의 과정과 결과가 600년 뒤에 벌어진 일과 비슷하다고 생각되는 건 역사라는 거울이 비춰주는 묘한 기시감일 것이다.

15

—

다시 살아나는
운하의 꿈

❝ 운하의 꿈은 1461년 불사신처럼 다시 살아났다. 조카 단종
을 몰아내고 왕위에 오른 세조가 좌의정 신숙주를 충청도 도체찰사
로 삼으면서 태안에 운하를 만드는 일에 대해 현지에 가서 직접 살
펴보고 보고하라는 명을 내렸던 것이다. 신숙주가 어떻게 보고했는
지는《실록》에 나와 있지 않다. 하지만 4년 뒤 영의정이 된 그에게
세조가 같은 지시를 다시 내린 걸로 봐서 부정적인 의견을 내놓은
것으로 보인다. 세조의 명을 받고 다시 현지로 내려간 신숙주는 땅
이 너무 물러 파는 족족 허물어진다면서 운하를 만들지 않는 것이
좋다고 보고했다. 이로써 세조가 꾼 운하의 꿈도 사라진다.

태조 때부터 이어져 내려온 조선의 숙원사업 운하는 잠시 잊히는

가 싶더니 중종 때 다시 등장한다. 중종 17년인 1522년, 삼도 제찰사 고형산이 이번에는 태종 때 운하를 만든 곳이 아니라 태안군 송현리 일대의 좁은 지형에 만들자고 제안했다. 여전히 안흥량 앞바다에서 조운선들이 침몰하고 있었기 때문에 조정의 명을 받아 곧 공사가 착수됐다. 그러나 송현리에 운하 착공을 제안한 고형산은 이미 70세가 넘은 고령인데다가 운하 또한 쓸모가 없을 것이라는 반대여론 때문에 중단되고 말았다.

중단되었다고는 하나 운하의 필요성에 대한 논의는 계속되었고, 1535년에는 대신들이 승려들을 모아다가 운하 공사를 시키고 도첩을 나눠주자는 제안을 했다. 하지만 유생들이 반대하고 나서면서 난관에 봉착한다. 대신들도 운하를 파자는 쪽과 불가하다는 쪽으로 나뉘졌고, 중종은 딱히 결단을 내리지 못했다. 운하를 둘러싼 갑론을박은 해를 넘겨서도 계속되다가 결국 이현을 안행량굴포경차관安行梁掘浦敬差官으로 임명하면서 진행되는 쪽으로 가닥을 잡는다.

1536년 9월 1일, 현지에 내려간 이현이 운하를 파기에 적합한 지형을 찾아서 보고하는데 태종 때처럼 태안반도 앞바다를 완전히 가로질러 가지는 못하지만 파도가 많이 치고 암초가 많은 지역을 피할 수 있는 장점이 있었다. 태종 때의 운하를 굴포운하라고 부르고, 이현이 만든 것은 의항운하라고 부른다. 이현은 운하를 만들면서 파낸 흙을 지게로 짊어져 버리는 대신 배에 실어서 바다에 버리는 방안을 제시했다. 원로대신들도 중국은 500리나 되는 운하도 뚫는데 우리가 고작 20리 밖에 안 되는 운하를 못 만든다는 건 말이 안 된다며 운하 공사에 힘을 실어줬다. 이렇게 해서 다음해 봄에 운하 공사가 시작되는 것으로 결정된다.

운하 공사에 승려들을 동원하지 말라는 유생들의 상소가 잇따랐지만 중종은 2월 7일 공사를 시작하라고 지시를 내렸다. 이후, 공사는 순조롭게 끝났고, 중종은 책임자인 이현에게 큰 상을 내린다. 하지만 이렇게 만들어놓은 의항운하도 결국 흙이 메워지면서 제대로 사용되지 못했다.

중종의 꿈은 현종이 이어받았다. 1668년 9월, 안질 치료차 온양의 온천으로 내려온 현종은 한양으로 돌아가기 전 호조판서 이경억을 태안으로 보내 운하 파는 일을 살펴보게 했다. 현장을 둘러보고 돌아온 이경억은 운하의 편리성을 역설했지만 다른 대신들은 앞선 임금과 신하들도 못한 일이라며 만류했다. 다음해 1월에도 민정중이 다시 운하 개통을 제기했지만 비관론이 대세를 이루면서 끝내 실행에 옮기지 못했다. 이것을 마지막으로 태안반도에 운하를 파겠다는 조선의 꿈은 영원히 사라진다. 1134년부터 시작된 운하 개통의 꿈이 1669년까지 530년간 이어져 오다가 사라진 것이다.

꿈을 현실로 만든 인물은 정작 태안의 아전 방경잠이었다. 그는 충청감사 김육에게 태안반도를 가로지르는 대신 남쪽의 안면읍 창기리와 남면의 신온리 사이의 좁은 육지를 파내서 연결시킬 것을 건의했다. 충청감사 김육이 그의 제안대로 좁은 구간을 파내면서 육지와 떨어진 남쪽은 안면도라는 섬이 되었다. 운하를 향한 조선 왕들의 기나긴 꿈이 마침내 이뤄지는 순간이었다.

16
—

온천을
찾습니다

    " 1960, 70년대 최고의 신혼여행지가 온천이었다면 요즘 젊은이들은 상상하기 어렵겠지만, 지금도 온천을 즐겨 찾는 사람들이 의외로 많다. 뜨겁고 향이 좋은 온천수에 온몸을 담그고 있자면 심신의 피로가 한순간에 풀릴 뿐더러 왠지 피부도 좋아지고 건강해질 것 같은 느낌이 든다. 아무래도 활동적인 레포츠에 익숙한 20, 30대 보다는 정적인 편안함을 즐기는 중장년층이 주로 온천을 찾지만, 요즘에는 가족을 타깃으로 한 마케팅과 편의시설 덕분에 관광객의 연령층이 대폭 확대되고 있는 추세다. 온양, 수안보, 백암 등 국내의 온천 관광지에 가보면 관광버스를 대절해 전국에서 찾아온 어르신들 뿐만 아니라 가족과 연인 단위도 크게 늘었음을 알 수 있다.

조선의 왕들도 자주 온천을 찾았다고 한다. 단지 즐기기 위해서가 아니라 눈병과 피부병 때문이었다. 오랜 시간 상소문을 읽고 글을 써야 했던 왕들은 곧잘 시력감퇴와 두통을 호소했다. 라식수술은 고사하고 안경도 없던 시절이니 남은 방법은 딱 하나, 온천물로 씻는 수밖에 없었다. 한여름에도 두꺼운 옷을 입고 지내야 했던 탓에 피부병을 달고 사는 경우도 많았는데 이때도 온천이 특효약이었다.

왕들은 한양이나 경기도에는 온천이 없기 때문에 결국 온천이 있는 곳으로 거둥擧動, 임금의 행차해야 했다. 왕들이 즐겨 찾은 곳은 지금도 유명한 충청도 온양이다. 왕들은 뜨거운 물에 몸을 푹 담근 채 일상에서 벗어난 여유를 만끽했지만 이로 인해 바깥세상은 전혀 다르게 돌아갔다. 왕의 거둥에는 최소한 1,000여 명의 수행원과 군사들이 따랐고, 신하들도 따라가야 했다. 예나 지금이나 높은 분이 자주 왔다 갔다 하면 아랫사람은 피곤해지는 법이다. 덕분에 새로운 온천을 찾으려고 하는 왕과 그곳을 숨기려고 하는 백성의 이른바 '밀당밀고 당기기'이 오랫동안 계속되었다.

먼저 손을 내민 쪽은 왕이었다. 온천 마니아인 세종은 자신의 병을 낫게 해준 온천의 소재지인 온수현을 온양군으로 승격시켰다. 또 온천 지역의 백성들에게 술과 음식을 대접하는 한편, 새 온천을 신고하면 당사자는 물론 그 후손까지 포상하겠다는 포고문을 내렸다. 구체적으로 살펴보면, 최고급 온천을 신고하면 벼슬이 없는 자는 7품의 벼슬을 주고, 향리는 역을 면제해주며, 역졸이나 노비의 경우도 역을 면제해주거나 따로 상을 줬다. 하지만 상을 준다는 조건 뒤에 신고자를 해코지하는 자를 변방으로 쫓아내고, 신고자가 고향사람들로부터 괴롭힘을 당할 경우 다른 고장으로 옮겨주되 땅과 재물을 넉넉히 내려준다는 조건도 달았다. 이 얘기를 뒤집어보면 왕의 바람과는 달리 백성 대부분은 새로운 온천을 신고할 생각이 없거나 신고한 사람을 미워했다는 것이 된다.

온천을 찾고자 하는 열망이 얼마나 컸던지 거짓으로 신고한 사람에게도 벌을 주지 않자 부작용이 생겨나기 시작했다. 1440년 8월 27일 자《세종실록》에는 부평현에 온천이 있다는 얘기를 듣고 관청부터 백성들의 집까지 모조리 파헤치는 것도 모자라 온천의 존재를 숨겼다는 의심을 받은 아전과 백성들이 매질을 당한 사연이 남아 있다. 더불어 포상을 바라고 거짓으로 온천이 있다고 신고하는 자들이 늘어났지만 결국 찾을 수 없었다는 기록이 남아 있다.

끌려가서 매질을 당하고도 끝내 온천의 존재를 숨겨서 동네사람들로부터 영웅 대접을 받기도 했다. 부평부에 온천이 있다는 말을 들은 세종이 여러 차례 사람을 보내 찾게 했지만 마을사람들의 비협조로 실패하자 부평현으로 강등시켜버리는 일도 있었다.

현종도 세종만큼이나 온천을 사랑했다. 안질과 종기를 심하게 앓던 현종은 온양 온천을 자주 이용했는데 20일 넘게 머문 적도 있다. 임금의 행차 비용이 증가하면서 신하들의 반대가 거셌다. 물론 현종도 온천 주변에 사는 백성들에게 곡식을 내려주는 등 나름대로 신경을 썼다. 하지만 백성들에게는 이마저도 민폐인 경우가 많았기 때문에 온천이 발견되어도 쉬쉬하는 경우가 많았다.

17
—

비를
내리는 방법

❝   음력 5월 초하루에 내리는 비를 태종우太宗雨라고 부른다. 나라에 가뭄이 드는 것을 걱정한 태종이 자기가 죽으면 옥황상제에게 가서 비를 내려달라고 애원할 것이라고 얘기한 데서 기원한 말인데, 태종이 죽은 직후 내린 비를 사람들이 태종우라고 불렀다고 한다. 그러나 실제로 태종은 11월에 사망했으니 태종우의 전설은 분명 거짓이다.

  그렇다고는 하나 왕이 죽기 직전까지 평생 가뭄을 걱정했던 것은 사실이다. 농업국가인 조선에서 봄가뭄은 1년 농사를 망치는 정도가 아니라 국가 재정의 파탄과 국민경제의 추락을 의미했다. 지금으로 치면 IMF사태와 비슷한 일이 벌어진다는 뜻이다. 비가 오랫동안 내리지 않으면 하늘만 바라보는 백성들을 대신하여 그들의 어버이인 왕이 하늘에 비가 내리기를 기원하는 다양한 제사를 지냈다.

1407년 6월 21일, 창덕궁의 광연루에서 열린 기우제에는 특이한 동물이 동원되었다. 태종이, 지방 수령 김겸이 소동파의 시에 딸린 주석에 나온 방법으로 기우제를 지냈더니 효과를 봤다는 보고를 하자, 궁에서도 똑같이 해보라고 시킨 것이다. 불려나온 김겸은 뜰에 큰 항아리를 가져다놓고 그 속에 물을 채운 다음 도마뱀을 집어넣었다. 그러고는 푸른 옷을 입은 어린아이 20명이 버들가지로 항아리를 치면서 안에 있는 도마뱀을 협박했다.

"도마뱀아! 도마뱀아! 비를 내려주면 너를 놓아주겠다."

석척기우제蜥蜴祈雨祭, 석척은 도마뱀을 말한다로 불리는 이 방식은 비를 관장하는 용과 닮은 도마뱀에게 기원하면 비를 내려줄지 모른다고 생각했기 때문에 생겨난 것이었다. 그렇게 이틀 동안 도마뱀을 협박했지만 효과가 없자 실망한 태종은 아이들에게 쌀 한 석씩을 내려주고 제사를 끝냈다. 도마뱀의 운명은 알려지지 않았다.

테스트는 실패로 돌아갔지만 비가 오지 않으면 어떤 방식으로든 기우제를 지내야 했다. 1411년 6월에는 도마뱀을 잡아다가 협박하는 석척기우제를 지냈고, 1413년 7월에도 수십 명의 어린아이들을 동원해서 같은 방법으로 사흘 동안 기우제를 지냈다. 3일째 되는 날 약간의 비가 내리자 태종은 기우제에 참석한 아이들에게 상을 내렸다. 다음해와 그 다음해에도 석척기우제를 지냈지만 역시 비는 내리지 않았다.

세종 역시 도마뱀을 협박하는 방식을 이어받았는데 태종보다는 성공률이 높았다. 세종의 뒤를 이은 왕들도 비가 내리지 않으면 석척기우제를 지냈다. 용을 닮은 도마뱀이 효과가 없으면 무당들을 모아 흙으로 만든 용 앞에서 비를 내리게 해달라고 비는 토룡기우제土龍祈雨祭를 지내기도 했다. 용을 닮은 도마뱀에게 빌어도 효과가 없고, 흙으로 용 모양을 만들어서 빌어도 소용이 없을 경우 좀 더 거친 방식을 쓰기도 했다. 즉 호랑이 머리를 한강에 집어넣었는데, 용이 상극인 호랑이와 싸우다 땀이라도 흘려주길 바란 것이다.

이런저런 방식을 동원해도 별 효과가 없자 외국의 기우제를 도입해보기도 했다. 1415년 6월, 귀화한 왜인 평도전이 태종에게 일본의 승려들을 데려다가 일본 방식으로 한강에서 기우제를 지내면 효과가 있을 것이라고 호언장담했다. 태종이 승낙하자 평도전과 일본 승려들은 한강에 사리舍利, 본래는 석가모니의 유골이지만 후대에 와서는 고승들의 유골도 사리라고 일컬었다를 가라앉히고, 작은 북을 치면서 비가 내리기를 기원했다. 하지만 이 방법도 소용이 없자 태종은 왜놈 말을 믿은 내가 바보라며 자책했다. 가뭄이 심해지면 시장의 위치를 옮겨보기도 했는데, 그때마다 물건들을 옮기느라 가뜩이나 더운 날씨에 상인들이 진땀을 흘렸을 것이다.

그런가 하면 가뭄의 이유를 애꿎은 '솔로'들 탓으로 화살을 돌리기도 했다. 1478년 6월 13일, 성종은 장마가 몇 달 동안 계속된다며 이것은 필시 원광怨曠, 처녀와 총각들이 시집장가를 제때 못 간 것을 뜻한다의 한이 하늘에 닿은 것이 틀림없으니 노처녀와 노총각들을 서둘러 혼인

시키라는 지시를 내리기도 한다. 이렇듯 비가 내리지 않는 것은 국가적인 대재앙이었고, 임금은 이 문제를 어떻게든 해결해야 했다. 그래서 태종우의 전설이 생겨났고, 이런저런 형태의 기우제를 지내기도 했다. 지금 보면 우스꽝스럽지만 적어도 임금이 백성들의 고통을 자신의 일처럼 생각했다는 것은 본받아야 할 점이라고 믿는다.

18
—

조선의 119
멸화군

> 몇 해 전 숭례문 화재사건이 텔레비전으로 생중계되면서 온 국민을 충격으로 몰아넣은 적이 있다. 대형 화재는 막대한 재산 피해와 더불어 정신적인 충격을 안겨준다. 오늘날에는 그나마 119라는 소방 체제가 잘 갖추어져 있어서 전화 한 통이면 소방차가 달려온다. 그렇다면 조선시대에는 어땠을까?

조선시대의 주택인 초가집과 기와집은 주재료가 나무와 짚같이 불에 잘 타는 것들인 탓에 화재에 취약했다. 거기다 한양 같은 경우 집들이 빽빽하게 들어차 있고, 집집마다 아궁이에 불을 땠으니 피해가 커질 위험성이 높았다.

세종 8년인 1426년 2월 15일 점심 무렵, 한양 남쪽 인수부의 종 장룡의 집 부엌에서 불이 번지기 시작했다. 바람을 제대로 탔는지 불은 삽시간에 번져나갔다. 세종은 마침 사냥을 떠나 한양에 없었기 때문에 화재 진압의 총책임을 중전이 맡았다. 불길이 거세다는 보고를 받은 중전은 다른 건 다 포기하더라도 궁궐과 종묘만은 지키라고 지시했다. 중전의 명령 덕분인지 궁궐과 종묘는 별 피해를 입지 않았지만 한양이 입은 피해는 참혹했다. 민가 2,170호과 종로의 상점 106칸이 잿더미로 변했고, 남자 아홉 명과 여자 스물세 명이 불타 숨겼는데, 지금처럼 신원을 DNA검사로 정확히 확인할 수 없었으니 실제로 사망자가 얼마나 됐는지는 아무도 알 수 없었다. 1428년 한성부가 세종에게 한양의 주택이 1만 6,921호, 인구가 10만 3,328명이라고 보고한 점을 감안하면 전체의 10퍼센트가 넘는 집이 잿더미로 변해버린 셈이다. 당시의 한양은 지금처럼 확장된 서울이 아니라 사대문 안이었고, 호구조사에서 누락된 사람들도 적지 않게 살았다는 점을 감안하면 인구 밀집도가 제법 높았다.

　보고를 받은 세종은 서둘러 환궁했다. 하지만 이것이 끝이 아니었다. 화재 수습이 한창이던 다음 날 오후 다시 불길이 일어났다. 죄인들을 가둔 전옥서典獄署 근처 정연의 집에서 시작된 불이 주변 상점과 민가에까지 옮겨 붙었다. 전날의 경험 때문인지 아니면 더 이상 불타버릴 집이 없었는지 불은 200호의 집을 태우는 것으로 끝났다. 화재로 인한 피해도 문제였지만 그 와중에 도둑질이 기승을 부려 잃어버린 재산이 상당한 것으로 보인다. 한양으로 돌아온 세종은 신속하게 피해를 복구하라고 지시하는 한편, 사망자의 장례 치르는 것을 도와주라고 명령한다.

세종은 재발을 방지하기 위해 대책을 논의했다. 일단 도로를 넓혀 신속하게 화재를 진압할 수 있게 하고, 복잡한 시장의 상점들은 방화용 담장을 쌓도록 지시했다. 관청과 궁궐 안에 우물을 파서 불이 나면 바로 끌 수 있는 조치를 취하기도 했다. 또한 현상금을 걸고 군대를 풀어서 불을 지르는 자를 체포하라고 지시했는데 이틀간의 대화재 이후 흉흉해진 민심을 다독거리려는 시도로 보인다.

이것만으로는 부족하다고 느꼈는지 2월 26일 금화도감禁火都監을 설치했다. 글자 그대로 화재 진압을 전담하는 부서를 만든 것이다. 아울러 화재 용의자로 체포된 자들을 냉정하게 조사해보라고 지시했다. 당시 감옥에는 불을 지른 혐의로 북쪽지방 출신의 용의자들이 갇혀 있었는데 분위기에 휩쓸리지 말라고 덧붙인 것이다. 지금도 무슨 일이 터지면 엉뚱한 곳으로 비난의 화살을 돌리거나 한 명에게 모두 덮어씌우고 일을 마무리 짓는 경우가 많다. 하지만 세종은 불을 지른 범인들이나 화재 진압을 소홀히 한 관리들에게 책임을 묻는 대신 다시는 그런 일이 벌어지지 않도록 제도적인 장치를 마련했다.

금화도감 아래 불을 끄는 별도의 조직도 운용했는데 그 이름도 무시무시한 멸화군滅火軍이다. 50명으로 구성된 멸화군은 평소에는 종루에 올라가거나 거리를 순찰하면서 한양의 화재를 감시했다. 그러다가 불이 나면 신속하게 현장에 가서 불을 끄는 일을 맡았다. 바람이 심하게 불거나 왕이 사냥이나 휴양 등을 이유로 한양을 비우면 한성부와 함께 합동 경계근무에 나서기도 했다. 지금으로 치면 119

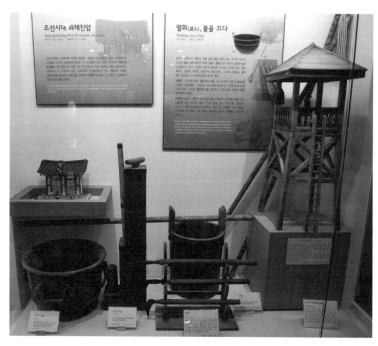

조선시대의 소방 장비
지금과는 비교할 수 없지만 조선시대의 소방관인 멸화군은 나름의 장비를 갖추고 화재를 진압했다. 보라매공원 안에 있는 소방역사박물관에는 멸화군의 활동을 알 수 있는 모형과 장비들을 전시해놓았다.

화재예방 시스템을 갖춘 것이다.

금화도감을 설치하고 멸화군을 두었다고 한양의 화재가 줄어들지는 않았지만 적어도 그 일에 대한 전문가와 담당관청이 있다는 사실은 누구에게나 든든하게 보였을 것이다. 다만 아쉬운 것은 세종이라는 든든한 후원자가 사라진 이후 금화도감이 찬밥대접을 받았다는 것이다. 성종 때 금화도감을 다시 세우는 문제가 논의된 사실로 봐서는 금방 없어진 것으로 보인다. 이후 조선에 다시 소방대가 등장한 것은 갑오경장 이후다.

궁궐도 화재에 안전하지 않았다. 오히려 불을 많이 쓰고 건물들도 많아서 더 위험했다. 1426년의 한양 대화재 이후에도 크고 작은 화재에 시달리던 세종은 1431년 1월 2일 승정원에 특이한 명령을 내린다. 경복궁의 근정전에 화재가 나면 사람이 높은 지붕까지 올라가서 끄기가 어려우니 쇠사슬을 처마에 달아놓아 그걸 잡고 올라갈 수 있도록 조치한 것이다. 더불어 올라가서 불을 끄던 사람이 미끄러질 경우를 대비하여 지붕에도 쇠사슬을 가로질러서 설치했다. 경복궁의 정전인 근정전은 임금의 즉위식이나 중요한 행사가 열리던 곳이다. 이 근정전의 처마에 주렁주렁 매달린 쇠사슬들은 불에 대한 공포감과 그것을 극복하겠다는 의지의 산물이 아니었을까?

19

땅을 사랑한
임금

66 "자연의 일부인 땅을 사랑할 뿐, 부동산 투기와는 상관없다."

몇 년 전 국회 인사청문회에서 장관 후보자가 부동산 매입과정상의 문제점을 의원들로부터 추궁 당하자 내놓은 대답이다. 이 말을 듣고 많은 사람들이 어처구니가 없어 실소를 참을 수 없었을 것이다. 그런데 조선시대에도 땅을 사랑한 왕이 있었다. 너무나도 사랑해서 땅을 찾아내라고 신하들을 들들 볶아대고 바보같이 거짓말에 속고 또 속았다.

1433년 4월 29일, 세종은 조서강이라는 관리에게 명을 내려 함길도에서 새 땅을 찾아보게 했다. 길주에 사는 여진어 통역관 김우을대와 장교 을봉이 백두산 서남쪽의 넓고 기름진 평야 세 곳에 사람들이 각각 30~40호씩 나눠서 살고 있다고 얘기한 것에 귀가 솔깃한 것이다. 경성에 사는 김부와 이승길이라는 백성도 산골짜기에 약 40호가 모여 사는 마을을 봤는데 곡식들을 쌓아놓고 편안하게 살고 있다고 증언했다. 세종은 이들이 말한 대로 새로운 땅이 진짜 있을 것이라고 믿었다. 그러나 조서강은 김우을대와 을봉이 얘기한 땅과 백성들을 찾아내지 못했다. 결국 실패로 돌아가지만 세종은 여기서 포기하지 않는다.

1438년 1월 8일, 세종은 함길도 관찰사와 도절제사에게 갑산에서 단천 사이, 정확하게 말하자면 북청 북쪽 어딘가에 길이 없고 구름이 잘 끼는 깊은 산골짜기에 있는 상청尙淸과 양청亮淸이라는 땅을 찾으라는 지시를 내린다. 사람들이 모여 사는데 은띠를 맨 사람이 우두머리라는 구체적인 증거까지 내놓는다. 하지만 현지 관리들은 아무리 찾아도 그런 땅은 없다고 보고한다.

1441년에는 함길도에 사는 김희달이라는 백성이 새 땅이 어디 있는지 안다는 얘기를 듣고는 군대를 보내 17일 동안이나 찾아봤지만 역시 실패로 돌아갔다. 수상쩍게 여긴 관리가 추궁하자 김희달은 거짓말이었다고 털어놓는다. 하지만 땅을 사랑한 세종은 거듭된 실패에도 새 땅에 대한 기대를 꺾지 않았다. 오히려 예전에 무릉도가 없다고 했을 때도 자기 혼자 있다고 해서 결국 찾아냈다며 성심성의껏 찾으면 반드시 알아낼 수 있을 것이라고 단언한다.

새 땅을 찾으라는 세종의 지시에 함길도 관찰사는 그동안 많은 사람들이 땅이 있다고 얘기했지만 모두 거짓이었고, 깊은 산골짜기를 안 가본 곳이 없는 사냥꾼들 중 새 땅을 봤다는 사람이 아무도 없으니 이제 그만 포기하시라고 간청한다.

하지만 세종이 계속 고집을 부리자 새 땅을 봤다는 백성들의 목격담이 줄을 잇는다. 북청에 사는 최득이라는 백성이 같은 마을 사람 일곱 명과 함께 목격한 것은 상당히 구체적이었다. 갑산 서남쪽 산골짜기로 엿새 동안 올라가니 계곡 아래 큰 절이 보여서 새끼줄에 의지해 내려가자 아홉 명의 중들이 살고 있더라는 것이었다. 그 중들이 자신들을 데리고 어느 마을에 갔는데 70여 호가 모여 살고 있고, 근처에 비슷한 규모의 마을이 두 개 더 있다는 얘기를 들었다고 말한다. 구체적인 증언을 들은 세종은 신이 나서 새 땅을 찾으라고 지시한다. 성공했을까? 물론 이번에도 실패했지만 새 땅에 대한 세종의 집념은 꺾이지 않았다.

1443년 1월 10일, 새 땅에 가봤다는 새로운 증인이 등장했다. 벽동에 사는 박정이 매를 잡으러 산 속을 헤매다가 40여 호가 모여 사는 외딴 마을에 도달했다고 얘기한 것이다. 박정은 그 마을의 지도자 격인 김인우의 환대를 받았으며, 집집마다 곡식이 산더미처럼 쌓여 있어서 풍족하게 살고 있다고 말했다. 제법 신빙성 있는 증언이라 이번에는 대신들도 흥분했다. 하지만 몇 달 후 평안도 도절제사 이징옥은 만호 신귀를 보내서 박정이 얘기한 새 땅을 찾아보게 했지만 갑산군의 능귀리라는 이미 알고 있는 고을이었고, 박정도 어디론가 도망쳐버렸다고 보고한다.

몇 년 후 붙잡힌 박정은 이번에는 진짜로 새 땅을 찾았다고 말한다. 전형적인 사기꾼의 얘기였지만 세종은 이번에도 넘어가서 예조 좌랑 이선로를 보내 새 땅을 찾게 했다.

새 땅에 대한 세종의 무한한 애정이 계속되자 한성부사 정갑손이 참다못해 두만강과 압록강 북쪽은 모두 험한 곳이어서 새 땅이 있을 수 없는데 괜히 군사들을 동원해서 식량만 축낸다는 상소문을 올렸다. 한마디로 꿈 깨라는 얘기였다. 마침 박정의 말을 믿고 보낸 이선로가 새 땅이 없다는 보고를 올리자 세종도 드디어 땅에 대한 오랜 애정을 접는다.

그렇다면 왜 세종은 새 땅을 찾는 일에 그토록 집착했을까? 한 명의 백성이라도 더 늘려 국가 재정을 튼튼히 하겠다는 욕심과 새 땅이 혹시 농사에 적합하지 않을까 하는 희망 때문이지 않았을까 추측해 본다.

20

울릉도
숨바꼭질

　　동해 끝에 위치한 울릉도는 조선 초기에 무릉도원을 연상케 하는 무릉도라고 불렸다. 당시에 무릉도에는 100명이 채 안 되는 사람들이 살고 있었는데, 이 섬을 둘러싸고 한동안 왕과 백성들이 숨바꼭질을 했다고 한다. 대체 무슨 일이 있었기에 숨바꼭질까지 했을까?

　　왜구에게 시달린 고려는 섬과 해안지방의 백성들을 내륙으로 이주시켰는데, 조선도 이 정책을 이어받았다. 명목상은 왜구의 피해를 막는 것이지만 사실 백성들이 조정의 행정력이 미치지 않는 곳에 숨어서 사는 것을 두려워했기 때문이다.

　　무릉도에 관리들을 파견하고 백성들을 거주시켜야 한다는 주장이 제기되기도 했지만 태종과 신하들 대부분은 무릉도에 사는 백성들이 군역과 세금을 피하려는 목적이 있다고 의심했다. 더불어 왜구가 무릉도의 백성들을 약탈하고 그곳을 근거리 삼아 강원도 등지를 습격할 것을 걱정했다.

태종은 1416년, 만호 벼슬을 했던 김인우를 무릉도로 보내 백성들을 모두 불러들이고 섬을 비웠다. 세종도 태종의 정책을 그대로 이어받았다. 무릉도에 들어가 살거나 계획을 꾸미는 것만으로도 처벌을 받았는데, 즉위 첫 해인 1419년에 무릉도로 도망쳐 숨어 살려는 모의를 한 노비들이 곤장을 맞았고, 섬에 살던 남녀 17명이 끌려나왔다.

하지만 이런 금지령에도 불구하고 무릉도에 가서 살려는 백성들의 시도는 계속 이어졌다. 1425년 5월, 무릉도 백성들 중 일부가 배를 타고 강원도로 나왔다가 발각되는 일이 벌어졌다. 1416년 태종이 육지로 불러들인 무릉도 주민 중 일부인 김을지 등이 1423년에 가족들과 함께 배를 타고 몰래 무릉도로 들어간 것이다. 세종은 김인우를 다시 보내 섬에 남아 있던 백성 20명을 붙잡아왔다. 그리고 이들을 충청도의 깊은 산골로 보내 다시는 도망치지 못하게 했다.

임금도 임금이지만 백성들의 고집도 대단했던 모양인지 탈주는 계속되었다. 1438년, 다시 섬을 수색해서 백성들을 잡아왔는데 그 수가 무려 66명에 달했다. 주모자는 처형당했고, 나머지는 모두 북방으로 보내졌다. 성종 때에 다시 섬을 수색했지만 집터만 발견했을 뿐 사람의 흔적은 찾아내지 못했다.

지금도 울릉도로 가는 뱃길은 고생스러운 편이니 조선시대에는 두말할 나위가 없었다. 뱃길로 하루 반나절이 소모되었고, 풍랑이 심해서 섬을 수색하러 갔던 배 한 척이 일본으로 표류하여 36명이 물에 빠져 죽고 열 명만 겨우 살아 돌아온 적도 있었다. 이렇게 비워진 무릉도는 왜인들의 차지가 되었다. 왜의 어부들은 막부의 허가를 받아 울릉도에 와서 물고기를 잡고 나무를 베었다.

이런 상황은 한동안 계속되다가 숙종 19년인 1693년, 어부인 안용복이 동료와 함께 울릉도는 일본의 영토가 아니라는 문서를 받아가지고 돌아왔다. 그러나 안용복과 동료는 함부로 국경을 넘었다는 이유로 처벌받았다. 안용복의 일을 계기로 조선과 일본은 울릉도의 영유권을 둘러싼 기나긴 협상을 계속하다가 1696년 일본의 막부가 조선의 요구를 받아들이면서 협상을 끝냈다. 사실 실효적인 지배부터 역사적인 맥락까지 울릉도와 독도가 조선의 영토라는 사실은 명백했다. 하지만 우리가 그 땅을 소홀히 하는 틈을 타서 일본이 은근슬쩍 욕심을 부렸고, 독도의 영유권을 둘러싼 억지 주장이 오늘날까지 이어져오고 있다.

왕과 신하들은 바다 한복판의 섬에 백성들이 숨어드는 것을 이해하지 못했을 것이다. 하지만 백성들은 세금과 부역이 없고, 사사건건 간섭하려고 드는 관리도 없는 그곳을 글자 그대로 무릉도원으로 여겼다. 오늘날에도 이런저런 명목의 세금을 내는 일은 고역 중의 고역이다. 그나마 요즘은 연금이나 건강보험 같은 보장이라도 받지만 조선시대의 백성들에게는 그런 혜택이 없었다. 보답 받지 못하는 헌신은 늘 고통스러운 법이다. 하지만 조선의 지배층은 백성의 이런 고통을 외면했고, 그 결과 백성들은 세금 없는 세상으로의 탈출을 꿈꾼 것이다.

21
—

환상의 섬,
요도와 삼봉도

 무릉도와 더불어 조선의 왕들이 애타게 찾는 섬이 몇 개 더 있다.

1429년, 새 땅에 관심이 많던 세종이 함길도 관찰사에게 요도^{蓼島}라는 섬을 찾으라고 명을 내렸다. 육지의 높은 산에 올라가면 섬이 보인다는 증언이 잇따르고 그곳에 가봤다는 사람도 나왔기 때문이다. 그러나 결국 찾는 데 실패했다. 이 일을 《실록》에 적은 사관은 요도가 다른 사람은 못 보고 몇 사람의 눈에만 보일 리가 없다며 임금이 허망한 소리에 현혹되었다고 신랄하게 비판했다. 윗사람의 눈치를 보며 시키는 일이면 불법과 범법도 서슴지 않는 요즘 세태와는 사뭇 다르다. 더구나 왕은 곧 하늘이던 조선시대에 말이다.

세종이 요도를 찾다가 실패한 일은 가벼운 해프닝으로 끝났지만 성종이 삼봉도三峯島를 찾기 위해 쏟아부은 노력과 시간은 적지 않았다. 본래《세종실록》에 나온 삼봉도는 전라도 관할하에 왜인들이 왕래하는 곳 근처의 섬을 지칭했다. 하지만 성종 무렵에는 무릉도처럼 강원도와 평안도의 동쪽 바닷가에 있는 것으로 인식되었다. 1470년 12월 11일, 성종이 평안도 관찰사에게 삼봉도에 세금과 부역을 피한 백성들이 숨어 살고 있는 게 분명하니 자세히 보고하라는 것이 시작이었다.

박종원을 지휘관으로 하는 수색대가 파견된 것은 1472년이었다. 5월 28일, 배 네 척에 나눠 탄 수색대가 울진포를 출발했다. 하지만 무릉도 근처에서 풍랑을 만나 배들이 뿔뿔이 흩어져버렸고, 박종원이 탄 배는 7일 동안 바다 위를 헤매다 돌아왔다. 나머지 배들은 무릉도에 상륙했다가 빈손으로 돌아왔다. 하지만 성종은 삼봉도가 분명히 있을 것이라고 믿었다. 세종 못지않게 땅을 사랑했던 모양이다. 삼봉도와 그곳에 사는 사람들을 봤다는 증언이 나오면서 수색은 계속되었다.

그사이, 삼봉도를 찾아도 별 이득이 없으니 내버려두자는 주장이 제기되었지만 성종은 부역과 세금을 피해 도망간 백성들이 그곳에 숨어서 세력을 이룰 수 있다며 고집을 꺾지 않았다. 섬에 사는 백성들이 도망자들이라는 인식이 깊어지면서 삼봉도는 수색의 대상이 아니라 토벌의 목표가 되었다.

성종은 삼봉도라는 섬에 사는 백성들이 1,000여 명이나 된다는 소문을 굳게 믿고 1479년 10월 초 대규모 수색대를 파견했다. 하지만 한 달 후에 돌아온 수색대는 섬을 찾지 못했다는 보고를 올렸다. 이후에도 성종은 포기하지 않고 삼봉도를 찾아내려고 했지만 결국 뜻을 이루지 못했다. 이렇게 해서 삼봉도는 환상의 섬으로 남았다. 시간이 흘러 영조 4년인 1728년, 이인좌의 난에 가담한 혐의를 받은 전직 관리 황부가 배를 타고 삼봉도로 도망치려고 했던 것을 끝으로 역사 속으로 사라졌다. 이인좌의 난은 영조의 즉위를 반대하던 소론 이인조와 정희량 등이 일으킨 반란으로 무인난이라고도 불린다.

조선의 왕들이 알려지지 않은 섬과 그곳에 사는 백성들을 찾으려고 했던 이유는 무엇일까? 1472년 3월 6일, 성종이 창덕궁 인정전에 나아가 선비들에게 책문策問을 시행했다. 책문은 관리를 등용할 때 시사문제를 내서 답변을 듣는 것으로, 요즘의 논술시험으로 볼 수 있다. 성종은 국토를 넓히고 백성들을 많이 모으는 일은 나라에서 할 일이라며, 삼봉도에 숨어 살고 있는 백성들을 어찌 처리할지를 시험문제로 냈다. 하지만 왕들은 도망친 백성들을 잡아들이는 일만 신경 썼을 뿐 이들이 왜 험난한 바다를 건너서 섬에 들어가서 살려고 했는지 관심을 기울이지 않았다. 가혹한 정치는 호랑이보다 더 무섭다는 얘기가 있다. 조선의 백성들에게 세금은 폭풍우가 치는 바다를 건너서 외딴 섬으로 떠나게 만들 정도로 공포스러운 존재였다.

조선시대에 이런 일이!

수십 명의 도적들이 대성산을 근거지 삼아 평양 일대를 노략질하자 왕이 친히 평안도 관찰사에게 명령을 내려 하루 빨리 이들을 토벌하라고 지시했다. 명을 받은 평안도 관찰사가 대성산의 도적 40명을 체포해서 각 고을에 나누어 가 뒀는데 그 중 평양에 갇혀 있던 도적 20명이 탈옥하는 일이 벌어졌다.

《실록》에는 잇따른 흉년으로 굶주린 백성들이 도적이 되었는데 갑옷을 입고 무기로 무장했으며, 고을의 관노와 아전들과 결탁해서 토벌이 어렵다고 기록되어 있다. 또한 도적의 무리 중에 열세 살에 불과한 아이도 있어서 사형에 처할지를 놓고 왕과 대신들이 입씨름을 벌이기도 했다. 수십 명의 도적들이 들고 일어났으니 당연히 조선 후기쯤으로 여기겠지만 이때 벌어진 일들은 모두 세종 때였다.

조선시대에 소, 말, 그리고 돼지와 닭만 길렀다는 편견은 버리자. 앞서 얘기했던 것처럼 물소도 수입해서 길렀고, 양도 번식시키려고 시도했다.

세종 20년인 1438년 4월 18일, 예조에서 지방과 제주도에 암양 네 마리와 숫양 두 마리를 내려보내 백성들에게 나눠줄 것을 건의했다. 3년 후에 나눠준 양들을 회수하되, 새끼들은 계속 기르게 해서 자연스럽게 번식시키자는 방안이다. 세종은 승낙했지만 후속기사가 없는 것으로 봐서 크게 성공하지는 못한 것 같다.

그렇다면 치즈를 안 먹던 조선시대에 왜 양이 필요했을까? 매년 12월 한강의 얼음을 떠서 빙고에 넣을 때 추위를 관장하는 신인 사한신에게 제사를 지내는 사한제司寒祭를 비롯해서 각종 제사 때 양을 제물로 바쳤기 때문이다.

성종 17년인 1486년 10월 7일, 대사헌 이경동 등이 상소를 올렸다. 성종이 흑마포 60필을 주고 명나라에서 낙타를 사들인다는 소식을 듣고 반대하기 위해서였다. 이경동은 상소문에서 쓸데없는 낙타를 비싼 값을 주고 살 이유가 없다며 펄펄 뛰었고, 성종은 그냥 호기심에 사려고 했다며 한발 빼는 모습을 보여줬다. 이렇게 낙타가 조선 땅을 밟을 기회는 안타깝게도 사라지고 말았다.

탑골공원은 고려시대 흥복사라는 절이 있던 곳이었다. 조선이 건국되고 도성 한복판에 자리 잡은 사찰은 유교적 소양으로 무장한 대신들의 집중포화를 받았다. 결국 흥복사는 악학도감이라는 관청으로 바뀌고 말았다. 하지만 세조 10년인 1464년 5월 2일, 양녕대군이 회암사에서 신기한 현상을 봤다는 것을 이유로 흥복사 자리에 다시 사찰을 세울 것을 지시했다. 세종 때 궁궐 안에 세 칸짜리 내불당을 짓는 것도 결사반대했던 대신들은 투덜대기는 했지만 대놓고 반대하지는 않았다. 끝까지 얘기를 듣고 설득하던 세종과 귀에 거슬리는 말만 들으면 화를 내고 처벌하는 세조의 통치 스타일이 달랐기 때문이리라.

어쨌든 세조의 지시가 떨어지자 공사는 일사불란하게 벌어졌고, 그곳에 있던 200채의 민가가 모두 헐렸다. 하지만 이렇게 만들어진 원각사는 연산군 때 기생들의 거처가 되었다가 결국 공원으로 변경되었다.

근래에 언론 매체를 통해 술에 취했다는 이유로 죄를 감형받는 사례가 여러 차례 보도되면서 큰 반발을 사고 있다.

술을 마시고 실수를 하면 봐주는 유구한 전통은 조선시대에도 찾아볼 수 있다. 술에 관한 사건사고가 가장 많았던 것은 역시 세조 때였다. 세조가 왕위에 오르는 데 큰 공을 세웠던 양정은 술김에 양위하겠다는 세조의 말을 순진하게 믿고 소동을 벌였다가 참수당했다. 반면 중추원 부사였던 어효첨은 세조 앞에서 술을 계속 마셔도 실수를 하지 않았다는 이유로 이조판서를 제수했다. 술을 잘 마시면 승진하던 조선의 빛나는 전통이 지금까지 이어졌는지 사고를 치고도 술에 취해서 기억이 안 난다고 하거나 실수했다는 변명이 먹혀들곤

한다. 왜 사람들은 안 좋은 전통만 기를 쓰고 이어받으려고

하는 것일까?

4부

차라리 어우동처럼 죽더라도 이렇게는 못살겠다

남녀칠세부동석이 전부가 아니다

조선시대에 여성의 존재는 남편의 그림자였으며, 자식을 양육하는 역할에 그쳤다. 남자들은 여자들이 모여서 얘기를 나누는 것을 싫어했고, 담장 밖의 세상에 호기심을 비추는 것도 불편해했다. 남자들이 정해놓은 규칙을 잘 지키면 좋은 여성으로 평가받았고, 따르지 않으면 나쁜 여성으로 낙인이 찍혔다. 나쁜 여성은 범죄자로 취급당했고, 그 자손들까지 손가락질을 받았다.

여자들의 목소리는 조선의 역사 어디에도 온전히 담겨져 있지 않다. 여기저기 흩어진 파편들을 모아놓은 목소리들 역시 제대로 들리지 않는다. 이제 조선의 여성들이 들려주는 얘기에 귀를 기울여보자.

1

조선 최초의
팜므파탈

66 어우동이나 유감동 얘기가 아니다. 장녹수나 장희빈도 아
니다. 이름조차 없는 '김씨'다. 그녀가《실록》에 등장한 것은 두 번째
남편 이지의 죽음 때문이다. 이성계의 먼 친척인 이지는 조선의 창
업에 적지 않은 공을 세운 인물로 영의정까지 지냈다. 그는 1427년
1월 3일 향림사에서 부모의 제사를 지내던 중 79세의 나이로 세상을
떠났다.

그런데 그의 죽음을 기록한《실록》의 〈졸기〉에는 민망한 얘기가
덧붙여 있다. 사실은 노환으로 죽은 게 아니라 후처(後妻. 첩이 아니라 두
번째 결혼한 부인을 뜻한다. 조선 초기에는 이혼과 재혼이 비교적 자유로웠다)인 김씨
가 절에 따라갔다가 승려와 간통을 하던 중 현장을 들키자 이지의

고환을 잡아당겨서 죽였다는 내용이다. 관직에 있던 전처의 자식이 이 소문을 듣고도 아버지를 욕되게 할까봐 입을 다물었다는 얘기까지 기록된 것으로 봐서는 사실 여부를 떠나 제법 소문이 돌았던 모양이다. 그해 8월 8일, 대사헌大司憲, 사헌부의 장관으로 도헌이라고도 불렀다 이 맹균이 그녀의 음란한 행실을 세종에게 고하고 처벌할 것을 청했다.

김주의 딸인 그녀는 이지와 결혼하기 전에 이미 조화와 한번 결혼한 상태였다. 조화가 바람을 피우자 그녀 역시 지지 않고 맞바람을 피웠는데 대담하게도 조화가 외박한 틈을 타서 상대방을 집으로 끌어들인 모양이다. 그녀의 집에 온 사내는 도포를 옷걸이인 횃대에 걸어놨는데 일을 마치고 실수로 조화의 도포를 입고 돌아갔다. 집으로 돌아온 조화는 도포가 바뀐 것을 알고 추궁하자 김씨는 태연하게 간통한 사내가 바꿔 입고 간 모양이라고 대답했다. 화가 난 조화가 펄펄 뛰었지만 김씨도 지지 않고 당신도 바람을 피우지 않았냐며 대들었다.

이후에는 아예 집안의 종과 관계를 맺으면서 자유롭게 지내다 조화가 죽자 1415년 이지와 재혼했다. 재혼을 하는 날 곱게 차려입은 그녀는 이지의 집으로 갔는데 이지의 자식과 며느리가 문을 닫고 들어오지 못하게 했다. 그러자 그녀가 한마디 했다.

"내가 이 집에 온 게 처음이 아닌데 왜 이래?"

그녀의 재혼을 뜯어말린 건 이지의 가족뿐만이 아니었다. 그녀와 조화 사이에 난 아들도 이 소식을 듣고 그녀의 목덜미를 잡고 땅에 쓰러져 흐느껴 울면서 말렸다. 하지만 이런 눈물공세도 소용없었다.

이지와 함께 밤을 보낸 그녀는 사람들에게 태연하게 말했다.

"나는 이 분이 늙은 줄 알았는데 그게 아니었네."

이때 그녀의 나이는 환갑이 코앞인 57세였고, 이지는 60대 후반이었다. 지금 벌어진 상황이라고 해도 주변사람들이 눈살을 찌푸리고 자식과 며느리는 얼굴을 들고 다니지 못할 법한 상황이다. 그녀의 음란함을 벌하기 위해 남자들은 일치단결했다. 이맹균을 비롯한 관리들은 김씨가 안락군부인安樂郡夫人의 칭호를 멋대로 사용하고 있으며, 음란한 행실이 밝혀졌으니 그녀를 강력하게 처벌함과 동시에 그녀의 자식들도 관직에서 내쫓을 것을 주장했다. 세종은 그녀를 한양밖으로 내쫓는 것에는 동의했지만 자식들이 무슨 죄냐며 그런 이유로 파직시킬 수 없다고 대답했다. 결국 세종은 그녀를 경기도에 있는 그녀 소유의 농장에 연금시키는 것으로 소동을 마무리했다. 그리고 다음해인 1428년 윤4월 1일 그녀를 석방시켰다. 이것으로 그녀에 대한 기록은 더 이상 찾아볼 수 없다.

조선의 팜므파탈 김씨는 70세 노인이 되어 연금에서 풀려났으니 이후 얼마 살지 못했을 것이다. 엄격한 유교사회에서 남자들은 그녀의 음란함과 뻔뻔함을 한목소리로 비난했다. 자식들 또한 낯을 들고 다니지 못했고, 어머니의 음란한 행실 때문에 관직에서 쫓겨날 뻔했다. 하지만 그녀는 늙어 죽을 때까지 자신의 욕망에 충실했다. 세상을 떠나기 전 그녀는 이렇게 외쳤을지 모른다.

"내 멋대로 시원하게 잘 살았다!"

2
—

역사인가
막장드라마인가

　　1471년 3월 17일, 의금부에서 성종에게 거평군 이복의 종 막산이 강순의 아내 중비와 동거하고 있으니 처벌해야 한다고 보고가 올라왔다. 강순은 조선 전기의 유명한 무장으로 여진족 정벌에 참가했으며, 남이 장군과 함께 1467년에 일어난 이시애의 난을 토벌했던 인물이다. 이시애의 난을 진압한 직후에는 여진족을 급습해서 세종 때부터 조선의 골칫거리였던 이만주를 죽이기도 했다. 혁혁한 전공을 세운 강순은 1468년 영의정의 자리에 오르는데 무관 출신으로서는 드문 일이었다. 그런 강순의 아내가 어떻게 종과 관계를 맺고 동거까지 할 수 있었을까?

　　그 이유는 승승장구하던 강순이 영의정의 자리에 오른 1468년 세조가 죽고 예종이 즉위한 직후 먹구름이 드리워졌기 때문이다. 남이의 급성장을 두려워했던 공신세력은 암암리에 그를 제거할 음모를 꾸몄다. 마침내 유자광이 남이가 역모를 꾸몄다고 고발하고, 한명회를 비롯한 공신세력은 기다렸다는 듯 체포명령을 내려 대대적인 옥사를 벌였다.

붙잡혀온 남이는 강순을 공모자로 지목했고, 두 사람은 나란히 사형에 처해졌다. 연좌제가 시행되던 조선에서는 죄인의 가족 역시 죄인이었다. 이렇게 죄인의 나락으로 떨어진 남이의 가족들은 잔혹하게도 그들을 죽이는 데 일조한 사람들에게 상으로 내려졌다. 사육신의 아내와 가족들이 그들을 고발한 자들에게 상으로 내려진 것처럼 남이와 강순을 비롯한 죄인들의 가족 역시 상으로 나눠졌다. 강순의 아내 중비는 남편을 죽게 만든 유자광의 노비로 주어졌다.

영의정까지 오른 집안인데 하루아침에 가장이 역모죄로 내몰려 처형되고 천민의 신분으로 떨어졌으니 이들의 삶이 어땠을지는 짐작이 가고도 남는다. 그 와중에 노비가 된 중비에게 강순의 집 노비였다가 거평군의 집으로 옮겨진 막산이 접근한다. 한 집에 살았다고는 해도 주인마님과 마당쇠의 관계였으니 얼굴을 볼 일도 별로 없었을 테지만 이제는 똑같은 신세가 되었으니 터놓고 지내자는 뜻이었을까?

두 사람이 직접 남긴 기록이 없으니 확실히 알 수는 없으나 어쩌다 보니 두 사람 사이에 사랑이 싹튼 모양이다. 아마 막산이 중비에게 집적거렸을 가능성이 높다. 처음에는 거절하던 그녀도 차츰 막산에게 몸과 마음을 허락한 것으로 보인다. 문제는 막산에게 이미 아내가 있었다는 점이다. 그녀는 막산의 아내와 육박전을 벌여 쫓아내고 그 자리를 차지한다. 이 사실을 알게 된 대신들은 비록 천한 신분이 되었지만 감히 노비가 양반의 아내를 건드렸다며 발끈했다. 더불어 양반가의 부인이 체통을 잃고 천한 것과 몸을 섞었다고 비난하면서 종이 주인의 처를 간통한 죄를 물어서 둘 다 처형하자고 주장한다.

신하들의 청에 성종이 승낙했다는 것을 끝으로 두 사람에 대한 기록은 더 이상 찾아볼 수 없다. 사관이 음탕한 두 사람의 죽음같이 하찮은 일은 남겨놓을 필요가 없다고 생각했을 것이다.

자신들이 죄인으로 만들어 천한 신분으로 전락시켜놓고 정작 처벌할 때는 양반의 처가 노비와 간통한 죄를 물은 것은 남성들의 잔혹한 이중잣대가 아닐까? 죄인으로 처형당한 강순은 350년 뒤인 1818년 남공철의 건의로 억울한 누명에서 벗어났다. 하지만 자신이 부리던 노비와 살을 섞었다는 이유로 처벌받은 그의 아내 중비는 음란하다는 죄목으로 영원히 죄인의 신분으로 남게 되었다.

3

세계 최초의
여성전용도로

      남존여비男尊女卑, 즉 남성을 존중하고 여성을 천시하는 사상은 사유재산제의 발달과 함께 오랫동안 인류 문명의 한 축을 이뤄왔다. 원시공산사회의 성의 역할에 따른 분업과는 달리 경제적 능력이 사회적 지위를 규정하는 이 사상은 유교이념이 지배적이었던 조선에서 특히 강조되었다.

  남자를 위한 나라 조선에서는 다양한 방법으로 여자들의 발목을 잡았다. 획기적인 방안도 있고 구차한 것도 있다. 1423년 10월 5일, 사헌부에서 세종에게 건의한 방안은 후자에 속했다.

  "사헌부에서 남녀가 다른 길을 걷게 하고 시장을 같이 쓰지 못하도록 청하였으나, 받아들이지 아니하였다."

이 보고를 받은 세종은 혹시 이렇게 중얼거리지 않았을까?

'이것들이 일하라고 했더니…….'

역대 어느 왕보다 조선을 사랑하고, 학문을 사랑하며, 여인들도 사랑한 일벌레이자 공부벌레이며 로맨티스트인 세종에게는 말도 안 되는 소리였다. 그래서 한 번에 답을 내리는 경우가 없던 세종이 이번에는 단번에 'NO'를 외친 것이다. 까닥 잘못했으면 이 땅에 세계 최초의 여성전용도로가 생길 뻔했지만 불행 중 다행으로 다시는 이런 정신 나간 방안을 제안한 신하도 없었고, 그걸 채택한 임금도 없었다.

사헌부에서 여성전용도로를 만들자고 주장했던 이유는 알려져 있지 않지만 남녀가 함께 다니면 음란해진다는 이유를 들었을 것이 뻔하다. 그렇다면 이런 제안을 한 사람들은 떳떳했을까? 숙직을 하면서 궁궐 안에 기생을 몰래 끌어들여 파직되거나 여자를 두고 대낮에 길거리에서 난투극을 벌인 관리들이 한두 명이 아니었다. 공식적인 아내 외에 첩을 두는 일이 비일비재했고, 기생이나 반반한 여종을 건드리는 일도 적지 않았다. 하지만 남자들의 이런 행위에 대해서는 어떠한 비난과 반성도 찾아볼 수 없다. '내가 하면 로맨스, 남이 하면 불륜'인 것이다.

여성을 억압하기 위한 남성의 도전은 여기서 그치지 않는다. 1430년 8월 15일, 이번에는 예조에서 나선다. 요즘 부인들이 길거리를 돌아다닐 때 털모자만 쓰고 얼굴을 내놓고 다니는데 옛 풍습은 이렇지 않았다, 그러니 앞으로 부인들이 길거리를 돌아다닐 때는 털모자를

가마
성리학이 이 땅에 뿌리를 내리면서 여성들은 차츰 자유를 잃어갔다. 외출을 할 때도 얼굴을 가려야 했고, 사방이 막힌 가마를 타고 다녀야 했다.

벗고 얼굴을 가려야 한다, 하고 청한 것이다. 이 제안에 대해서는 세종이 승낙하면서, 외출하는 여자들은 쓰개치마 같은 걸로 얼굴을 가려야 했다. 탈레반이 여성에게 부르카를 입히고 눈만 내놓고 다니게 하는 것과 다를 바가 없는 조치였다.

조선시대의 기준으로 옛날이라 함은 고려 때를 말한다. 사실 고려시대에 여인들이 외출할 때 얼굴을 가리고 다녔다는 얘기는 없다. 하지만 남자들에게 그것이 사실인지 아닌지는 중요한 문제가 아니었다. 여자들이 맨얼굴로 바깥을 돌아다니는 것을 막기 위해서라면 없던 역사도 만들어내야 했던 것이다.

조선에 성리학이 차츰 자리를 잡아가면서 여성의 자유도 그만큼 줄어들었다. 집밖에 나갈 때는 얼굴을 가려야 했다. 일곱 살이 넘으면 친족 간이라도 남자와 한 방에 있는 것을 피했고, 결혼 후에 남편이 첩을 들이는 것도 인내해야 했다. 뿐만 아니라 자식을 못 낳으면 쫓겨나는 것을 당연하게 여겨야 했다. 이런 논리는 조선의 모든 백성들에게 강요되었다.

세상의 절반은 여자이고, 이들이 제 몫을 하지 못하는 만큼 발전은 더딜 수밖에 없다. 인류 문명이 20세기 들어서 급속하게 발달할 수 있었던 것도 여성이 남성처럼 일을 하게 되면서부터였다.

4

두 여인
이야기

❝❞ 눈에 잘 띄지는 않지만 우리나라 곳곳에 열녀비가 있다. 부모를 모시는 '효'와 남편을 섬기는 '열'을 중요시했던 조선시대에 마을의 자랑으로 삼고 또 후세에 귀감을 보이고자 세웠던 기념비가 오늘날까지 보존된 것이다.

여성을 남성에 종속된 존재라고 믿었던 조선시대에 정절을 지키는 여성은 최고의 대우를 받았다. 국가 역시 《삼강행실도》 등의 편찬과 보급을 통해 이런 풍습을 적극 권장하는 데 앞장섰다. 나중에는 아예 가문의 영광을 위해서 자살을 강요하기까지 했다.

열녀비 중에는 문화재로 지정된 것들도 많은데, 이 열녀비에 얽힌 사연들 중에 《실록》까지 기록된 것이 있다.

《삼강행실도》
충신이나 효자, 열녀 등 백성들에게 본이 되는 바른 행실을 모아 그림으로 엮은 책이다. '삼강'은 임금과 신하, 어버이와 자식, 남편과 아내 사이에 마땅히 지켜야 할 도리를 말한다.

1422년 8월 16일 자《실록》에는 충청남도 은진현에 사는 이덕이라는 여인의 사연이 기록되어 있다. 그녀의 남편 문성기는 수군이었는데 1419년 황해도 비인현에서 기습한 왜구와 싸우다 전사했다. 남편이 죽었다는 소식을 들은 이덕은 현장으로 달려가 시신을 찾았지만 끝내 찾지 못했다. 빈손으로 고향에 돌아온 그녀는 남편의 위패를 집 안에 세우고 아침저녁으로 곡을 했다. 장례 기간이 끝나고 부모가 재혼을 시키려고 하자 남편의 위패를 두고 다른 마음을 먹지 않겠다고 맹세했다.

그녀의 얘기는 1425년 4월 26일 자《실록》에 다시 나온다. 7년간 소복을 벗지 않고 위패를 정성껏 모셨다는 미담과 함께 이 소식을 들은 세종이 그녀의 정절을 상징하는 정문을 세우고 복호復戶, 즉 세금을 감면해주었다.

이렇게 애틋한 사연은 12년 뒤에 훈훈하게 마무리된다. 1436년 윤 6월 20일, 예조는 대마도 도주에게 서찰을 보내 이덕의 남편 문성기를 송환하라고 요구했다. 비인현에서 왜구와 싸우다 죽은 줄 알았던 문성기가 사실은 포로로 붙잡혀서 끌려갔던 것이다. 그의 생존 소식이 알려진 것은 왜구에게 붙잡혀갔다가 3년 전에 돌아온 윤원만이라는 사람을 통해서였다. 그는 대마도에서 문씨 성을 가진 사람을 만났는데 은진현에 살다가 수군으로 뽑혀서 기해년에 왜구에게 사로잡혀서 끌려왔다는 얘기를 들었다고 증언했다.

이덕이 써 올린 장문의 호소문을 보고 예조에서 대마도 도주에게 문성기를 송환하라는 문서를 보냈다. 안타깝게도 문성기가 돌아와서 18년 만에 아내와 만났는지는 알 수 없지만 조선의 통치자들에게는 이 정도만으로도 충분했을 것이다.

같은 경우지만 외면당한 사연도 있다. 이 사연은 1442년 10월 6일로 거슬러 올라간다. 왜인들이 금음모도라는 섬의 동쪽에 있는 우아포에 상륙했는데 이들의 뒤를 쫓던 여도 천호 최완이 공격해서 열한 명을 죽이고, 나머지는 물에 빠져죽었으며, 창과 칼을 비롯한 무기와 물자를 노획했다는 보고가 올라온다. 올라온 보고만 보면 혁혁한 공을 세운 것 같지만, 세종은 왜구를 한 명도 사로잡지 않고 모조리 죽인 이유가 수상하다며 조사를 명한다.

세종의 짐작대로 최완이 죽인 것은 왜구가 아니라 물고기를 잡으러 바다로 나왔다가 풍랑에 떠밀려온 왜인 어부들이었다. 최완의 추격을 받은 어부들은 섬에 상륙해서 나흘 동안이나 숨어 있다가 결국 잡혀서 죽고 말았다. 조사과정에서 죽은 왜인 어부들이 증빙서까지 가지고 있던 상태였으며, 사건이 나기 두 달 전인 8월에 그가 생포한 왜구들 또한 실상은 증명서를 소지한 대마도 어부들이었다는 사실이 추가로 밝혀진다. 세종은 오랜 논의 끝에 최완에게 사형판결을 내렸다. 최완은 김해의 감옥에 갇혔다가 1444년 처형당한다.

최완이 죽고 6년 후인 1449년 4월 20일, 경상도 관찰사는 최완의 첩 도야지의 눈물겨운 사연을 보고한다. 그녀는 최완이 의금부에 갇히자 한양으로 올라와 정성껏 옥바라지를 하고 김해에 내려가서 갇히자 따라 내려가서 옷을 팔아서 먹을 것을 감옥에 넣어주었다. 그러다 하루는 옥졸에게 최완이 갇혀 있는 감옥에 들어가 보고 싶다고 애원했다. 불쌍하게 여긴 옥졸이 안으로 들여보내주자 그녀는 최완의 수갑을 풀어주고 옷을 바꿔 입혀서 탈출시켰다. 이 대담한 탈주극은 최완이 잡히면서 끝났고, 그녀는 감옥 출입을 금지 당했다. 최완이 처형당하자 그녀는 손수 시신을 염하고 화장한 다음 유골을 가지고 그의 고향인 면천으로 돌아와서 묻었다.

이후 고향에 있던 최완의 부모를 정성껏 모시고 살았으며, 거기다 최완이 처형당하기 직전 자신의 볼을 그녀의 볼에 갖다댄 채 고마움을 표시하자 3년 동안 볼을 씻지 않았다고 보고한다. 그리고 혹시라도 재혼 얘기가 나올까봐 아예 머리를 깎고 여승이 되었다는 사연을 전한다.

보고를 받은 세종은 대신들에게 무슨 상을 줄지 논의해서 보고하라고 명을 내렸다. 하지만 4월 24일, 세종은 승정원을 통해 그녀가 이미 재혼을 했으니 포상을 하지 말라고 지시한다. 그녀가 재혼을 했다고 해서 최완을 정성껏 보살폈다는 사실이 사라지는 것은 아니다. 하지만 여성들이 지켜야 할 도리의 유효기간은 없었기 때문에 남편의 옥바라지를 하고 심지어 탈옥까지 시키려고 했던 그녀의 정성은 거짓으로 폄하되고 말았다.

오늘날에는 '열녀'라는 말 자체가 사라진 지 오래다. '헌신하다 헌신짝 된다'라는 우스갯소리처럼 일회용과 패스트푸드의 시대에 여성이든 남성이든 한 사람만을 위해 일생을 바치는 건 가당치도 않는 일이 되었다. 이런 시대에 조선의 열녀 이야기는 한 시대의 에피소드쯤으로 여겨질지 모른다. 하지만 외부의 강제나 시대적 환경에 의해서가 아니라, 스스로가 소중히 여긴 누군가 또는 무언가를 위해 자신의 모든 걸 희생하는 사람의 마음은 시대를 불문하고 숭고하다고 말할 수 있을 것이다. 이덕이나 도야지 모두 남편을 섬기고 사랑하는 마음은 똑같았을 것이다. 하지만 한 명은 끝까지 버텼고, 다른 한 명은 그러지 못했다는 이유로 열녀인지 아닌지를 판단한 것은 지독한 남성 중심적인 시선이 아닐 수 없다.

5
—

조선시대의
이혼

❝ 1456년 1월 11일, 사헌부에서 세조에게 분경이라는 백성이 다른 남자에게 시집을 가려고 남편에게 억지로 기별명문棄別明文, 즉 이혼장을 받아냈으니 그녀를 처벌해야 한다고 건의한다. 조선시대에 무슨 이혼장이냐고 의아할 수도 있지만 고려시대와 조선 초기에는 이혼과 재혼이 비교적 자유로웠다. 조선시대의 이혼이라면 대부분 첩에게 눈이 먼 남편에게 본부인이 쫓겨나는 정도만 생각할 것이다. 하지만 임진왜란과 병자호란 이후 유교 이념이 강화되기 전인 조선 전기에는 비교적 이혼하기 쉬웠고, 양반들도 종종 이혼을 했다. 사헌부는 분경이 억지로 이혼을 했으니 장 100대형을 내리는데 죄가 무거우니 거의去衣, 즉 속옷을 벗기고 곤장을 때리는 것이 좋겠다

고 고했다.

1484년 2월 16일 자 《성종실록》에는 양반들의 이혼과 재혼 과정이 적나라하게 드러나 있다. 현감 벼슬을 했던 이윤검이 한양에 있을 때 청도의 본가에 있던 아내 손씨가 종 금산과 간통을 저지르고 있다는 사실을 알고 돌아가서 따졌다. 그러자 아내 손씨는 금산이 협박을 해서 어쩔 수 없이 관계를 맺었다고 털어놨다. 이윤검은 아내에게 휴서休書, 이혼의 증서를 써주고 갈라섰다. 그러자 손씨의 아버지 손감은 그녀를 다른 남자와 재혼시켰는데 뒤늦게 이 사실을 안 이윤검의 어머니가 아들이 아내와 헤어지지 않았는데 사돈이 다른 집에 시집을 보냈다고 관아에 고발했다.

사건이 워낙 아리송했기 때문에 경상도 관찰사가 이 사건을 형조에 보고하면서 조정에 알려졌다. 양반의 아내가 종과 간통했으니 엄벌에 처해야 한다는 주장이 제기되었다. 하지만 많은 대신들은 손씨와 금산이 간통한 현장이 발각되지 않았으니 간통죄를 논하기 어렵다는 입장이었다. 오히려 이윤검이 어머니에게 이혼했다는 사실을 알리지 않았으니 벌을 주어야 한다고 주장했다.

논의 과정을 보면 대신들이 간통이나 이혼에 대해서 나름 관대한 시선으로 보고 있다는 점이 느껴진다. 결국 개인 가정사에 이러쿵저러쿵 할 수 없으니 그냥 놔두라는 성종의 최종 판결이 내려진다. 이렇게 판결이 내려진 이유 중 하나는 바로 이윤검이 손씨와 헤어질 때 공식 이혼장인 휴서를 써줬기 때문이다. 기별명문이라고도 불리는 이 증서를 가지고 있으면 여자는 재혼할 수 있다. 그러나 휴서를

성황당과 장승
남편과 헤어진 여인은 성황당에서 새로운 인연을 기다렸다. 어떤 남자를 만나느냐에 따라 여인의 여생이 결정되었다.

써주고 좋게 이별한 경우는 극히 드물었다. 《실록》에 나온 이혼 관련 소송이나 사건들 역시 대부분 당사자들이 모두 처벌되는 등 안 좋은 결과를 가져왔다.

이혼을 바라보는 시선도 극히 부정적이었지만 막을 수는 없는 노릇이었다. 당장 왕실의 종친인 제안대군은 두 차례나 이혼을 하는 소동을 벌이다가 결국 첫 번째 부인과 재결합하기도 했다.

윤리를 따지는 양반과는 달리 일반 백성의 이혼은 비교적 쉬웠다. 복잡한 문서 대신 옷고름을 베어주는 것이 끝이었다. 그럼 여자는 이 옷고름을 곱게 접어서 잘 챙긴 다음 새벽에 성황당에 나가 있다가 처음으로 만나는 남자를 따라가는 것으로 새로운 인연을 찾아서 떠났다.

어쨌든 조선시대에 이혼을 감행하는 건 상당한 모험이었다. 관직이 끊기는 것은 물론 처벌을 받을 수도 있기 때문이다. 하지만 부부간의 애정 문제를 법적으로 처벌한다는 것은 지나친 규제이자 개인의 행복권을 박탈하는 처사이기도 하다. 당장 온갖 불이익을 주던 조선시대에도 남자와 여자 모두 이혼을 감행했다. 사랑과 이별이 법률이나 관습으로는 어찌할 수 없는 인간 본연의 감정이기 때문이다.

조선판 주홍글씨 '자녀안'

❝ 조선시대에 여성의 자유로운 이혼과 재혼을 통제하려는 남성들의 결정적인 무기, 자녀안恣女案이라는 것이 있었다. 자녀안은 본래 고려시대에 사대부의 여성 가운데 세 번 결혼하거나 음란한 행실을 한 여인의 이름과 죄목을 기록한 명단이었는데, 조선시대에는 더욱 엄격해져서 가문의 불명예는 물론이고 자식들의 출세에 걸림돌이 되었다. 음란한 부모의 자식이라면 자라면서 뭘 배웠겠느냐는 논리였는데, 당사자는 부모를 잘못 만난 탓에 가슴을 쥐어뜯을 수밖에 없는 노릇이었다.

1450년, 종3품의 관직을 제수 받은 김한을 그의 어머니가 자녀안에 기록되어 있으니 마땅히 파직시켜야 한다는 주장이 나왔다. 다행히 높은 관직이 아니라서 그냥 넘어갔지만 당사자가 얼마나 마음을 졸였을지는 쉽게 상상할 수 있다.

처음에는 사대부 여인들만 대상으로 한 자녀안의 적용 범위가 차츰 확대되었고 이에 따라 대상자도 증가했다. 성종 때 일반 백성의 딸인 충개가 여러 남자들과 간통했다는 죄목으로 자녀안에 기록되는 처분을 받았다. 정황상 충개는 생계를 위해 성매매를 한 것으로 보이지만 이에 대해서는 아무도 관심을 기울이지 않았다. 비슷한 시기에 생원 박우창의 아내가 장사꾼을 따라 배를 타고 다니며 사내들과 몸을 섞어서 임신을 했다는 죄목으로 자녀안에 이름이 올랐다. 풍덕 군수로 임명된 김맹린은 할머니인 화혜 부인이 세 번 시집갔다는 이유로 임명이 취소되었다. 그의 아버지 김개 역시 높은 관직에 오르지 못했다.

1488년에는 이웃집 남자와 간통을 한 죄목으로 고문을 받다가 죽은 허씨라는 여인이 자녀안에 기록되었다. 몇 년 뒤 황해도 문화에서는 한회라는 선비가 처제인 문수를 강간한 사건이 벌어졌다. 하지만 대신들은 문수가 한회에게 강간을 당한 후에 다른 남자와 간통했다는 이유로 자녀안에 이름이 올리는 조치를 취했다. 이런 분위기는 조선시대 내내 이어졌다.

물론 휴서를 주고받고 합법적으로 이혼하는 경우도 있었지만 후대에 접어들수록 숨 막히는 분위기는 더해만 갔다. 1497년, 단성 훈도丹城 訓導 송헌동이 한 통의 상소문을 올린다. 여기서 훈도란 한양의 사학과 지방의 향교에서 교육을 담당하는 정9품의 관리를 말한다.

"젊은 과부의 재혼을 금지하는 것은 절개를 높이고 예의를 지키자는 것입니다. 하지만 음식과 남녀의 사랑은 본능적인 욕구입니다. 남자는 크면 장가가기를 원하고 여자 역시 크면 시집가기를 원하는 것은 자연스러운 일입니다. 여인은 집에 있을 때는 아버지를 따르고, 시집을 가면 남편을 따르며, 남편이 죽으면 자식을 따르는 것이 《예경禮經》의 가르침입니다.

그러나 시집간 지 나흘 만에 과부가 된 여인도 있고, 1년 만에 남편을 잃은 여인도 있습니다. 또한 20, 30대의 나이에 과부가 된 이도 많은데 이들이 정절을 지켜서 이름을 남기면 좋겠지만, 부모와 형제가 없고 자식도 없어서 외롭고 생계가 곤란한 여인이 많습니다. 간악한 자의 협박을 받아 절개를 잃기도 합니다. 청하옵건대 젊은 여인이 자녀가 없이 남편을 잃으면 재혼을 허락해서 살아가는 재미를 느끼도록 해주소서."

송헌동의 상소문을 받은 연산군은 대신들에게 이 문제를 논의하라고 지시했다. 하지만 대신들은 협박을 받아서 절개를 잃는 것은 여인들의 책임이며, 이런 여인들을 위해 법전을 경솔하게 고칠 수 없다며 그의 주장을 무시했다.

송헌동은 어째서 이런 상소문을 올렸을까? 그것은 자신이 직접 눈으로 보고 몸소 겪었기 때문이 아니었을까 싶다. 아마도 그 역시 자신의 건의가 무시될 것이라고 짐작했을 것이다. 하지만 그럼에도 상소문을 올린 것은 인간의 욕망을 직시하라는 한 지식인의 절규가 아니었을까.

7
—

차라리 어우동처럼 죽더라도
이렇게는 못살겠다

세상이 온전히 돌아가기 위해서는 규칙이라는 것이 필요하다. 개중에는 법률로 정해진 것도 있지만 관습도 있다. 조선시대에 여성에게 적용된 관습 가운데 과부가 된 여인은 더 이상 남성과 성적 접촉을 하지 말아야 한다는 것이 있었다. 사실 인간의 성적 욕망은 나이가 든다고 사라지는 것이 아니다. 그러나 관습이라는 보이지 않는 감옥에 갇혀 살던 조선시대 여인들 중에는 용감하게 탈출을 시도하는 경우도 있었다.

1486년 1월 12일, 할아버지가 태종 이방원이고 아버지가 근녕군 이농인 이제가 성종을 찾아와 충격적인 얘기를 털어놓는다. 그의 말에 따르면, 자신의 아들 이순을 입양한 양어머니 즉 이민의 후처 구씨가 근래에 배가 아프다고 하더니 아이를 낳았다는 것이다. 이민은 태종 이방원과 신빈 사이에 얻은 장남 이인의 외아들로 후사를 얻지 못했다. 그래서 역시 태종과 신빈의 넷째 아들인 이제의 둘째 아들인 이순을 양자로 들였다. 문제는 이민이 1473년에 사망했다는 것이다. 남편이 사망한 지 오래인데 어떻게 아이를 낳았단 말인가.

성종의 명을 받은 내관이 의녀와 함께 구씨의 집을 방문해서 그녀가 아들을 낳은 사실을 확인했다. 종친의 과부가 아들을 낳았으니 조정이 발칵 뒤집어진 것은 당연했다. 당장 불려온 영안군 이순은 양어머니인 구씨가 다른 사람들과는 교류가 없었다고 증언한다. 그러면서 구씨와 함께 살던 조카 이인언이 갑자기 고향인 금산으로 돌아간 것이 의심스럽다는 말을 덧붙였다. 구씨 역시 간통한 남자가 누구냐는 질문에 이인언이라고 자백했다. 보고를 받은 성종은 의금부에 이인언을 잡아들이라고 명했다. 열흘 후인 1월 22일 좌부승지 윤은로가 구씨가 자백한 내용을 보고한다.

"내 집 옆방에 살던 조카 이인언이 어느 날 새벽, 몸종이 잠깐 자리를 비운 틈에 내 방으로 갑자기 들어와 강간을 하려고 했습니다. 제가 힘껏 꾸짖으며 거절했지만 이인언은 옷으로 제 얼굴을 가리고 강간하였습니다. 그 후로는 은밀히 몸을 섞었고, 그러다 아이를 배게 된 것입니다."

금산에서 붙잡혀온 이인언은 구씨가 다른 삼촌인 안계로와 손을 잡고 있는 것을 봤다면서 두 사람이 간음을 했다고 주장했다. 하지만 매에는 장사가 없는 법이다. 매질을 견디다 못한 이인언은 자신이 구씨와 관계를 맺었다고 실토했다. 하지만 구씨가 자백한 내용과는 상당히 달랐다.

"제가 일찍이 허벅지에 종기가 나서 누워 있는데 구씨가 다가와서 종기가 난 허벅지를 문지르면서 괜찮냐고 묻는데 음란한 빛을 띄웠습니다. 다음 날에도 찾아와 종기를 만지다가 점점 사타구니로 손이 올라와서 제가 발로 걷어찼습니다. 종기가 다 낳은 후에 구씨가 저를 불러서 밀과蜜果, 쌀가루나 밀가루를 반죽해서 말린 뒤에 기름에 튀긴 것를 대접하면서 차라리 어우동처럼 죽더라도 이렇게는 못살겠다고 얘기했습니다. 그리고 저와 관계를 맺었고, 이후에는 틈틈이 몸을 섞었습니다. 그러다 몇 달 전에 생리가 끊겼다고 해서 겁을 먹고 고향으로 내려간 것입니다. 안계로를 끌어들인 것은 죄가 두려워서 거짓말을 한 것입니다."

어우동처럼 죽더라도 더 이상 이렇게는 못살겠다는 여인의 한 맺힌 절규는 절개를 잃고, 음란하며, 윤리를 어지럽혔다는 비난의 목소리에 묻혀버렸다. 어쨌든 종친의 과부가 조카와 관계를 맺고 아이까지 낳았으니 성종으로서는 입에 담기에도 창피한 일이었다. 그나마 다행인 것은 구씨와 구씨의 언니가 어머니가 달라서 이인언이 그녀와 친조카 사이가 아니라는 점이었다. 하지만 조사 결과 충격적인 사실이 밝혀진다.

구씨는 해산 후 몸을 따뜻하게 할 옷이 한 벌밖에 없고, 술지개미술을 빚은 후 남은 찌꺼기가 먹고 싶어도 사먹을 돈이 없을 정도로 곤궁한 상태였다. 덕성군 이민이 생전에 거느리고 있던 노비만 600명이 넘었던 점을 감안하면 이순이 후사를 계승한다는 명분으로 재산을 가로채고 명목상 어머니인 구씨를 방치했던 것이다. 효를 으뜸으로 삼은 조선에서는 있을 수 없는 일이었다. 게다가 이순은 구씨가 집안의 물건을 팔아서 덕성군의 제사를 지냈는데도 외면했으며, 해산이 가까워오자 그의 아내와 유모를 시켜 감시하고 있다가 아버지인 이제를 시켜서 고발한 파렴치한 짓을 저지른 것이다.

사건의 실체가 밝혀지면서 구씨와 이인언이 아니라 영안군 이순 부부에게 화살이 돌아갔다. 조사 결과를 보고받은 성종은 영안군이 어머니인 구씨를 잘 돌보지 못해서 이런 일이 일어났다고 탄식했다. 신하들도 구씨가 몸종 둘만을 데리고 살 정도로 가난했는데도 제대로 봉양하지 않고, 영안군의 아내는 구씨가 아이를 낳고 숨기려는 것을 막았다며 목소리를 높였다. 결국 영안군의 양자 입적은 취소되었고, 안음安陰, 경상남도 함양의 옛 지명에 유배되었다. 하지만 더 엄한 벌을 줘야 한다는 여론이 일어 결국 종친의 호적에서 삭제되는 수모까지 겪었다. 영안군 이순은 유배에서 돌아온 이후에도 죽을 때까지 불효자라는 손가락질을 받았다. 관직을 얻으려는 시도도 당연히 실패로 돌아갔다.

그렇다면 구씨와 이인언은 어떻게 되었을까? 구씨는 해산 직후 조사를 받는 과정에서 극심한 스트레스를 받아서 자해소동을 벌이다가 세상을 떠났다. 이인언 역시 처형된 것 같다. 그리고 구씨의 이름 역시 자녀안에 올랐다. 구씨가 조카인 이인언과 몸을 섞은 것은 불가항력이었을까? 아니면 자포자기한 상태에서 자신의 욕망에 충실

했던 것일까? 어느 쪽이든 그녀는 어려운 상황에서도 죽은 남편에 헌신한 데 대한 보답 대신 음란하다는 죄목의 족쇄를 차게 되었다. 남성들의 세상이 낳은 비극인 것이다.

8

가히
부끄러울 뿐이다

66   수양대군으로 더 잘 알려진 세조는 계유정난을 일으켜 정권을 장악한 뒤 단종을 몰아내고 왕위에 오른 조선의 '문제적 인물'이다. 세조가 보인 피의 통치와 더불어 역사에 길이 이름을 남긴 사람들이 있다. 바로 사육신이다. 이들은 집현전 학사들을 중심으로 단종을 복위시키려는 계획을 진행하다가 발각되면서 참혹하게 처형당했다. 이 와중에 역적이 대량 양산되었고, 사육신 당사자뿐 아니라 그 가족과 친척들도 처벌을 받았다.

남자들은 노인과 아이들을 제외하고는 모두 처형당했고, 여자들은 노비 신분으로 전락되었다. 더욱 처참한 것은 이들이 공신들에게 전리품처럼 나눠졌다는 점이다. 박팽년의 아내 옥금, 김종서의 아들 김승규의 아내 내은비와 딸 내음금은 영의정 정인지에게, 성삼문의 아내와 딸은 운성 부원군 박종우에게 주는 식이었다. 사대부의 아내와 딸이 하루아침에 노비의 신분이 된 것도 모자라 한때 남편과 아버지의 동료이자 원수의 집안에 보내진 것이다.

언제 자신에게도 이 같은 일이 생길지 몰라 관리의 부인들은 항상 공포에 떨어야 했는데, 1463년 6월 23일 창원부사 권유순의 아내 김씨에게도 드디어 피하고 싶은 일이 닥치고야 말았다. 의금부의 옥리들이 들이닥치고 남편이 급하게 몸을 피하자, 김씨는 아들에게 마지막 말을 남기고 스스로 목을 매어 죽었다.

"근래에 역적의 처첩이 공신의 집에 보내져 일을 하고 첩이 되거나 재혼을 하는 일이 비일비재하다. 내 어찌 그런 일을 겪을 수 있겠느냐?"

《실록》은 남편 권유순이 무슨 죄를 지었고, 그의 운명이 어찌되었는지 남겨놓지 않았다. 사관이 이 얘기를 남겨놓은 이유는 김씨의 행동을 칭찬함과 동시에 절개 잃은 여인들을 비난하기 위해서였다. 계유정난과 사육신의 일로 처형당한 역적의 아내들 중 공신들의 노비로 주어진 이들이 많았는데 남편을 따라 죽어서 절개를 지킨 이는 한 명도 없고 오히려 공신들에게 아양을 떨어서 구차하게 살았다며 구체적인 사례를 적었다.

사관의 첫 번째 비난 대상은 사육신 중 한 명인 박팽년의 동생 박대년의 아내 윤씨였다. 기록에 따르면, 감옥에 갇힌 박대년은 죽기 전 정강이의 피로 서로 잊지 말고 사람으로서 부끄러운 짓을 하지 말자는 글을 써서 아내에게 전했다. 이 글을 받은 아내 윤씨는 짧은 시로 화답했다. 남편인 박대년이 처형당하고 윤씨는 봉석주에게 노비로 주어졌다. 봉석주가 윤씨의 미모에 반해서 유혹하니 그녀는 남편과의 맹세를 잊어버리고 좋은 말을 보내주지 않으면 시집가지 않겠다고 했다. 그녀를 맞이한 봉석주가 죽은 남편의 혈서를 기억하느냐고 묻자 윤씨는 옛일이라 잊어버렸다고 대꾸했다. 사관은 이 일을 적으며 통탄할 노릇이라고 덧붙였다.

이어서 사관은 같은 사육신인 성삼문의 동생 성삼고의 아내 김씨가 이웃에 사는 남자와 정을 통했고, 안잉의 아내 역시 남편이 멀리 유배를 떠나자 재산을 팔아치우고 향교에서 글을 배우는 학생과 정을 통했는데 이 사실을 안 남편이 서찰을 보내 이혼을 했지만 그녀는 뉘우치지 않았다며 분개했다. 오히려 하찮은 아전의 아내가 남편과 자식이 죽자 목을 매달아 숨졌는데 사대부 여인들은 정조를 잃었다고 질타했다. 사관은 이런 사실들을 열거한 후에 자신의 생각을 말미에 적었다.《실록》에 '사관은 논한다'라는 부분이다.

　　"아들이 아비에게, 신하가 임금에게, 아내가 지아비를 따르는 것은 당연한 도리다. 편안할 때나 큰 변고가 있을 때나 변하지 않는 것이 사람된 도리라 할 것이다. 예로부터 역적들은 죽음을 면치 못하였는데 이는 하늘의 뜻을 거스르고 도리를 다하지 않았기 때문이다. 오늘날 역적의 처첩들은 남편과 아들이 죽었는데도 불쌍하게 여기지 않고, 집안이 몰락하여 천한 신분이 되었는데도 부끄러워하지 않는가? 엎드려 죽거나 가족들의 죽음을 슬퍼하지 않고 도리를 무시하고 예법을 어지럽히니 방자하기 이를 데가 없다. 이것은 이들이 자신의 신분이 천하게 된 다음에야 본심이 드러난 것이니 불쌍하게 여길 필요가 없는 일이다. 차라리 스스로 목숨을 끊은 천한 아전의 아내만도 못하도다. 대의를 위해 몸을 버리고, 가족을 저버리는 것은 마땅히 군자와 대인의 일이니 여자와 부인이 이해할 수 있는 일이 아니다. 가히 부끄러울 따름이다."

그러나 뒤집어 생각해볼 때, 아내와 딸은 이런 불행을 어떻게 견뎌내야 할까? 역적의 굴레가 씌워졌으니 옛날로 돌아갈 수는 없는 노릇이다. 그녀들이 절개를 지키지 못한 것을 부끄러워해야 한다면 아내와 딸을 역적의 가족이라는 이유만으로 노비의 신분으로 만들어버린 사람들 또한 반성해야 하지 않을까?

9
—

관광
금지

　　조선시대에는 여자가 집밖에 나가려면 주의할 점이 몇 가지 있었다. 우선 사내들이 볼 수 없게 얼굴을 가려야 했고, 사방이 탁 트인 가마를 이용할 수 없었다. 앞서 얘기했듯이, 실행되지는 않았지만 남녀가 다니는 길을 따로 지정하려고 했을 정도니 이 정도는 기본 중 기본이었다. 다른 남자와 눈이 맞을 수도 있다는 이유 때문이었는데, 그래도 이런 규제들이 문밖을 향한 여자들의 시선을 거두지는 못했다. 영화관이나 카페가 없던 시절이었으니 여자들이 밖에 나가서 할 일이 마땅찮았을 것이라는 생각은 버려두는 게 좋다.

　　명나라에서 사신이 오거나 임금이 사냥터나 온천으로 행차하는 광경은 당시로서는 일반 백성이나 양반 모두에게 빼놓을 수 없는 구경거리였다. 수백 수천 명의 수행원이 동원되고 의장과 깃발들이 화려했던 왕이나 사신의 행차에는 한양은 물론 인근 지방의 백성들까지 모여들었는데 여인들도 빠지지 않았다. 특히 사대부 여인들은 길가에 장막을 세워놓거나 아니면 누각 위에서 지켜봤다. 당연히 남자들의 눈에는 여자들이 군중 틈에 있거나 누각의 난간에 얼굴을 드러내놓고 구경하는 모습이 좋게 보일 리 없었다.

실제로 사건사고도 많았다. 1465년, 세조가 원각사로 거둥하자 구경꾼들이 구름처럼 몰려들었다. 이때 구경을 하러 온 사대부집 여인과 세조를 호위하던 군인이 눈이 맞아서 관계를 맺었다는 소문이 돌았다. 이런저런 소문이 퍼지자 여자들의 바깥출입을 못마땅하게 여겼던 대신들은 성종에게 거듭 금지할 것을 청했다. 하지만 성종은 지붕에 올라가서 보는 것을 금지시킬 뿐이었다.

여인들의 관광 금지를 둘러싼 성종과 신하들의 신경전은 내내 계속되었다. 대신들이 여자들이 길거리에서 남자들과 어울려 다니면 안 좋은 일이 벌어질 수 있다고 하면, 성종은 여자들이 나쁜 마음을 먹으면 집 안에 있어도 뜻을 이루지 못하겠느냐고 응수하는 식이다.

성종 24년인 1493년, 친경親耕 행사를 앞두고도 대신들은 사대부 여인들이 길거리에 서서 구경하다가 남자들과 어울려 안 좋은 소문이 날 수 있다며 금지할 것을 건의한다. 성종은 사대부 여인이라면 노비들을 거느릴 것인데 어찌 안 좋은 소문이 날 수 있겠냐며 거절한다. 왕이 직접 농사를 지어 백성에게 농업을 권장하는 행사인 친경은 왕세자와 종친들까지 동원된 대규모 행사였다. 왕의 위엄을 백성에게

선농제
농업국가 조선에서는 임금이 직접 쟁기를 잡고 풍년을 기원했다. 농사가 잘 되기를 바라는 선농제를 지낸 임금은 세자와 신하, 그리고 늙은 농부들과 함께 밭을 갈았다.

보일 수 있는 좋은 기회였기 때문에 잔치 분위기를 망가뜨리는 일은 하고 싶지 않았던 것으로 보인다.

그런데 전날인 2월 27일 밤에 큰 비가 내리면서 친경은 3월 10일로 미뤄지고 말았다. 하지만 행사가 취소되었다는 사실을 알지 못한 사람들이 몰려들었다. 지금도 큰 공연이나 경기가 있으면 며칠 전부터 와서 줄을 서는 사람이 있는 것처럼 당시에도 좋은 자리를 잡기 위해 전날부터 자리를 잡는 경우가 많았다. 일기예보가 없던 시대였으니 졸지에 비가 쏟아지면서 큰 혼란이 일어난 것이다. 거기다 친경이 취소된 줄도 모르고 밤까지 기다린 사대부 여인들은 몸종들과 헤어져서 우왕좌왕했다. 홀로 남게 된 사대부 여인들은 낯선 집의 문을 두드려 하룻밤 묵기를 청하거나, 길거리에서 밤을 새우기도 했다.

여인들의 단체외박에 화가 단단히 난 대신들은 사대부 여인들이 길에서 구경하는 것을 금지해달라고 다시금 청했다. 하지만 성종은 이번에도 청을 거부했다. 성종의 뒤를 이은 연산군도 여인들이 밖에 나와서 구경하는 것을 허락했다. 중종 대에 이르러 드디어 사대부 여인들의 관광 금지령이 떨어졌다. 여인을 집 안에 가두려고 한 남자들의 끈질긴 시도가 드디어 성공을 거둔 것이다.

10
—

재혼
금지령

❝ 1464년 12월 25일은 창평군 곽연성이 죽은 날이다. 청주 사람인 곽연성은 한양으로 올라와서 궁궐을 지키는 내금위로 복무하다가 무과에 합격해서 수양대군이 명나라에 사절로 갈 때 동행했다. 이때부터 수양대군과 인연을 쌓은 그는 계유년의 쿠데타 때 가담하여 공신이 되고 높은 벼슬에 올랐다.

그의 죽음을 전하는 《실록》의 〈졸기〉는 그가 거칠고 난폭해서 부하들에게 가죽 방패와 몽둥이로 혹독하게 매질을 했다고 전한다. 아울러 지방관으로 있을 때는 백성들의 재산을 강제로 빼앗는 등 횡포를 부렸지만, 세조의 측근이라 감히 아무도 그를 막지 못했다고 적었다. 집에서 부리는 노비들 중에는 맞아 죽은 경우도 있을 정도로 가혹하게 굴었다. 돈을 빌려주면 무슨 수를 써서라도 받아냈는데 심지어 입고 있던 낡은 옷도 빼앗아 팔아치웠다고 한다.

하지만 이 정도는 그가 죽을 때 벌어졌던 일에 비하면 애교 수준이다. 그에게는 첩이 둘 있었는데 그 중 한 명은 관기 출신이었다. 임종을 눈앞에 둔 곽연성은 관기 출신인 첩의 손을 꼭 붙잡고 이렇게 말했다.

"내가 죽으면 너는 반드시 다른 남자에게 시집을 가겠지?

첩이 어떤 대답을 했는지는 알려져 있지 않지만 곽연성도 대답을 들으려고 물은 것이 아니었다. 한 손으로 첩의 손을 꼭 붙잡은 곽연성은 다른 손으로 베개 밑에 숨겨둔 칼을 꺼내서 첩의 눈을 힘껏 찔렀다. 얼굴이 상하면 재혼을 하지 못할 것이라고 생각했기 때문이다. 다행히 첩이 얼른 피해서 눈은 다치지 않고 이마에 상처가 나는 데 그쳤다.

조선시대에 첩은 집안과 가장을 몰락시킬 수 있는 경계의 대상이었다. 《사씨남정기》에서 주인공인 유연수가 들인 첩 교씨는 정처인 사씨를 모함하고, 남편이 위기에 처하자 미련 없이 다른 남자와 함께 떠나버렸다. 김만중이 《사씨남정기》를 통해 풍자하려고 했던 숙종과 인현왕후, 그리고 장희빈의 관계도 그런 시선 안에 갇혀 있다.

하지만 쾌락을 위해 다른 여인을 첩으로 들인 것은 다름 아닌 남자들이었다. 오직 남편의 애정에만 기대서 살아야 했던 첩으로서는 그 애정이 언제 식을지, 그리고 남편이 죽은 후 정처에게 어떤 대접을 받을지 불안해하지 않을 수 없었다.

실제로 1437년, 남편이 죽으면 첩에게 어떤 일이 벌어지는지를 상징적으로 보여주는 사건이 발생했다. 광주 사람인 박구는 아내 이씨의 계집종 서가이를 첩으로 삼아서 데리고 살면서 딸 넷을 낳았다. 조선시대에는 자식이 어머니의 신분을 이어받았기 때문에 서가이가 낳은 딸들은 법적으로는 박구의 노비였다. 박구는 죽기 직전 첩인 서가이와 네 딸들을 모두 노비의 신분에서 해방시켜주는 문서를 주었다. 하지만 박구의 아내 이씨가 세 딸과 함께 그 문서를 빼앗으려고 했고, 서가이가 반항하자 때려죽였다.

서가이의 어머니인 부가이는 이씨의 아버지가 거느리고 있다가 해방시켜준 노비였다. 부가이는 딸의 억울한 죽음을 하소연하기 위해 관청에 고소했지만 이 문제를 재판한 형조에서는 비록 풀려난 노비지만 주인의 자식이 이씨를 고소하는 게 불법이라며 부가이를 처벌하려고 들었다. 이씨의 죄목 중에서도 서가이를 때려죽인 것보다 남편의 뜻을 거스른 것이 더 중한 범죄로 취급되었다.

곽연성이 죽으려고 했던 관기 출신의 첩에게도 서가이와 비슷한 삶이 기다리고 있었을 것이다. 관기 출신이니 곽연성의 남은 가족들이 제대로 대접해줄 리 없을 것이고, 모아놓은 재산이 없다면 빈털터리로 집에서 쫓겨나 당장 갈 곳도 없었을 것이다. 그러니 그녀에게 곽연성이 죽고 난 이후의 재혼은 도리나 예절의 범주가 아닌 생계가 걸린 일이었다. 보통 임종 직전에는 잘못을 뉘우치거나 약해지기 마련인데 곽연성은 여전했던 것이다.

11

부인,
성질을 부리다

오늘날 '남편은 하늘, 아내는 땅'이라고 하면 조선시대에서 타임머신을 타고 왔느냐며 핀잔을 듣거나 무시당할 것이 분명하다. 그런데 정말 조선시대에는 남편이 하늘이고 아내는 땅이었을까? 조선시대의 '부인'이라고 하면 눈을 내리깔고 남편이 하는 말에 무조건 순종했을 것 같지만 모두가 그런 것만은 아니었다. 순종이 미덕인 조선시대 부인들 중에는 성질을 낸 드문 경우도 있었다. 물론《실록》에서는 이런 부인들에게 '악처'라는 타이틀을 붙여줬다.

1457년 5월 19일, 세조는 의금부에 갇혀 있던 박윤창의 아내 귀덕을 풀어주라는 지시를 내린다. 그녀는 여종과 그 자식을 때려죽인 죄목으로 갇혔지만《실록》의 기록은 조금 다른 얘기를 들려준다.

본래부터 성질이 사납고 모질었던 그녀는 매일같이 남편 박윤창에게 큰소리를 치기 일쑤였다고 한다. 그러던 어느 날 새로 이사할 집을 거의 완성하고, 창문을 낼 위치를 의논하러 갔다가 사건이 발생했다. 어느 쪽으로 창문을 낼지 의견이 갈리면서 말다툼이 벌어졌고, 부부간의 큰 싸움으로 이어졌다. 그러자 발끈한 부인이 애꾸눈인 박윤창에게 욕설을 퍼부으면서 장대를 가지고 지붕의 기와는 물론 거의 완성된 집도 박살내버렸다. 그러면서 이런 집을 지어서 무엇 하느냐며 서릿발 같은 분노를 터트렸다.

《실록》에 창문을 낼 벽을 의미하는 창벽窓壁은 물론 집과 방을 뜻하는 당실堂室도 다 부서졌다고 기록된 걸로 봐서 사랑채와 안채, 행랑채를 갖춘 큰 집이었을 것이다. 그러니까 장대를 들고 돌아다니며 기왓장을 부수고 벽을 밀어서 무너뜨린 것이다. 창문을 낼 자리를 의논하는 중이었으니 현장에는 두 사람만 있지는 않았을 터, 사람들이 이 광경을 보고 어떤 생각을 했을지 가히 짐작이 간다. 사관은 이 일을 그녀의 모질고 독한 성질을 증명하는 사건이라고 언급했다.

얼마 후, 귀덕은 계집종과 그 아들을 죽였다는 죄목으로 의금부에 체포되었다. 귀덕이 사내종을 곁에서 부리는데 계집종이 둘이 불륜을 저지르고 있다고 소문을 낸 모양이다. 잔인하고 모진 귀덕은 그녀뿐 아니라 아들까지 때려죽였는데 발각이 되는 바람에 감옥에 갇힌 것이다.

조선시대 노비들은 중요한 재산으로 취급되었고, 주인에게 소유권이 있었다. 하지만 심한 형벌을 주는 것은 엄격하게 금지되었다. 특히 주인이 관아에 고하지 않고 사사롭게 노비를 죽이는 것은 중대한 범죄로 취급되었으며, 이를 어기거나 숨길 경우에는 큰 벌을 받았다. 물론 살인죄가 적용되지는 않았지만 귀덕의 경우는 당사자인 계집 종은 물론 자식까지 죽인 것이다.

그렇잖아도 안 좋은 이미지가 박혀 있는데 이 사건이 터지자 사람들은 다 고소해했지만 애꾸눈 남편 박윤창만큼은 아내의 무죄를 힘써 주장했다. 그야말로 조강지부糟糠之夫가 아닐 수 없다. 사건을 조사하던 관리가 박윤창에게 은밀한 규방의 일을 어찌 다 알고 죄가 없다고 장담하느냐고 비웃었지만 그는 뜻을 굽히지 않았다. 결국 그녀는 석방되었는데 무죄를 주장한 남편 탓인지 아니면《실록》에 나와 있는 대로 가뭄이 심해지면서 죄인들을 풀어주는 조치 때문인지는 알 수 없다. 어쩌면 애초부터 죄가 없었던 것인지도 모른다. 그녀의 남편 박윤창이 무마했을 가능성은 적다. 그는 세조가 즉위하는데 공을 세워서 원종공신에 봉해지긴 했지만 3등에 불과했고, 그녀가 체포될 당시에는 정4품의 무관인 행 호군行 護軍 '행'자는 품계에 비해 맡은 직임이 낮을 때 붙였다으로 아내의 죄를 무마할 만한 위치에 있지 않았다.

그녀가 왜 체포되었는지는 훗날의 기록에서 엿볼 수 있다. 1475년, 성종과 사헌부 관리들이 사대부 여인들의 음란함에 대해서 얘기를 나누면서 귀덕에 관한 얘기가 언급되었다. 성종이 현장을 목격하는 것 외에는 간통이라고 단정 지으면 안 되는 것 아니냐고 물었다. 그러자 사헌부 관리들은 그렇게 되면 좀처럼 꼬리를 잡기 힘드니 음란하다는 소문이 도는 것만으로도 조사를 해야 한다고 주장했다. 그러면서 예전에 박윤창의 아내를 체포한 것도 그와 같은 경우였다고 덧붙인다. 그러니까 귀덕은 실제 간통을 한 게 아니라 소문 때문에 잡혀 들어간 것이다. 성질이 나쁘고 억세다는 것만으로도 죄가 되는 세상에 태어난 여인이 겪은 비극이다.

12

그녀가
매를 맞은 이유

❝ '방귀 뀐 놈이 성낸다'는 속담이 있다. 사자성어로 '적반하
장賊反荷杖'이라는 말도 있다. 사실 비슷한 경험을 해본 사람이라면
이게 얼마나 효과적으로 위기를 벗어날 수 있는 방법인지 알 것이
다. 조선시대에도 이걸 몸소 실천한 남자가 있었다.

1457년 6월 10일, 예조 정랑 우계번이 한양에 온 명나라 사신의
연회에 참석했다가 얼큰하게 취한 상태에서 집에 돌아가는 길이었
다. 술에 취한 그의 눈에 한 기생이 말을 타고 지나가는 것이 보였다.
본래 높은 사람이 지나가면 아랫사람들은 길가로 물러나서 지나갈
때까지 기다려야만 했다. 그런데 감히 기생 주제에 그냥 지나가다니,
두고 볼 수 없다고 생각한 우계번은 거느리고 가던 조례皁隷, 한양의 각

관청에서 부리던 노비를 시켜서 끌어내리게 했다. 조례가 기생이 아니라 양가집 규수라고 얘기했지만 우계번은 코웃음을 쳤다.

"말군襪裙, 조선시대 여인들이 치마 안에 받쳐 입은 바지로 조선 전기에는 귀부인들 만 착용했다도 안 입은 계집이 어찌 양가집 규수라고 한단 말이냐. 당장 끌어 내려 벌하도록 하라!"

결국 말을 타고 가던 여인은 땅바닥에 끌려 내려 채찍질을 당했다.

문제는 이때부터 시작된다. 조례의 말대로 그녀는 기생이 아니라 양가집 규수, 그것도 영접 도감사 조숙생의 아내였기 때문이다. 아내가 봉변을 당했다는 소식을 들은 조숙생은 세조에게 이 사실을 고했다. 세조는 술에 취해서 실수를 한 우계번을 즉시 의금부에 가두고 매를 맞고 의식을 잃은 조숙생의 처에게 의원을 보내서 치료하게 해주었다.

하지만 이 사건을 《실록》에 적은 사관은 술에 취한 우계번의 한심한 실수가 아니라 조숙생의 아내가 스스로 자처한 사고로 보았다. 사관은 옛날부터 여인들이 바깥출입을 할 때는 휘장을 두른 가마를 타서 외간남자들이 함부로 보지 못하게 했다고 적었다. 그리고 말을 타고 간다고 해도 면사面紗, 조선시대 여인들이 사용하던 쓰개로 머리부터 온몸을 가린다를 쓰고 말군을 입었는데 요즘 들어서 말군도 안 입고 면사도 둘둘 말아 올리고 다니면서도 부끄러운 줄 모른다고 한탄했다. 만약 그녀가 사방이 막힌 가마를 타고 갔거나 말을 타고 가더라도 면사로 온몸을 가리고 말군을 입었다면 우계번이 기생으로 착각하지 않았을 것이니 이것은 우계번의 실수가 아니라 그녀가 스스로 욕을 부른 것이라고 결론을 내렸다. 그렇다면 사관의 주장대로 옛날 여인들은 외출할 때 사방이 막힌 가마를 타거나 면사로 온몸을 가리고 다녔을까?

사건이 있기 50여 년 전인 1404년, 태종은 정3품 이상의 관리의 처는 사방이 트인 가마인 평교자 대신 지붕이 있고 사방이 막혀 있는 옥교자를 타고, 나머지는 말을 타고 다니라는 지시를 내렸다. 평교자를 타고 다니다가 가마를 든 하인들과 신체접촉이 생기는 것을 막기 위한 조치였다. 하지만 부녀자들은 여전히 사방이 트인 평교자를 타고 다니는 것을 좋아했다. 1432년에는 세종이 사대부의 부녀자는 평교자를 타고 다니지 말라는 금지령이 떨어진 지 오래인데 아직도 바뀌지 않았다며 다시 금지령을 내린다. 12년 후인 1444년, 또 평교자를 타지 말라는 지시가 내려온 것으로 봐서는 사관의 생각과는 달리 조선의 여인들은 외출할 때 여전히 평교자를 애용한 것으로 보인다.

왕이 거듭 언급한 평교자 금지령을 무시할 정도였으니 외출할 때 얼굴을 가리라는 지시 역시 제대로 이행되었을 리 만무하다. 그러니까 사관의 얘기대로 옛날에는 외출하는 여성들이 사방이 막힌 가마를 타거나 말을 탈 때도 면사를 푹 눌러쓴 게 아니라는 뜻이다. 하지만 사관은 무작정 옛날에는 그러지 않았는데 요즘 풍습이 경박해졌다며 혀를 찼다. 결국 사관은 조숙생의 처가 길을 가다가 봉변을 당한 건 술에 취한 우계번의 잘못이 아니라는 얘기를 하고 싶었던 것이다. 5,000년 전에 만들어진 이집트 파피루스에 "요즘 젊은이들은 버릇이 없다"라고 적혀 있다고 하던데, 조숙생의 아내가 당한 봉변을 기록한 사관도 입버릇처럼 "요즘 여자들은……"이라고 불평했을지 모를 일이다. 타인에 의해 세상이 망가져가고 있다고 생각하는 사람들이 보이는 공통점이 있다. 바로 본인은 스스로에게 면죄부를 줬다는 것이다. 자신들의 완고함이 곧 정의이자 원칙이라고 굳게 믿은 채 타인에게 손가락질을 하고 있는 것이다. 자신이 바로 세상을 망치는 주범인지 모르고 말이다.

13

자유를
향한 탈출

❝ 1444년 10월 14일, 세종은 상왕으로 물러난 태종이 머물던 수강궁壽康宮의 궁녀 85명을 의금부에 하옥시키라는 명을 내렸다. 궁녀 85명이라니…… 보통일이 아니었던 모양이다.

태종이 궁녀에게서 낳은 옹주翁主, 임금과 후궁 또는 궁녀 사이에서 낳은 딸의 하녀인 고미가 수강궁에서 도망친 것이 발단이었다. 보고를 받은 세종은 즉시 잡아들이라는 명령을 내렸고, 한양과 근방을 대대적으로 수색한 끝에 붙잡아 들였다. 고미는 경복궁 안에 갇힌 채 도망친 이유와 동조자가 있는지에 대해 철저하게 심문을 받았다. 이때 그녀를 심문한 사람들은 훗날 계유정난을 일으켜서 조카를 내쫓고 왕위에 오른 수양대군이때는 진양대군이라고 불렸다, 세종의 다섯째 아들인 광평대군, 훗날 수양대군과 대립한 금성대군, 그리고 좌부승지 황수신이었다.

고미가 털어놓은 관련자들은 무려 100명이나 되었다. 끌려온 궁녀들은 일일이 심문을 받았는데 그 중 혐의가 있다고 판단되면 의금부에 내려졌다. 하지만 궁녀들은 수백 대의 매를 맞고, 무거운 돌을 올려놓는 압슬형을 당하면서도 끝끝내 자백을 하지 않았다.

이 일은 그해 겨울을 지나 다음해 봄까지 이어졌다. 백성을 끔찍이도 사랑한 것으로 알려진 세종이 궁녀 한 명의 탈출을 놓고 수십 명을 고문하게 했다는 사실은 우리에게 적지 않은 충격을 안겨준다. 하지만 세종의 입장에서는 과거에 며느리인 순빈 봉씨가 궁녀와 동성애를 즐기다가 발각된 일처럼 무슨 일이 벌어지지 않았을까 하는 우려 때문에라도 철저하게 조사해야 했다. 또한 궁궐 내부의 일이 바깥으로 새어나가거나 안 좋은 일을 신하들에게 털어놓는 것은 임금의 체면이 깎이는 일이었다.

이미 며느리들이 사술을 쓰거나 동성애를 저질렀다는 사실을 신하들에게 어렵게 털어놔야만 했던 세종으로서는 철저하게 뿌리를 뽑고 싶었을 것이다. 그렇다면 고미는 왜 도망쳤을까? 옹주의 하녀라면 그리 힘든 일을 하지도 않고 먹고 사는 것이 어렵지는 않았을 것이다. 《실록》에서는 그녀의 탈주가 벌인 파장에 대해서 자세하게 적어놨지만 정작 그녀가 왜 도망치려고 했는지에 대해서는 따로 기록하지 않았다.

아마도 자유를 향한 탈주가 아니었을까? 옹주의 시녀라 덜한 편이었겠지만 조선시대 왕궁에서 일하는 궁녀들은 임금의 눈에 띄지 않는 이상 평생을 홀로 살아야만 했다. 궁궐 안에 있었기 때문에 먹고 사는 문제는 해결됐지만 대신 여인으로서의 행복 역시 포기해야만 했다. 한번 궁궐에 들어오면 죽기 전에는 나가지 못했고, 설사 운 좋게 나갔다고 해도 궁녀와의 결혼은 엄격하게 금지되어 있었다. 따라서 아무도 그녀들을 아내로 맞이하지 못했다. 살아 있어도 살아 있는 존재가 아니었던 셈이다. 그녀들은 안정되고 좋은 직장과 살아가는 데 별 문제가 없을 정도의 재물을 받았다. 하지만 가장 중요한 '자유'가 없었다.

오늘날 먹고사는 문제는 모든 문제보다 우선시된다. 더불어 좋은 직장과 안정된 생활을 꿈꾼다. 하지만 그런 것들을 얻기 위해 희생해야 하는 것들 중에는 '인간'이 들어 있다. 인간이 존엄성과 자존심, 호기심을 모두 포기한 채 얻는 물질적 행복이 얼마나 가치가 있을까? 그런 것들이 얼마나 불행한 삶으로 이어지는지는 고미를 비롯한 조선시대 궁녀들을 보면 알 수 있다.

조선시대에 이런 일이!

　도덕관념이 엄격했을 것 같던 조선시대에도 현대 못지않은 성추문과 스캔들이 많았다. 세조 8년인 1462년 6월 14일, 사헌부에서 김포에 사는 검호군 최호가 처남의 처를 간통하다가 아예 아내로 삼았다면서 고신告身, 관리에게 주는 임명장을 빼앗고, 평안도 강계로 유배를 보낼 것을 청했다. 지금 일어나도 충격적이었을 것 같은 이 사건은 최호와 처남의 처였다가 아내가 된 여인이 멀리 강계로 떠나면서 끝났다.

　얼마 전에 현직 검사가 사무실에서 피의자와 성관계를 맺었던 사실이 알려지면서 큰 충격을 주었다. 조선시대에도 이와 유사한 사건들이 몇 차례 발생했다. 세종 26년인 1444년 10월 10일, 수강궁壽康宮, 세종에게 양위한 태종이 머물기 위해 세운 궁궐로 현재의 창경궁 자리에 있었다에서 숙직 중이던 문승유가 효도라는 여자에게 남자 옷을 입혀서 들어오게 한 다음에 숙직소에서 관계를 맺은 사실이 발각되었다. 문승유는 신성한 궁궐에 여자를 몰래 끌어들여서 재미를 본 대가로 의금부에 갇히게 되었다.

　성종 20년인 1489년 8월 15일에도 비슷한 사건이 벌어졌다. 왕이 대신들과 함께 장악원에서 달구경을 하고 있는데

검은 구름이 달을 가려서 잠깐 어두운 틈에 승지 조극치가
기생과 함께 음란한 짓을 벌인 것이다. 임금과 동료 관리들
이 있는 곳에서 대담한 짓을 저지른 조극치는 별다른 처벌을
받지 않았다. 단지 이 사실을 듣거나 본 사관이《실록》에 남
겨놓는 바람에 오늘날까지 웃음거리가 되었다.

5부

고향을 그리워하는 마음은 귀천이 없다

조선을 찾아온 낯선 사람들

조선은 여러 나라들과 교류했다. 이슬람교도가 들어와 살았고, 몽골의 후예를 자처하는 이들도 있었다. 지금의 오키나와에 해당되는 유구국과도 왕래했으며, 사신을 보내 흘러 들어간 백성들을 데리고 오기도 했다. 귀화한 여진족과 일본인들이 관직을 제수 받아 일을 하기도 했다. 사람들은 조선의 색깔이 백색 하나뿐이라고 생각하지만, 실상은 다양한 색깔들이 한데 어우러진 나라였다. 이 땅에 낯선 이들이 살고 있었다는 기억은 역사 속에서 사라져버렸다. 하지만《실록》여기저기에 그들이 남겨놓은 흔적들이 보인다.

1
—

버려진 기억,
만산군

❝　　죽을 고비를 무릅쓰고 고향에 돌아왔는데 아무런 도움도
못 받는다면 얼마나 절망스러울까? 600여 년 전, 조국이 도와줄 것
이라고 믿고 필사의 탈출을 한 사람들이 있었다. 하지만 조국은 그
들을 배신했다. 혹시 만산군漫散軍이라는 군대를 알고 있는가? '넓을
만漫'에 '흩어지다 산散'을 써서 '넓게 흩어져 있는 군대'쯤으로 예상
한다면 만산군의 정체를 반은 알고 있는 셈이다. 이들의 정체는 조
선 초기로 거슬러 올라간다.

《실록》에 만산군이라는 정체불명의 군대가 처음 등장한 것은 태
종 2년 때다. 그러니까 1402년 3월 26일, 만산군 2,000명이 평안북
도 북동부 '강계'라는 곳에 도착했다는 기사에서 처음 소개된다. 언

뜻 고려 말기 무시무시한 악명을 떨쳤던 홍건적이 떠오르지만, 이상하게도 무력충돌은 없었다. 태종은 신하들과 함께 이들을 받아들여야 할지 말아야 할지 논의하다가 결국 거주를 허락했다. 조선은 왜 군대를 출동시켜서 토벌하는 대신 만산군의 거주를 허락했을까? 그리고 만산군은 왜 약탈을 하는 대신 얌전히 흩어져 살게 된 것일까?

1398년, 무던히도 조선을 괴롭히던 홍무제 주원장의 사망 이후 명나라는 내분에 휩싸인다. 주원장의 뒤를 이어 즉위한 손자 주윤문과 연왕으로 책봉되어 북경 지역을 장악하고 있던 주원장의 넷째 아들 주체가 왕권을 놓고 내전을 벌인 것이다. 1399년 시작된 전쟁은 1402년까지 계속된다. 이 와중에 요동의 동녕위천호東寧衛千戶 임팔라실리林八剌失里가 연왕 측에 반기를 들었다. 그는 1만여 명의 무리와 함께 추격하는 연왕 측의 군대를 격파하고 조선에 투항한다. 그리고 이들의 출현을 보고받은 태종은 신하들과 논의한 끝에 거주를 허락한 것이다.

임팔라실리와 만산군이라는 이름의 무리는 스스로 무장을 해제하고 지방으로 흩어졌다. 여기까지의 기록만 본다면 명나라가 혼란해진 틈에 일어난 반란군 중 일부가 조선에 들어와서 살게 된 것으로 보인다. 하지만 만산군을 구성하는 사람들 대부분은 1382년과 그 이듬해 고려를 침공했던 여진족 추장 호발도胡拔都에 의해 끌려간 고려인들이었다. 세조 10년인 1464년 8월 1일 양성지의 상소문을 보면 조선이 만산군을 고려인들이라고 파악하고 있음을 알 수 있다.

"신臣이 《요동지遼東志》를 보건대, 동녕위東寧衛에 소속된 고려사람이 홍무洪武의 연간年間에 3만여 명이 되었으며, 영락永樂의 세대에 이르러서 만산군이 또한 4만여 명이 되었습니다. 지금 요동遼東의 호구戶口에서 고려사람이 10분의 3이 살고 있어……."

그러니까 여진족에게 끌려가서 동녕위東寧衛에 거주하고 있던 이들이 혼란한 틈을 타서 10년 만에 필사의 탈출을 감행한 것이다. 비록 고려에서 조선으로 이름이 바뀌기는 했지만 꿈에도 그리던 고향으로 돌아온 것이다.

하지만 이들의 행복은 잠시뿐이었다. 그해 6월, 남경을 점령하고 명나라 황제의 자리에 오른 주체가 만산군의 송환을 요구했다. 그리고 그해 12월, 태종은 명나라 사신이 오기 전에 지방에 흩어져 살고 있던 이들을 잡아두라고 지시한다. 명나라 사신들이 만산군을 빠짐없이 송환하라고 요구했고, 태종은 한 명도 빠짐없이 돌려보낼 것을 약속했다.

1403년 1월 27일, 3,649명을 시작으로 만산군의 송환이 시작된다. 그리고 3월 22일에는 1만 3,641명의 만산군 중 1만 920명을 송환하기 위해 호송 중이고 2,225명은 도망갔으며 병이 나서 움직일 수 없는 자가 496명이라고 명나라에 보고한다. 만산군을 명나라로 돌려보낸 기록은 1413년까지 이어진다.

태종을 비롯한 조선의 지배층에게 이 문제는 새로 황제의 자리에 오른 영락제의 심기를 건드리지 말아야 할 정치적인 사안이었다. 명나라에게는 자신들을 배반하고 도망친 자들에 대한 정당한 처벌이자 복수처럼 느껴졌을 것이다. 이런 정치와 외교의 틈바구니에서 10여 년 만에 고국으로 돌아온 그들이 설 자리는 없었다.

　혹자는 얘기할 것이다. 조선이 만산군을 송환하지 않으면 명나라와의 일전을 해야 했으니 더 큰 피해를 줄이기 위해서 어쩔 수 없는 선택이었다고 말이다. 그렇게 정치 논리에 밀려서 10년 만에 돌아온 고향에서 쫓겨나 명나라로 다시 끌려간 만산군은 그 후 몇 차례 언급되는 것을 끝으로 조선의 기억에서 버려졌다. 끌려가던 그들이 길가에 뿌렸을 눈물과 애환 역시 금방 잊히고 말았다. 만산군의 슬픈 역사는 이후 조선과 일제 치하 그리고 대한민국의 역사에 계속해서 반복된다. 역사의 소용돌이에 휘둘려 멀리 만주로, 러시아로, 아메리카 대륙과 유럽으로 원치 않는 이주를 해야 했던 수많은 한민족의 삶을 통해서 말이다.

2
—

백성 찾아
삼만 리

　　1416년 1월 27일, 태종이 이예를 유구국에 사절로 파견했다. 전년 8월 5일, 좌대언 탁신이 유구국에 사절을 보내 왜구에게 붙잡혀갔다가 팔려간 조선인들을 돌려보내주길 청해야 한다고 말한 것의 후속조치였다. 조선 창립 이래 왜구의 침입이 끊이지 않았고, 적지 않은 백성들이 일본에 붙잡혀 끌려갔다. 잡혀간 백성들은 이리저리 팔려갔는데 그 중 일부가 멀리 유구국까지 끌려간 것으로 보인다.

　　탁신의 얘기를 들은 태종은 한양에 거주하는 왜인 평도전을 불러 유구국까지 뱃길이 어떠한지에 대해 물었다. 하지만 뱃길이 멀고 험해서 자원하는 관리가 없는 까닭에 출발이 계속 지체되었다. 그 와

중에 일부 관료들이 유구국까지의 거리가 멀고 사절을 보내는 데 비용이 많이 드는 점을 들어 반대의견을 냈다. 그러자 태종은 다소 냉소적으로 대답한다.

"사람이 고향을 그리워하는 마음에는 귀하고 천함이 없다. 만약 귀한 집 자식이 끌려갔으면 그대들 입에서 돈이 많이 들거나 번거롭다는 얘기가 나왔겠는가?"

이렇게 태종이 신하들의 반대를 뿌리치고 유구국으로 파견한 이예는 조선 전기에 맹활약한 전문 외교관이다. 주로 일본과의 외교에 투입되었는데, 5년 전인 1406년에도 일본에 끌려간 백성 70명을 데려온 적이 있었다.

1월에 유구국으로 출발했던 이예는 7월 23일 44명의 백성과 함께 돌아왔다. 모두 왜구에게 붙잡혔다가 유구국으로 팔려갔던 사람들이다. 그 중 경상도 함창현 사람인 전언충은 을해년, 즉 1395년에 열네 살의 나이로 잡혀갔다가 20년 만에 돌아왔는데 부모가 모두 사망한 후였다. 이 사연을 들은 태종은 장례에 쓰라며 옷과 베, 그리고 쌀과 콩을 하사했다.

조선 전기는 후기에 비해 다양한 나라들과 폭넓게 접촉했다. 유구국과도 많은 교류가 있었는데 주로 배를 타고 가다가 난파한 어민들이 표류했거나 이렇게 일본에서 노예로 팔려간 백성들이 적지 않았던 것으로 보인다. 멀리 유구국까지 관리를 파견하는 데 드는 비용과 시간을 생각하면 송환에 반대한 대신들의 주장이 틀린 것은 아니다. 하지만 태종의 예리한 지적처럼 유구국으로 끌려간 백성들 중에

조선과 이웃 나라
19세기에 제작된 지도책으로 조선을 비롯하여 일본과 중국, 유구국이 그려져 있다.

대신들의 일가친척이나 아는 사람이 있었다고 해도 이렇게 냉정하게 계산하고 비용문제를 이유로 반대할 수 있었을지는 의문이다.

국가가 나서지 않자 개인이 직접 나서서 가족들을 데려온 경우도 있다. 1437년 7월 20일, 김원진이라는 백성이 유구국으로 직접 건너가 손녀딸인 용덕을 비롯한 백성 여섯 명을 데리고 돌아왔다. 유구국까지 가서 손녀딸과 백성들을 찾아서 돌아온 과정은 빠져 있지만 힘들고 고생스러웠을 것이라는 사실은 어렵지 않게 짐작할 수 있다. 조정에서는 김원진에게 상으로 베를 몇 필 주었다. 하지만 필시 손녀딸을 찾아달라고 관청에 여러 번 애원했을 김원진이 상을 받은 것을 고마워했을 것 같지는 않다.

국가가 국민들을 얼마만큼 그리고 어디까지 책임져야 하는지는 명확하게 정해져 있지 않다. 하지만 국가가 그 구성원들을 끝까지 책임져주는 모습을 보여줄 때 국민들 역시 국가에 대해서 얼마만큼 충성해야 하는지에 대해서 고민할 것이다.

3
—

가족을 찾아
조선에 오다

❝ 조선시대에는 해외여행은커녕 여행 자체가 불가능했다. 노비의 경우 주인이 써준 허가증이 없으면 강을 건너는 나룻배조차 타지 못했다. 농업국가인 조선에서는 백성들이 떠돌아다니는 것을 극도로 경계하여 엄격하게 통제했다. 하물며 다른 나라로 넘어가는 것은 크나큰 모험이었다. 하지만 갸날픈 여인의 몸으로 국경을 넘는 모험을 감행한 여인이 있었다.

1427년 1월 10일, 경상도 감사가 대마도에서 온 아마이소阿磨而所라는 늙은 일본 여인의 애틋한 사연을 상소로 올렸다.

기해년인 1419년에 부산포에 장사를 하러 왔던 남편 고라시라와 아들 삼미삼보라, 딸 감인주의 소식이 끊기자 이들의 행방을 수소문하다가 직접 찾으러 왔다는 것이다. 당시 일본인이 허가를 받지 않고 조선으로 오는 것은 목숨을 건 불법 행위였다. 하지만 가족을 찾고자 하는 그녀의 의지는 죽음의 공포 따위는 가볍게 뛰어넘었다.

그녀가 가족들과 헤어진 1419년은 최윤덕 장군의 대마도 정벌이 있었던 시기다. 대마도 정벌은 1년 전에 세종에게 양위를 하긴 했지만 병권을 여전히 장악하고 있던 태종의 작품이다. 잠시 잠잠했던 왜구가 이 시기 다시 극성을 부린 것이 원인이었다. 1419년 5월 7일자 《실록》의 기사를 보면 30척이 넘는 왜선들이 충청도의 도두음곶이都豆音串에 쳐들어와서 조선의 군선 7척을 불태우고 상륙해서 비인현의 성을 포위한 사실이 나와 있다. 왜구에게 포위당한 비인현의 군사들과 백성들이 결사적으로 항전하고 원군이 도착하면서 포위가 풀렸다. 하지만 적지 않은 군사와 백성들이 죽었고, 성 밖의 민가들은 모두 불에 타거나 약탈을 당했다.

태종은 보고를 받고는 근본적인 해결책으로 왜구의 근거지인 대마도를 정벌하기로 마음먹는다. 이종무를 지휘관으로 임명하고 원정 준비를 진행하는 가운데 조선에 와 있던 일본인들의 처리 문제가 수면 위로 떠올랐다. 이들에게 조선의 대마도 원정 계획이 알려지면 미리 대비를 할 것이 뻔했기 때문에 비밀을 지키기 위해서는 모종의 조치가 필요했다. 아울러 조선군이 대마도를 토벌했다는 사실을 일본인들이 알면 난동을 부릴 수도 있었다. 결국 조선에 와 있는 일본인들을 강제로 억류한다는 결정이 내려졌다. 태종은 불시에 군대를 동원해서 조선에 와 있던 일본인들을 모두 체포해서 각지에 분산시켰다. 이 와중에 저항하던 일본인들이 죽기도 했다. 대마도 원정이 성공적으로 종료된 이후에도 이들을 풀어주거나 송환하는 조치는 취해지지 않았다.

그렇게 10년에 가까운 세월이 흐르고 차츰 그 일이 사람들의 기억에서 사라져갔다. 공격을 받은 대마도는 조선에 사죄를 하고 통상을 허락해달라고 요청했다. 조선은 이들의 죄를 용서하고 예전으로 돌아갔다. 양쪽 모두 좋은 관계를 유지하기 위해서 과거의 일들을 언급하지 않았다.

하지만 아마이소는 그 일을 잊지 못했다. 그러다가 조선에 억류된 남편과 자식들을 직접 찾으러 온 것이다. 그녀의 남편과 딸은 순흥에 있었고, 아들은 봉화에 살고 있었다. 사연을 들은 세종은 불쌍히 여기고 아마이소를 순흥에 살도록 하고 봉화에 있던 아들도 옮겨오도록 했다. 오랜만에 만난 가족들은 지나간 얘기들로 밤새 꽃을 피웠으리라. 이들은 아마 다시는 고향으로 돌아가지 못했겠지만 가족들끼리 모여 살 수 있었던 것만으로도 행복해했을 것이다.

4

맹활약한
귀화인

      얼마 전 언론 기사를 통해 이주노동자, 결혼이민자, 귀화자 등 한국에 체류하는 외국인 수가 150만 명을 돌파했다는 소식을 들었다. 현재 대한민국의 인구가 5,000만 명에 가까운데, 그렇다면 100명 중 3명이 외국인인 것이다. 현실은 그러한데 아직 우리의 의식은 그 흐름을 따라가지 못하고 있는 듯하다. 백의민족 또는 단일민족이라는 '신화'를 오랫동안 굳게 믿고 살았던 우리에게 낯선 이방인들이 주변에 점점 늘어나는 현상은 영 불편하게 느껴진다. 특히 우리보다 못사는 나라에서 온 외국인이나 백인 외의 인종에게는 그렇지 않은 외국인과는 다른 느낌을 갖는다. 점차 의식이 바뀌기는 하겠지만 그 과정에서 상처받고 고통당하는 사람들을 배려하고 보호하는 노력이 필요할 것이다. 외국에 사는 한국인 또한 우리 사회의 외국인과 같은 입장일 테니 말이다.

어떤 사람들은 우리나라는 오랫동안 외국인과 함께 살지 않았기 때문에 어색한 건 당연하다고 얘기한다. 하지만 조선시대에도 적지 않은 외국인들이 이 땅에 살았다. 그 중에는 귀화인도 많았는데, 현재 우리의 핏속에는 그들의 흔적이 남아있을지도 모른다. 가장 잘 알려진 인물은 네덜란드인 박연과 일본인 김충선이다.

그들만큼 유명하지 않지만 조선 태종 때 맹활약한 평도전이라는 귀화인도 있다. 그의 이름이 《실록》에 처음 등장한 것은 1407년 3월 16일 자 기사로, 대마도 도주가 붙잡혀간 백성들을 돌려보내고 공물을 바치면서 무릉도에 살게 해달라고 요청하는 사절로 왔을 때다. 조선은 섬을 비우는 정책을 취했기 때문에 무릉도는 비어 있었지만 골칫거리인 그들을 살게 할 생각은 없었다. 이후 평도전은 조선에 남았는데 스스로 자처했는지 아니면 조선 측에서 요청했는지는 알 수 없다.

그는 조선과 대마도를 오가면서 붙잡혀간 조선 백성들을 송환하는 등 외교사절의 역할을 맡았다. 태종은 그의 활약이 마음에 들었는지 아버지의 장례를 치르도록 일본에 돌아갔다가 오는 것을 허락하고 재물과 집을 하사하기도 했다. 이외에도 일본 방식대로 군선을 만들어서 조선의 군선과 속도 테스트를 하는 일에 참여했으며, 태종의 비상소집령에 무장을 갖추고 제일 빨리 달려와서 상을 받기도 했다.

평도전은 조선과 조선에 거주하던 왜인 간의 갈등이 불거졌을 때

중재역할을 했으며, 대마도와 조선의 비공식적인 외교라인 역할도 수행했다. 대마도에서는 평도전에게 종종 조선에 대한 불만사항들을 적은 편지를 보내 우회적으로 의사를 전달했다. 1419년, 충청도 비인현에 왜선 50척이 쳐들어오자 세종은 즉시 군대를 보내는 한편 평도전을 충청도 조전병마사로 삼아서 부하들을 거느리고 함께 가게 했다. 평도전은 비인현에 침입한 왜구들은 놓쳤지만 윤득홍과 백령도에 있던 왜선들을 공격해서 공을 세웠다. 세종은 윤득홍과 함께 싸운 그에게 상을 내렸다.

하지만 조정에서는 그의 능력을 높이 사면서도 흉포한 성격을 두려워했다. 평도전은 죄를 짓고 추궁을 당하면 칼로 할복하는 시늉을 하기도 했고, 포상이 적다고 불평을 자주 늘어놓은 것 역시 의심의 대상이 되었다. 상왕 태종은 왜선들의 비인현 침공을 계기로 대마도를 토벌하기로 결심했다. 지휘관으로 임명된 최윤덕은 대마도로 출동하기에 앞서 조선에 와 있던 왜인들을 붙잡아서 감금했다. 비밀 유지와 더불어 소동을 막기 위한 조치였는데 이때 극심하게 반항한 왜인들은 목을 베었다. 그 중에는 평도전의 아들 평망고가 있었다. 며칠 후 평도전은 백령도 싸움에서 최선을 다하지 않고, 대마도와 은밀히 연락을 취했다는 죄목으로 가족들과 함께 평양으로 귀양을 갔다. 그의 부하들은 함길도로 보내버렸다. 하지만 왜통사 박귀가 평도전과 함께 가는 것을 청하는 등 조선에서 오랫동안 지내면서 나름 인망을 쌓은 것으로 보인다. 대마도에서는 그의 송환을 요청했지만 조선은 그가 이미 조선의 백성이라는 이유로 거절한다.

1426년, 평도전의 딸이 혼수가 없어서 시집을 가지 못하고 있다는 얘기를 들은 세종은 현지 수령에게 재물을 주라고 지시했다. 그리고 한참 지난 1434년 죄를 용서해주자는 얘기가 나오지만 묵살당하는 것을 끝으로 그의 기록은 역사 속에서 사라진다.

그의 활약은 조선이 얼마나 적극적으로 귀화인을 받아들이고 이용했는지를 보여준다. 더불어 그의 몰락은 조선이라는 나라에서 귀화인들이 어떻게 사라져갔는지를 상징하기도 한다. 혼수가 없어서 결혼하지 못했던 평도전의 딸과 다른 자식들은 조선의 백성들과 혼인을 치르면서 자연스럽게 섞였다. 그리고 자신들의 조상이 어디서 왔는지 왜 이곳에 살게 되었는지 잊어버렸을 것이다.

5
—

경복궁에서
《코란》을 낭독하다

" 역동적이고 개방적인 고려에 비해 정체되고 폐쇄적이었을
것 같던 조선도 나름 개방적이었다.

1407년 1월 17일, 일본에서 온 어느 사절이 태종에게 하직인사를
하기 위해 궁궐을 찾아왔다. 그는 온몸을 가린 낯선 옷차림에 특이
하게도 머리에 천을 두른 낯선 사람들과 동행했다. 조선에는 왜인부
터 여진족, 유구국 사람들까지 자주 드나들었지만, 이런 옷차림과 생
김새는 처음이었다. 태종은 궁금하여 그들이 누군지 물었다.

그들은 회회교回回教 사문沙門 도로와 그의 가족들이었다. 회회교는
이슬람교를 뜻하고, 사문은 출가해서 수행을 하는 사람을 지칭하는
것으로 스님을 뜻했다. 이슬람교는 불교나 그리스도교와는 달리 가

이슬람교도가 《코란》을 낭독한 경복궁 근정전 앞
이슬람교도들이 자신들만의 복장과 종교를 가지고 자유롭게 살아갔다는 점은 조선 초기
의 역동성을 보여주는 사례라고 할 수 있다.

르침을 전하거나 전파하는 존재가 없었다. 그럼에도 그를 특별히 사
문으로 지칭한 것으로 봐서는 일정한 위치에 있었던 인물로 보인다.

그들이 조선에서 살기를 청하자 태종은 승낙하고 살 집을 내려줬
다. 조선에 거주하게 된 도로는 금강산과 김해 일대를 돌면서 수정
을 캐서 바쳤다. 피부색은 차치하고 머리에 쓴 터번과 특이한 복장
을 본 백성들은 그를 신기한 듯 바라보았다. 노인들은 고려시대 개
경에 살던 회회인들에 관한 얘기를 들려줬을 것이다.

도로는 전국을 돌면서 수정을 300근이나 캐내어 바쳤고, 비슷
한 시기 다른 회회인 사문 다라는 옥을 가공해서 도장을 만들었다.

1415년에는 일본 규슈에 사는 회회인이 태종에게 공물을 바치기도 했다. 다음해에 호조에서 비용을 줄이기 위한 조치를 취하면서 회회 인들에게 매달 주는 곡식을 주지 말 것을 청한 것을 보면 조선에 거주한 회회인의 수가 적지 않은 것으로 보인다.

회회인들은 한양뿐 아니라 지방에도 거주하고 있던 것으로 보이는데 세종이 행차하는 길에 개성의 관리와 노인들이 인사를 하러 왔을 때 이들도 함께 참석했다. 이는 고려시대부터 살던 회회인들이 여전히 개성에 거주하고 있었다는 사실을 말해준다. 1419년 종묘를 배알하고 임금에게 조하朝賀, 정월 초하루를 비롯해서 각종 경축일에 신하들이 임금이나 왕비에게 축하하는 의식하는 의식 중에는 회회인들이 송축하는 절차가 기록되어 있다. 이것은 이슬람교도들이 경복궁에서 열린 조회에서 《코란》을 낭독하거나 이슬람식으로 기도를 했다는 것을 의미한다.

경복궁에 문무백관들이 늘어서 있는 가운데 터번을 쓴 회회인들이 세종 앞에서 《코란》을 낭독하는 풍경은 쉽사리 상상이 가지 않지만 엄연한 역사적 사실이다. 이들이 우리 땅에서 사라진 것은 1427년에 내려진 금지령 때문이다.

이슬람교도들의 복장이 조선의 백성들과 달라서 아무도 그들과 혼인하려 하지 않는다는 보고를 받은 세종이 터번을 비롯한 이슬람교도의 복장을 금지시킨 것이다. 더불어 조회 때 궁궐에서 《코란》을 낭독하는 의식도 없앴다. 이 조치가 내려진 이후 한반도에서 이슬람교도들은 차츰 사라져갔다.

그러나 조선과 이슬람의 교류는 알게 모르게 계속 이어졌다. 세종 재위 시절 새로 만들어진 역법은 이슬람에서 쓰는 회회력을 참고했다. 이때 만들어진 역법은 오늘날 우리가 쓰는 음력의 기초가 되었다. 또한 도자기를 만드는 데 필요했던 안료인 회회청은 페르시아에서 캐낸 것이 중국을 거쳐 우리나라까지 들어온 것이다. 이렇게 조선 초기에 정착했던 회회인들은 사라지고, 그들의 기억조차 희미해졌다. 그들이 다시 한반도에 뿌리를 내린 것은 대한제국과 일제 강점기 때다. 러시아에 살고 있던 터키인들이 혁명을 피해 만주를 거쳐 조선으로 건너온 것이다. 그리고 잘 알려진 바와 같이 한국전쟁 때 지원군을 파병해준 것을 계기로 오랜 인연을 이어가고 있다.

6

수유적을
폐지하다

❝ 　조선의 백성이라면 초가집에 살면서 농사를 짓는 모습밖에
는 상상이 가지 않을 것이다. 하지만 조선 초기에는 소나 양 떼를 몰
고 이리저리 떠돌아다니면서 풀을 먹이거나 젖을 짜는 광경을 어렵
지 않게 볼 수 있었다.

　1421년 11월 28일, 상왕 태종은 수유적酥油赤을 폐지하라고 명을
내렸다. 수유란 소나 양의 젖을 뜻하는 것으로, 이들 수유적은 일반
백성들처럼 농사를 짓지 않고 짐승을 도살하는 일을 했다. 고려시대
에 원나라로부터 흘러들어온 몽골인들이 적지 않았는데, 수유적은
바로 이들의 후손으로 보인다. 농경의 나라 조선에서 소나 양을 키
우고 도축하는 이들의 존재는 분명 낯설었을 것이다. 이 시기의 회

회인들이 그들의 복장을 고수했던 것처럼 수유적도 자신들만의 옷차림을 고수하고 독특한 생활풍습을 유지했을 가능성이 높다.

달단韃靼, 즉 몽골의 후예를 자처했던 수유적은 군역을 부여받는 대신 사옹방司饔房, 임금과 궁궐 안의 식사 문제를 담당하는 관청에 수유를 바쳤다. 젖소가 없던 시절이라 젖을 구하는 일은 수유적만이 할 수 있는 일이었기 때문에 군역 면제라는 파격적인 특혜를 인정받았던 것이다. 1417년, 태종이 함길도와 평안도, 황해도의 백성들 중 이런저런 명목으로 군역을 피하는 자들을 엄히 단속하라고 명령할 때도 달단들은 그냥 놔두라고 지시한 것 역시 이런 상황을 고려한 것으로 보인다. 하지만 이들이 바치는 젖의 양이 형편없고, 군역을 피하기 위해 수유적을 자처하는 백성들이 늘어나면서 문제가 발생했다.

황해도 서흥군에서는 건장한 남자들이 무려 21명이나 수유적 한 집의 호적에 들어가서 군역을 피하려고 한 사실이 발각되기도 했다. 그러자 태종은 병조에 수유적을 폐하고 이들을 모두 군역에 충당시키라는 명을 내린다. 신하들은 수유적들이 바치는 젖은 약재로 쓰이고, 때때로 신하들에게 나눠주는 데 필요하다며 은근슬쩍 반대의견을 내비쳤지만 태종은 그건 네가 알 바 아니라는 말로 가볍게 무시해버린다.

이렇게 폐지된 수유적이 수백 호가 되었는데, 이들 중 상당수가 군역을 피할 목적으로 사칭했다고는 해도 적지 않은 수유적이 자신들만의 생활방식으로 삶을 꾸려갔다. 회회인이 고유의 복장을 입지 못하도록 규제를 받은 것처럼 이들 역시 군역 회피의 온상이라는 이유로 역사 속으로 사라졌다.

1423년, 세종은 본래 일반 백성이지만 천한 일을 한 탓에 따돌림을 당하는 재인과 화척들에게 백정白丁이라는 새로운 명칭을 부여하고, 그들에게 농토를 나눠줘서 생활을 안정시킬 것을 지시했다. 수유적을 비롯해서 새로 백정이 된 이들을 통틀어 신백정新百丁이라고 불렀다. 조선은 어떻게든 이들을 정착시키려고 했지만 수유적은 도축업으로 생계를 유지하면서 일반 백성으로 편입되기를 거부했다. 이렇게 수유적의 후손들은 천대받는 신분이지만 자유로운 삶을 택했다.

1895년 갑오경장이 반포되면서 백정이라는 신분상의 족쇄는 사라졌다. 하지만 일제 강점기까지 이들에 대한 차별은 여전했기 때문에 백정의 후손들은 차별 철폐를 주장하는 형평사운동을 전개했다. 오늘날 법률상 신분제도는 사라졌고, 신분에 따른 차별도 없어졌다. 하지만 새로운 신분계급이 양반과 백성들을 대신했으니 사람들은 그것을 '갑'과 '을'이라고 부른다.

7
—

전라도까지 내려간 오랑캐,
광화문에 들어온 중국인

“” 북한군이 휴전선 철책을 넘어와 우리 군의 막사 문을 노크하고 귀순의사를 밝힐 때까지 아무도 몰랐다는 이른바 '노크 귀순'이 큰 화제가 된 적이 있다. 철통같이 지켜져야 할 휴전선이 어이없이 뚫렸다는 사실에 국민들은 불안감을 느꼈다. 조선시대에도 이와 비슷한 사례들이 있었다. 1444년 7월 24일, 전라도 관찰사가 용안현 전라북도 익산군 용안면 일대의 옛 지명에 여진족이 나타났다고 병조에 보고한다. 용안현에 나타난 여진족은 자신의 이름을 동소이토라고 밝혔다. 부모가 모두 죽어서 먹고살 길이 없자 작년 12월에 두만강을 건너 함길도로 들어왔고, 남쪽으로 계속 걸어서 6월에 용안현에 도착했다고 털어놨다.

병조의 보고를 받은 대신들은 생김새와 말이 다른데 어떻게 함길 도부터 전라도까지 안 들키고 갈 수 있었는지 모르겠다며 의문스러 워한다. 그리고 진짜 여진족인지도 의심스러우니까 한양으로 불러 다가 철저하게 조사해야 한다고 주장한다. 안타깝게도《실록》에는 동소이토가 어떤 길을 거쳐서 내려왔는지, 진짜 여진족이 맞는지는 후속기사가 실려 있지 않다. 하지만 동소이토가 이 모든 과정을 털 어놨다면 파직과 심문, 유배가 줄을 이었을 것이다.

30년쯤 지나서 비슷한 사건이 또 벌어진다. 1473년 12월 23일, 경 복궁의 광화문을 지키던 수문장 홍길창은 궁궐 안으로 들어오려는 수상쩍은 사람을 체포한다. 붙잡힌 사람은 자신을 요동에 살던 중국 인 김보쾌라고 밝혔다. 중국인이 광화문에 들어선 의외의 상황이 벌 어진 것이다.

그는 조사관에게 자신이 어떻게 여기까지 오게 되었는지 털어놨 다. 요동에 살던 그는 11년 전에 여진족 우허내에게 잡혔다고 한다. 여진족들은 조선과 명나라 백성들을 잡아다가 노예로 삼아 주로 농 사짓는 일을 시켰다. 명나라와 조선에서는 붙잡아간 백성들을 돌려 보낼 것을 요구했지만 여진족은 자신들의 소중한 재산이 된 노예들 을 내놓지 않았다. 김보쾌 역시 여진족의 노예생활을 하다가 결혼을 해서 두 아들을 낳고 살았다. 그러다 그해 9월, 가족과 함께 함길도 부령으로 도망쳐왔다고 밝혔다. 그 후 회령으로 옮겼는데 우허내의 아들 어을거가 찾으러 오자 가족들을 버리고 남쪽으로 도망쳐왔다 고 털어놨다.

광화문
조선판 '노크 귀순' 사건이 벌어진 광화문. 임금이 사는 곳의 정문인 이곳으로 중국인이 들어오려고 했다.

김보궤의 얘기를 들은 대신들은 일단 부령으로 사람을 보내 그가 어떻게 남쪽으로 도망쳤고, 한양까지 들어와서 광화문으로 들어올 수 있었는지 조사에 착수했다. 곧 김보궤가 남쪽으로 도망치는 것을 몰랐던 해당 지역의 관리들과 장수들이 줄줄이 파직되었다.

김보궤를 명나라로 송환시키는 문제 역시 골칫거리였다. 원래 여진족에게 붙잡혔다가 도망쳐온 명나라 백성들이 도망쳐오면 조선에서는 이들을 고국으로 돌려보냈다. 하지만 대신들은 김보궤의 아내와 아들들이 여진족에게 도로 끌려갔으니 이 사실이 명나라에 알려지면 좋을 게 없다며 송환에 반대했다. 반면 성종은 김보궤를 억지로 잡아두면 도망가서 이 사실을 알릴 것이니 차라리 지금 돌려보내는 게 낫다고 고집을 부린다. 결국 1446년 7월 6일, 김보궤는 통역사 최발과 함께 요동으로 돌려보내졌다. 여진족은 자신들의 소중한 재산인 명나라 노예들이 조선으로 도망치면 잡으러 왔다. 하지만 조선은 이들을 명나라로 송환하면서 여진족과 갈등을 불러일으켰다. 이 문제는 조선의 여진족이 갈등을 일으키는 원인이 되기도 했다.

8
—

조선판
백분토론

　　❝　　조선에게 대마도는 골칫거리였다. 해적들의 본거지이기도 했으며, 언제 돌변해서 약탈을 저지를지 몰랐기 때문이다. 따라서 조선은 물품을 하사해서 달래는 한편, 군대를 보내서 토벌을 하기도 했다. 이런 와중에 대마도가 조선에 귀순하겠다고 청하는 일이 벌어졌다.

　1419년 6월, 이종무 장군이 이끄는 조선군이 대마도를 정벌하고 돌아온 지 반년 만인 1420년 윤1월 20일, 대마도주 도도웅와는 부하인 시응계도를 보내 대마도를 조선에 귀속시켜달라고 요청한다. 새로운 명칭을 정해주면 대마도라는 이름을 버리고 기꺼이 그 이름을 쓸 것이며 도장을 보내주면 사용하겠다고 덧붙였다. 그리고 대마도 정벌의 직접적인 원인이 되었던 비인현을 노략질한 왜구들도 잡아 놨으니 데려가라고 말한다.

도주가 직접 귀속할 것을 청했으니 이제 조선 측이 승낙하기만 하면 대마도는 조선 땅이 될 수 있었을까? 실제로 이 얘기는 대마도의 영유권을 주장하면서 늘 언급된다. 하지만 도도웅와가 귀속을 청한 것은 대마도 토벌 이후 조선과의 교역이 완전히 끊기면서 굶어죽을 위기에 처하자 꼼수를 쓴 것이었다. 귀속을 청한 전제조건은 대마도의 왜인들을 조선의 섬에서 살게 하고 거기에서 나오는 세금을 자신들이 쓰겠다는 것이다. 만약 대마도 도주의 요청을 받아들여서 섬에 왜인들을 살게 했다면 아마 나중에는 그 섬도 자기 땅이라고 주장했을 것이다. 더군다나 도도웅와는 일가 사람들과 도주 자리를 놓고 다투는 중이라 귀속 요청을 실행에 옮길 능력이 없었다.

이런 사정을 간파하고 있던 세종과 태종은 별다른 반응을 보이지 않았다. 대마도에서도 곧 자신들이 조선에 예속되어 있지 않다는 문서를 보내면서 이 문제는 일단락된다. 하지만 대마도의 귀속 요청은 다음해인 1421년 4월 7일, 조선의 관리와 대마도 사절 구리안 사이에 벌어진 논쟁의 씨앗이 되었다. 먼저 예조의 관리가 구리안에게 포문을 연다.

"대마도가 조선의 경상도에 속해 있는 것은 옛 문헌에 나와 있으며 너희 사절인 신계도 역시 이 땅이 조선의 말을 기르던 땅이라고 하였다. 우리가 너희 땅에 욕심을 내는 것은 아니지만 앞뒤 사정은 명확하게 밝혀야 하지 않겠느냐?"

그러자 구리안이 반격한다.

"우리 대마도가 조선의 경상도에 소속되어 있다는 것을
어찌 신계도가 알 수 있겠습니까? 가령 우리 대마도가 경상
도에 소속되어 있다고 할지라도 보호하고 보살펴야만 합니
다. 또한 본래 소속되어 있지 않다고 할지라도 은혜를 베풀
어서 감싸주면 어찌 따르지 않겠습니까? 대마도는 일본의
땅입니다. 따라서 우리를 공격하는 것은 곧 일본을 공격하는
것과 다를 바가 없습니다."

아쉽게도 대마도의 영유권을 둘러싼 논쟁은 일본 측의 완승으로
끝났다. 하지만 이 논쟁이 조선 측의 패배로 끝났다고 아쉬워할 필
요는 없다. 이 논쟁을 적은 《실록》의 말미에 예조의 관리가 이 문제
를 언급한 것은 세종의 지시였다고 나와 있다. 땅을 탐내는 것이 아
니라고 미리 못 박은 것을 보면 대마도 측이 귀속을 요청한 것에 대
한 진의를 확인하려고 했던 것으로 보인다. 조선 측이 실제로 귀속
하려는 움직임을 보이자 대마도는 잽싸게 발을 뺐고, 재차 묻자 일
본 땅이라고 대답한 것이다. 현재의 우리로서는 매우 안타깝지만 세
종의 입장에서는 허울만 신하를 자처하고 단물을 빨려고 하는 대마
도의 시도를 물리친 셈이다.

백제국의 후손
구변국

    1478년 9월 1일, 조선에 구변국 久邊國이라는 낯선 나라에서 통신사가 도착한다. 보고를 받은 성종은 동지사 同知事, 성균관이나 춘추관에 속한 종2품 벼슬 이승소에게 처음 들어보는 나라 이름이라며 의심스럽다고 얘기한다. 이승소 역시 대마도 도주가 알지 못한다고 한 걸 보면 일본 본토에서 거짓으로 꾸민 것 같다고 대답한다. 예전에도 일본 본토 장사꾼이 유구국 사절 흉내를 내고 하사하는 물품을 받아내려고 시도한 적이 있었기 때문이다.

    불교를 숭상하던 일본에서는 특히 조선의 《대장경》을 탐내서 이런저런 핑계를 대고 달라고 요구했고, 심지어 단식투쟁을 벌이기까지 했으니 의심의 눈초리를 보낸 것도 무리는 아니다.

구변국 통신사 민부는 토산물과 함께 구변국의 국왕 이획의 이름으로 된 서계書契, 조선시대에 일본이나 여진족 추장이 소지한 일종의 신임장를 바친다. 서계에는 나라가 남쪽바다 한복판에 있어서 명나라나 유구국, 남만과는 자주 왕래하지만 조선과는 교류할 기회가 없어서 아쉬웠다고 적혀 있었다. 그러다 일본사람이 와서 살면서 비로소 뱃길을 파악할 수 있어서 이제야 사절을 보냈는데, 같은 이씨가 나라를 통치하고 있으니 보통 인연이 아닌 것 같다는 말도 함께 쓰여 있었다. 덧붙여 구변국은 불교를 숭상하니까 《대장경》을 하사해달라고 적혀 있었다.

성종은 일단 구변국 통신사를 한양으로 불러들이고 그 나라의 풍습과 국왕의 혈통에 대해서 물어보라고 지시한다. 구변국 통신사는 국왕의 혈통을 묻는 질문에는 자신은 그 나라 백성이 아니어서 서찰만 가져왔을 뿐이라고 얘기하고, 관복의 생김새에 대해서는 명나라와 같다고 대답한다. 이승소의 낚시성 질문에 걸려든 것이다.

　　이승소 : 명나라에는 가봤습니까?

　　구변국 통신사 : 아니오. 가보지 못했습니다.

　　이승소 : 그런데 당신네 나라 관복이 명나라랑 같은 줄은 어떻게 알았소?

　　구변국 통신사 : 그, 그게 조선의 관복이 명나라랑 같다고 해서 그렇게 얘기한 겁니다.

나라의 크기를 묻는 질문에는 남북으로는 열흘 정도 걸어야 하고, 동서로는 이틀 정도 걸어야 도달하는 크기라고 대답한다. 하지만 구변국의 풍습을 묻는 질문에는 제대로 대답하지 못하고 우물쭈물한다.

구변국 통신사와 얘기를 나눈 이승소는 성종에게 진짜인지 가짜인지는 알 수 없지만 굳이 만나볼 필요는 없다고 보고한다. 성종 역시 구변국 국왕의 서계 형식이 일본 것과 똑같고, 그들이 항상 요구하는 《대장경》을 탐내는 것을 보면 사기극임이 틀림없다고 확신한다. 며칠 후 통신사가 구변국의 풍습을 자세하게 고한다. 하지만 의심을 풀기에는 부족했다.

성종은 간단한 답례품과 함께 《대장경》은 일본에 넘겨준 게 많아서 주기 어렵다는 답서를 써서 보낸다. 사기극인 걸 간파했지만 굳이 문제를 일으키지 않겠다는 자세를 보인 것이다. 하지만 구변국에서는 성공했다고 믿었는지 1481년에 또 사절을 보냈다. 성종은 대신들과 의논한 후 구변국 사절이 한양으로 오는 것을 금한다. 다음해 여름에 《대장경》을 보내달라고 간청하는 사절을 보낸 것을 마지막으로 구변국은 역사 속으로 사라진다.

오늘날에는 이 구변국을 백제가 동남아시아에 세운 식민지인 담로의 후예로 보고 있기도 하다. 백제가 멸망하고 홀로 자립한 구변국이 천 년이 지난 후 같은 민족인 조선과 교류를 시도했다는 얘기는 흥미진진하면서도 애잔하다. 하지만 남겨진 기록들을 토대로 살펴보면 성종과 이승소의 판단대로 일본의 장사꾼들이 조선을 속이기 위해 만든 가상의 국가라고 보는 게 맞을 듯하다.

10

이만주를 찾아라

❝ 지난 2011년 5월, 파키스탄의 어딘가에 숨어있던 오사마 빈 라덴이 미군 특수부대에 의해 사살되었다. 9·11테러를 일으킨 그는 미국의 제거 대상이었다. 실제로 미국은 오사마 빈 라덴을 잡기 위해 막대한 자금과 인원을 투입했고, 번번이 실패하다가 결국 제거하는 데 성공했다. 이 작전을 위해서 미국은 극비리에 개발한 스텔스 헬기를 투입했고, 백악관에서는 오바마 대통령을 비롯한 정치인과 군 수뇌부가 작전을 지켜봤다. 그리고 그가 죽었다는 소식을 들은 미국인들은 성조기를 흔들면서 기뻐했다.

오사마 빈 라덴이 미국의 적이었던 것처럼 이만주는 조선의 적이었다. 이렇게 된 원인은 조선의 북진정책 때문이었다. 여진족은 농사와 목축을 병행했으며, 마을을 이루고 살았기 때문에 야금야금 생활 터전을 빼앗아가는 조선과 갈등이 벌어지는 것은 시간문제였다. 게다가 여진족이 명나라의 회유에 넘어간 것에 대한 보복으로 조선이 생필품 공급을 중단해버린다. 이에 불만을 품은 여진족은 태종 10년인 1410년 2월 3일에 여러 부족들이 연합해서 경원을 공격한다. 조선도 군대를 동원해서 반격에 나서지만 패배하고 만다.

이 소식을 들은 태종은 보복을 지시하고, 두만강을 건넌 조선군은 여진족 부락을 공격한 것을 계기로 양쪽은 돌아올 수 없는 강을 건넌다. 조선은 국경을 넘어 침략하는 여진족의 배후에 건주위 추장인 이만주가 있다고 믿었다. 이만주는 할아버지인 아합출이 영락제를 도와 몽골족을 토벌한 공을 인정받아 이씨 성을 하사받은 이후 대대로 중국식 이름을 썼다. 그는 명나라에 조공을 바쳐서 도지휘첨사都指揮僉事라는 관직을 받은 것을 이용해 조선과 교묘하게 줄다리기를 했다. 조선으로서는 얄미운 존재였지만 명나라의 관직을 가지고 있어서 쉽사리 건드릴 수 없었다.

1432년 12월 9일, 여진족 기병 400명이 여연군을 공격해서 백성들을 끌고 가는 일이 벌어진다. 이 사건을 보고받은 세종은 두만강 밖으로 군대를 보내 여진족의 침략을 뿌리 뽑기로 결심한다. 그러기 위해서는 여진족이 사는 땅을 살펴봐야만 했다. 여진어 통역관에게 여진족 옷을 입혀 은밀히 잠입시키거나 체탐꾼을 보내서 지형을 파악하는 계획도 세웠지만 붙잡히면 계획이 들킬 수 있기 때문에 포기한다. 대신 함길도 감사에게 여진족에게 뇌물을 줘서 정황을 파악하라고 지시하는 한편 박호문 등을 이만주에게 보내 노략질하는 것을 항의한다. 물론 진짜 목적은 항의가 아니라 여진족이 사는 땅의 길과 지형을 파악하는 일이었다.

박호문은 이만주의 집에 며칠 동안 머물면서 부락 주변의 지형과 도로 상태 등을 파악한다. 세종은 여진족을 상대로 발각될 위험성이 높은 스파이나 정찰대 대신 뇌물과 공식 사절을 통해서 정보를 캐내는 수준 높은 첩보작전을 펼친 것이다.

1433년 4월 10일, 최윤덕 장군이 이끄는 조선군이 파저강에 사는 여진족을 공격하러 간 루트는 바로 이런 경로를 통해 알아낸 길이었다. 하지만 이만주는 조선군의 추격을 피해 도망치는 데 성공했다. 그리고 얄밉게도 조선에 포로로 잡힌 여진족을 돌려달라는 편지를 보낸다. 명나라까지 가세하면서 결국 세종은 포로들을 돌려보내야만 했다. 이후에도 여진족의 침입이 끊이지 않자 세종은 재차 토벌을 결심한다. 하지만 그전에 이만주의 거처를 알아내야 했다.

1437년 7월 19일, 세종은 우승지 김돈의 건의를 받아들여 한양에 머물고 있는 여진족 범찰에게 사람을 보내 이런저런 얘기를 나누게 하다가 지나가는 말로 이만주의 거처를 물어보는 방법을 썼다. 이 방법은 성공을 거둬서 이만주가 오미부에 머물고 있다는 것을 알아낸다. 꼼꼼한 세종은 다른 여진족에게 재차 확인한 후 평안도 도절제사에게 이만주가 오미부에 있으니 이번 원정에서는 절대 놓치지 말라고 지시한다. 하지만 이만주는 이번에도 세종의 손아귀를 빠져나가는 데 성공한다.

세종의 속을 썩인 이만주는 1467년 강순과 남이가 이끄는 조선군에게 붙잡혀 살해된다. 이시애의 난을 토벌한 조선군이 돌아가지 않고 기습적으로 두만강을 건넌 것을 미처 알아채지 못했던 것이다. 미국이 오사마 빈 라덴의 죽음을 기뻐했던 것처럼 조선 역시 이만주의 죽음을 크게 기뻐했다. 하지만 오사마 빈 라덴이 죽었다고 테러와의 전쟁이 끝나지 않았듯이 이만주의 죽음이 여진족의 저항을 중단시키지는 못했다.

11
—

영어마을에서는 영어만 쓰고, 사역원에서는 중국어만 쓸 것

66 영어 열풍이 불면서 전국에 영어마을이 우후죽순으로 세워진 적이 있다. 이곳에서 영어만 집중적으로 쓰게 하면 단기간에 영어 실력을 향상시킬 수 있다고 생각했던 것이다. 이 아이디어를 떠올린 사람은 자신이 최초라고 생각했겠지만 한발 먼저 비슷한 아이디어를 떠올리고 실천에 옮긴 사람이 있다.

1442년 2월 14일, 외국어 통역관을 양성하는 사역원司譯院 도제조都提調, 각 관청의 최고책임자로 주로 정승급 대신이 임명되었다 신개가 세종에게 획기적인 교육 방안을 제시한다.

"명나라와의 사대는 그 무엇보다 중요하고, 그러기 위해서는 중국어를 능통하게 해야만 합니다. 조정에서는 오래전부터 중국어를 힘껏 권하고 가르쳤지만 능숙하게 구사하는 역관은 손에 꼽을 정도이고, 발음도 정확하지 않습니다. 그래서 중국에서 사신이 오면 어전에서 통역할 만한 사람을 구하기도 어려울 지경입니다. 지금 사역원에 속한 역관들을 보면 배운 지 10년이 넘었는데도 사신으로 두어 달 갔다 온 사람만큼도 못합니다. 이것은 다름이 아니라 중국에 가면 좋든 싫든 중국어만 듣고 말하게 되니까 저절로 익혀지기 때문입니다. 반면 우리나라에 있는 역관들은 사역원에서 중국어를 배울 때만 쓰고, 평상시는 우리말을 쓰니까 늘지 않는 것입니다.

그러니 지금부터 사역원의 역관과 관리에게 교육받는 자리는 물론 식사를 하거나 휴식을 취할 때도 오직 중국어만 쓰게 하는 것이 어떻겠습니까? 만약 우리말을 쓰다가 한 번 적발되면 부과付過, 관리가 잘못을 저질렀을 때 그것을 기록하는 일 하고, 두 번 어기면 그 자의 종을 한 명 가두고, 세 번 어기면 두 명, 네 번 어기면 세 명을 가둬서 처벌하고, 다섯 번을 넘기면 형조에 넘기는 게 좋겠습니다. 만약 형조에 넘겨진 자가 역관이라면 파면하고 1년 동안 다시 쓰지 않도록 하며, 학생들은 매를 때려서 엄히 다스리도록 하는 게 어떻겠습니까?"

그러니까 중국어가 늘지 않는 통역관들에게 특단의 대책을 사용

사역원 터
사역원은 고려시대부터 조선시대까지 이어져온 외국어 교육기관이다. 조선은 통역을 할
역관을 체계적으로 양성했다. 조선시대 외교를 맡았던 사역원의 표지석이 외교통상부 앞
에 위치한 점은 매우 흥미롭다.

한 것이다. 오늘날 영어마을에 들어가면 그 순간부터 영어만 사용해
야 하는 것처럼 사역원 안에서는 오직 중국어만 쓸 수 있도록 만들
었다.

세종은 흔쾌히 승낙하면서 사역원은 졸지에 중국어마을로 변했다.
이렇게 된 것은 조선이 명나라와의 관계가 정상화되면서 통역관이
필요했기 때문이다. 오늘날의 정상회담에 통역관이 꼭 배석하는 것
처럼 조선에서 명나라로 사신을 파견할 때 통역관이 반드시 동행했

조선시대의 일본어 교재
18세기에 한글로 편찬된 일본어 학습 교재로 일본 문자 옆에 한글로 발음과 그 뜻을 적어놓았다.

다. 또한 명나라의 사신이 올 때도 통역관이 이들의 접대를 맡았다. 이들이 말을 어떻게 전달하느냐에 따라 희비가 엇갈렸기 때문에 조정에서는 사역원을 세우고 통역관들의 양성에 심혈을 기울였다. 하지만 예나 지금이나 남의 나라 말을 배우는 것은 쉽지 않았다.

조선이 건국되고 다음해인 1393년 세워진 사역원은 중국어를 비롯한 일본어, 여진어, 몽골어 통역관을 양성하고 해당 언어로 된 문서의 번역을 맡은 관청이었다. 사역원에서 양성하는 역관들은 주로 중인계층에서 배출되었지만 신분제가 굳어지기 전에는 천인이나 서자들도 입학할 수 있었다. 사역원에는 역관이 되기 위해 공부하는 생도 외에 과거에 합격하고 업무상 필요한 중국어를 배우기 위해 사역원에 오는 강이관講肄官과 과거에 합격했지만 관직이 없이 중국어를 배우는 강예관講隸官이 있었다.

태종 때 세워진 사역원의 체제가 완비된 것은 세종 때였다. 세종은 1423년 중국어 회화책인 《박통사》와 《노걸대》 등을 간행해서 나눠 주고, 사역원에 속한 노비들의 숫자를 늘려주었다. 물론 역관들에게 는 사역원 안에서 중국어만 쓰게 만든 지독한 임금으로 기억되었을 것이다.

12
—

조선의 슬픈 자화상,
공녀

　　명나라는 고려와 그 뒤를 이은 조선이 몽골과 손을 잡지 않을까 늘 의심의 눈초리를 보냈다. 그래서인지 때로는 과도한 공물을 요구하거나 사신들을 억류하면서 긴장감을 조성하곤 했다. 조선에서도 요동정벌론이 제기될 정도로 강경한 목소리가 많았지만 어쨌든 굽히고 들어가야만 하는 처지였다. 따라서 명나라가 요구하는 이런저런 물품들을 건네주기 위해 최선을 다해야 했다.

　　명나라가 조선에 요구했던 것들 중에서 가장 골칫거리는 매와 여자였다. 날아다니는 매를 잡아다가 바치는 것도 문제였지만, 명나라 황제에게 바칠 여자들을 뽑는 것도 당혹스러운 문제였다. 명나라로 뽑혀 가면 다시는 돌아오지 못할 수 있기 때문에 대상자로 뽑힌 여인들은 어떻게든 빠져나가려고 안간힘을 썼다. 그래서 임금과 명나라 사신이 경회루에서 공녀로 데려갈 여인들을 심사하는 자리에서 일부러 입가에 침을 흘리거나 사팔뜨기 흉내를 내기도 했다.

공녀로 선정되면 명나라 사신을 따라 북경으로 갔다. 1417년, 공녀로 뽑힌 황씨가 출발하기 전 형부와 함께 있는 것을 명나라 사신이 보고 크게 화를 냈다. 요동을 지나가는 중에는 계속 복통을 앓았는데 의원이 약을 처방해도 소용이 없었다. 복통을 호소하던 황씨는 함께 동행한 조선 관리에게 김칫국《실록》의 원문에는 즙저汁菹로 나온다을 먹으면 나을 것 같다고 말했다. 명나라 사신이 김치가 무엇이냐고 묻자 조선 관리가 만드는 법을 자세히 알려줬다. 얘기를 들은 명나라 사신은 벌컥 화를 냈다.

"차라리 사람고기를 먹고 싶다면 내 살을 떼어서라도 바치겠지만 이런 황무지에서 어떻게 그런 음식을 구할 수 있겠는가?"

복통이 낫지 않던 황씨는 계집종에게 밤마다 배를 문지르게 했다. 그런데 어느 날 황씨가 앓던 복통의 이유가 확인되었다. 해산을 하고 말았던 것이다. 계집종은 갓난아기를 측간에 버렸지만, 이 해괴한 사건은 곧 함께 북경으로 가던 공녀들 사이에 파다하게 퍼졌다. 그러나 명나라 사신은 전혀 눈치 채지 못했다.

북경에 도착한 후 명나라 황제가 그녀가 처녀가 아닌 것을 눈치 채고 추궁하자 형부의 이웃집에 사는 남자와 관계를 맺었다고 털어났다. 노발대발한 명나라 황제가 당장 세종에게 책임을 물으려 했지만 함께 온 다른 공녀인 한씨가 애걸했다.

"황씨가 집에서 벌인 일을 어찌 임금이 다 알겠습니까?"

황제도 그 말을 옳게 여겼는지 문책을 취소하고 대신 한씨에게 황씨를 벌할 것을 명했다. 한씨는 황씨의 뺨을 때리는 것으로 마무리했다. 이렇게 죽을 고비를 넘긴 황씨였지만 여전히 정신을 못 차렸는지 황제로부터 성격이 거칠고 온화하지 않다며 전생에 무슨 일이 있었던 게 분명한 것 같다는 말까지 들었다.

이때 조선에서 건너간 공녀들은 환관과 후궁들의 간통사건에 연루되어 스스로 목숨을 끊거나 고문을 받다가 목숨을 잃었다. 황씨역시 이 일 때문에 목숨을 잃었는데 혼자 죽기 억울하다며 죄 없는 사람들을 많이 끌어들였다. 명나라에서 온 사신이나 역관을 통해 이 사실을 알게 된 사관은 《실록》에 공녀에 관한 얘기를 적으면서 황씨의 음란함과 부덕함을 탓했다. 그리고 다른 사람들을 끌어들여서 죽인 것을 완곡하게 비난했다. 하지만 애당초 그녀를 머나먼 곳으로 보내 가족들과 생이별을 하게 만든 것에 대해서는 아무런 얘기도 하지 않았다.

간통사건이 벌어졌을 때 연루되지 않고 살아남은 공녀는 한씨와 최씨뿐이었다. 하지만 두 사람도 황제가 죽자 함께 순장당했다. 1435년, 한씨와 최씨의 죽음을 목격한 김흑은 공녀들을 따라갔던 다른 여종들과 함께 조선으로 돌아왔다. 18년 만에 고국으로 돌아온 그녀는 공녀들의 슬픈 운명을 전해주었다.

13

양성의
표류기

      요즘에는 국내여행에 드는 시간과 비용에 조금만 더 보태면 외국으로 여행을 떠날 수 있다고 한다. 주말을 포함해 2, 3일 정도 되는 짧은 기간에 일본이나 홍콩 여행을 다녀오는 사람들도 많이 볼 수 있다. 그야말로 상전벽해다. 이렇듯 사람들이 휴가철뿐 아니라 수시로 비행기에 몸을 싣고 훌쩍 해외로 떠나곤 하지만, 불과 얼마 전까지만 해도 우리나라에서 해외여행이란 그리 쉬운 일이 아니었다. 해외여행 자유화가 된 1989년 이전까지는 연령 제한이나 여권 발급 절차가 매우 까다로웠기 때문이다. 하물며 조선시대라면 거의 불가능하지 않았을까?

    외교사절을 제외하고는 조선 사람이 해외로 나가는 것은 원칙적으로 불가능했다. 따라서 왜구에게 납치당하거나 혹은 풍랑으로 난파되었다가 돌아온 경우는 신분고하를 막론하고 기록에 남게 되었다.

나주에 살던 뱃사람 양성과 노비 고석수가 기록으로 남은 것도 이 때문이었다. 제주도에서 배를 타고 오던 양성과 그 일행은 풍랑을 만나서 유구국까지 표류했다가 6년 만에 귀환했다. 보고를 받은 세조는 자세한 기록을 남겨놓으라는 명을 내렸고, 덕분에 양성의 표류기는 《실록》의 한자리를 차지하게 되었다.

1456년 1월 25일 제주도에서 배를 타고 출발한 양성과 그 일행은 곧 풍랑을 만나 표류하다가 2월 2일 유구국 북쪽의 구미도라는 섬에 도착했다. 한 달쯤 머물던 일행은 배를 타고 유구국으로 가서 송환을 기다렸다. 양성과 고석수를 제외한 여덟 명은 금방 돌아갔지만 두 사람은 무슨 이유에서인지 6년 동안 머물렀고, 덕분에 풍부한 기록을 남기게 되었다. 양성은 꼼꼼했거나 기억력이 남달랐는지 적지 않은 기록들을 남겼다.

세 겹의 성벽으로 둘러싸인 유구국의 왕성은 외성에는 마구간과 창고가 있고, 중성에는 시위군이 머물렀으며, 내성에는 왕이 시녀들과 함께 근정전처럼 생긴 전각에서 살았다. 전각의 지붕에 기와 대신에 판자를 덮고 납을 칠한 것을 남겨놓은 것으로 봐서는 양성의 눈에 매우 인상 깊었던 것이 분명하다.

양성은 유구국도 조선처럼 지방을 군현으로 나누고 관리를 두었다고 서술했다. 노비는 주로 일본인이었고, 국왕의 측근들도 모두 노비 신분이었다. 그들은 신발을 신지 않고 맨발로 다녔으며, 숟가락과

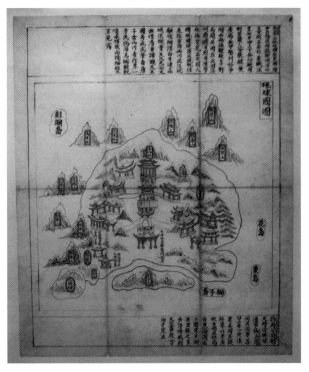

유구국 지도

지금의 오키나와에 해당하는 유구국은 일본과는 독립된 나라였다. 1429년 통일되어 중계무역으로 번성했다가 1879년 일본의 강제 병합으로 멸망했다.

젓가락도 쓰지 않았는데 대신 억새풀을 꺾어서 젓가락 대용으로 썼다. 도적질을 하는 사람은 없었지만 간혹 노비로 팔려온 일본인들이 물건을 훔치는 경우가 있었다. 처벌은 주로 작은 섬으로 유배를 보내거나 처형했다. 심문을 할 때는 매로 다스리지 않고 주리를 트는 것과 비슷한 형벌을 썼다.

　날씨가 따뜻한 덕분에 이모작을 했는데 10월에 모종을 했다가 다음해 정월에 모를 심어서 5월에 수확하고, 10월에 다시 수확했다. 쟁기를 쓰지 않고 삽만 써서 농사를 지었다. 화약무기들은 조선의 것과 비슷했는데, 활은 대나무로 만든 것을 사용했다. 이웃의 섬들과 전쟁을 벌이기는 했지만 대체로 평화로운 분위기였다.

조선 초기의 기록을 보면 유구국 사신들이 자주 방문했음을 알 수 있다. 더불어 난파당한 뱃사람들이 종종 떠내려가거나 왜구에게 포로로 잡힌 백성들이 유구국으로 팔려가기도 했다. 일본이나 중국만큼은 아니지만 조선은 유구국과 적지 않은 교류를 했다는 사실은 조선이 나름 열린 외교를 했다는 것을 암시한다.

흥미로운 점은 유구국 왕성 주변에 일본인과 더불어 조선 사람들이 적지 않게 살고 있었다는 것이다. 날씨가 따뜻하고 이모작 농사를 지을 수 있다는 사실만으로도 천국처럼 느껴지지 않았을까 싶다. 그리고 유구국과 왕래하는 나라들 중 여국女國이 있다고 기록했는데 단순히 나라 이름인지 아니면 여인들만 있기 때문에 그렇게 부르는지는 알 수 없다. 폐쇄적인 국가는 정체와 퇴보의 길을 걸을 수밖에 없다. 조선은 스스로의 것을 지키기 위해 문을 걸어 잠그면서 망해 갔다는 인식이 강하다. 하지만 적어도 조선 초기에 외국과의 교역은 물론 인적 교류까지 활발했다는 점은 놀랍기만 하다.

조선시대에 이런 일이!

조선과 교류한 나라들 중에는 교지국交趾國이라고 불린 베트남도 있었다. 명나라에 사절로 간 조선의 관리들은 같은 목적으로 온 교지국 사람들과 만나면서 자연스럽게 그들의 존재를 깨달았다. 《지봉유설》을 쓴 유학자 이수광 역시 명나라에 사절로 갔다가 베트남 사신과 만나서 시를 지으며 교류했다.

임진왜란이 끝난 지 10여 년 후인 1607년, 쇄환사와 함께 고국 땅을 밟은 수많은 포로들 중에는 조완벽이라는 이름의 선비가 있었다. 죽을 고비를 넘기고 돌아온 포로들은 모두 나름의 사연이 있었지만 그의 사연은 특이했다. 진주에서 태어난 그는 정유재란 때 왜군의 포로가 되고 말았다. 일본으로 끌려간 그는 교토의 상인에게 팔려갔다. 그리고 장사꾼을 따라 베트남을 방문하게 되었다. 기록상 조선인으로서는 최초로 베트남을 방문한 것이다. 《지봉유설》에는 임진왜란 때 포로로 붙잡혀서 베트남까지 갔다가 돌아온 그에 대한 기록이 남아 있다.

조선 초기, 의심병 환자인 주원장은 시퍼렇게 눈을 뜨고 조선을 괴롭혔다. 조선을 향한 그의 의심병은 나날이 높아갔고, 조선은 무리한 그의 요구를 무작정 들어줄 수도 없고, 그렇다고 거절할 수도 없어서 고심에 고심을 거듭했다. 덕분에 정도전을 중심으로 요동정벌론이 일어날 지경이었다. 양측의 강경파인 주원장과 정도전이 세상을 떠난 후에도 명나라와 조선 사이에서는 묘한 긴장감이 흘렀다.

태종 13년인 1413년 7월 26일 자《실록》의 기록을 보면 태종과 조정 대신들이 명나라 황제인 영락제의 몽골 원정에 촉각을 곤두세우고 있는 것을 엿볼 수 있다. 대신들은 영락제가 몽골 원정을 핑계 삼아 군대를 일으켰다가 조선으로 쳐들어올 수 있다며 대책을 세울 것을 건의했다. 태종은 설마 별일이 있겠냐고 반문하면서도 만약 그런 일이 벌어진다면 성을 지키는 것보다 군대를 일으켜 반격을 할 것이라고 호언장담한다. 실제로 영락제가 조선을 쳐들어오지는 않았지만 당시 조선과 명나라의 관계가 어느 정도였는지 짐작할 수 있는 대목이다.